U0564874

ELECTRONIC MANAGEMENT OF
CRIMINAL CASE MATERIALS BY METADATA

借助元数据的
刑事卷证电子化管理

史　炜◎著

中国政法大学出版社

2020·北京

2017年内蒙古自治区高等学校科学技术研究项目
《内蒙古地区刑事证据信息化管理实证研究》
（项目编号：NJSY17184）的成果之一

序 言

    证据是与案件事实相关的信息，离开了证据，刑事诉讼将无法进行。在刑事诉讼活动中，证据需要经历提取、固定、保管、移送、审查和评价等多个环节。而在这一系列环节中，如何对证据进行规范化管理，是确保证据的完整性、可靠性和促进事实准确查明的一个重要因素。近些年来，司法机关陆续纠正了一批冤假错案。这些案件都不同程度地存在证据管理混乱问题。某些侦控机关出于追究犯罪或胜诉的目的，不惜片面、非法取证，抑或毁弃、隐匿、伪造证据……这些行为严重侵害了被追诉人的合法权益。随着大数据、云计算、物联网、区块链等信息技术的日新月异，可以尝试应用技术手段把错案的发生率降到最低。卷宗是证据信息的记录载体。但目前的卷宗仅涉及取证时的证据信息内容，没有包容证据的管理情况。信息技术改变了卷宗的存储方式，使得卷宗的电子化可以把传统卷宗中不能记载或不能有效利用的信息保存下来并加以利用。

    元数据作为信息系统的数据管理工具，在司法领域中还尚未得到重视和运用。本书将元数据与诉讼活动结合起来，重在挖掘元数据在刑事卷证电子化管理中的诉讼功能，并在保障证据真实性、可采性和完整性的要求下，思考如何借助元数据构建刑事卷证电子化管理体系，以强化证据活动的监督和推动司法公正的实现。史炜博士以"借助元数据的刑事卷证电子化管理"为题，颇具探索精神。通过刑事卷证电子化管理基本理论的分析，先提出电子载体管理的优势，再通过介绍元数据的概念、特征、结构、类型、作用等基本内容，寻找元数据用于刑事卷证电子化管理活动的理论支撑。不仅讨论了元数据在建立证据保管链、弹劾言词证据的可信性、排除非法证据、审查与评价证据等方面的诉讼功能，还从刑事卷证信息的录入、存储与流转、检索与查询及流程监控等几个方面，探讨借助元数据对刑事卷证电子化管理体系的构建。不仅涉及刑事诉讼法、证据法的理论知识，还借鉴了信息管理、档案管理、知识管理等多学科知识。刑事卷证的电子化管理从本质上说是一种知识管理，元数据是组织和管理一切信息的基础。学科间的相互渗透，有助于建构科学、合理的证据管理体系。当然，该书还存在一些不足之处仍需完善，如对元数据诉讼功能的研究还有待继续深入，对跨学科知识的应用还需经受实践的检验等。但是瑕不掩瑜，对于新问题的研究也是探索未知世界的机会。

这是史炜博士的第一部学术专著，也是其学术人生中的一件大事。她在高校工作之余攻读博士，需要克服生活和学习中的很多困难。在中国政法大学三年多的学习期间，她刻苦钻研，阅读了大量的专业书籍，还积极去实务部门进行多次调研。对于跨专业的知识，除了阅读相关文献，还积极求教于专业人士。在校期间，她还发表了多篇有价值的学术论文，主持了一项省部级课题，并参与了一项国家课题和多项省部级课题。作为导师，我见证了她在学术上的进步，感到由衷的高兴。我希望她能够在未来的工作中继续跟进研究，从而产出更多、更有价值的学术成果。

　　是为短序。

王进喜

2020 年 5 月 8 日

目　录

导　论

　　近些年来，司法机关陆续纠正了一批冤假错案。经查明，念斌案、于英生案、聂树斌案等都存在证据的伪造、丢失、隐匿等问题。[1] 这些冤假错案显示出我国司法实践中证据管理还有待规范。党的十八届四中全会提出，"全面贯彻证据裁判规则，严格依法收集、固定、保存、审查、运用证据"，[2] 意味着证据管理的规范化要求已经上升到了前所未有的高度，这是提高案件办理质量的重要保障。当前，人类社会由农业社会、工业社会进入到信息社会，互联网、物联网、语义网、大数据、区块链等信息技术日新月异。而一切信息资源都可以用元数据来描述和管理。电子化的技术革新手段对证据管理会带来多大的影响？是否能促进证据管理的规范化？这将对司法活动产生举足轻重的影响。

---

　　〔1〕　参见下文表1"我国20起冤案的证据管理失范状况"中的内容。
　　〔2〕　2014年10月，中国共产党第十八届中央委员会第四次全体会议通过的《中共中央关于全面推进依法治国若干问题的重大决定》。

第一节　问题的缘起：刑事证据管理
失范之发生机理

一、刑事证据管理失范状况

"失范"一词，源于希腊文，最初为宗教用语，在 16 世纪的神学中意指不守法的行为，尤其是亵渎神的情形。[1] 300 年后，该词语被怀特海（A. Whitehead）引入到学术和政治领域，从而得以广泛使用。[2] 失范的概念可以从宏观和微观两个层面来理解。宏观层面的失范指社会解组，是规范本身出现紊乱、不确定，导致社会生活处于无序状态；[3] 微观层面的失范主要指失范行为，是社会群体或个体偏离或违背现行社会规范的行为，等同于"偏离行为""偏差行为""越轨行为""离轨行为""反常行为""异常行为"等。[4]

何为刑事证据管理失范？在此，笔者只从微观层面对其作出诠释，意指在刑事诉讼证据的收集、保管、移送、使用过程中，由于人为故意或过失的原因，导致证据存在瑕疵、缺失或者非法，违背了保障证据真实性、完整性、可采性的行为准则和规范，使刑事证据管理活动呈现无序化状态，从

---

〔1〕黎宇："对社会失范的理性批判"，载《经济与社会发展》2008 年第 5 期。

〔2〕渠敬东：《缺席与断裂——有关失范的社会学研究》，上海人民出版社 1999 年版，第 82 页。

〔3〕徐祥运、刘杰编著：《社会学概论》（第 4 版），东北财经大学出版社 2015 年版，第 274 页。

〔4〕朱力："失范范畴的理论演化"，载《南京大学学报（哲学·人文科学·社会科学版）》2007 年第 4 期。

而影响到事实认定的准确性。由于刑事证据管理失范行为在侦查和审查起诉阶段表现更为突出，本书重点关注如何规制侦控机关的证据管理失范行为，以实现控辩双方的力量平衡和追求事实真相的准确查明。虽然掌控证据的主体还涉及犯罪嫌疑人、辩护人以及案外人，但由于刑事公诉案件是由控方承担举证责任，侦控机关主导着审前阶段的证据管理活动，因此，本书以此为主线进行探讨。对于其他主体具有伪造、毁损、隐匿证据等行为的情形，依照法律明文规定[1]进行处理，不再作过多的分析。而犯罪嫌疑人、被告人为求自保于案发后毁损、隐匿证据的行为属于人之常情，是不可罚的事后行为，不能期待其保存对己不利的证据并向侦控机关提交，一般作为犯罪嫌疑人所犯之罪的一个情节，在量刑时予以综合考虑。当然，如果其毁灭、伪造、串供的行为侵犯了其他法益，则可根据情形成立其他犯罪，按照数罪并罚处理。侦控机关一旦实施证据管理失范行为，往往由于行为的隐蔽性和当事人收集证据能力的欠缺，当事人的权利被侵犯后很难获得救济。此缘由成为本书的研究动机，意在维护当事人的诉讼利益和司法活动的公正性。

下文选取了我国20起冤案来说明刑事证据管理失范状况，这也仅仅是司法实践中的冰山一角。

---

〔1〕　如果辩护人和案外人帮助当事人毁灭、伪造证据，按照《刑法》第306条和第307条已经设定的罪责予以制裁。这类犯罪证据通常由该案侦查机关来收集，也易于获得。

表 1 我国 20 起冤案的证据管理失范状况

证据管理失范情形 / 案例	伪造、变造证据	片面取证	非法取证	丢失、毁弃证据	隐匿证据	其他失范情形
念斌案	1. 警方用实验室里的氟乙酸盐标准样品伪造质谱图，通过对照对照标样，得出死者系氟乙酸盐中毒者死亡的死因； 2. 伪造水壶、高压锅和铁锅有毒的检验报告； 3. 发现念斌没有作案时间，对作案时间进行多次修改。		遭受警方刑讯逼供		1. 隐匿矛盾的证人证言，作出多份与念斌作案相对应的证言； 2. 为了掩盖没有发现鱿鱼中含有氟乙酸盐毒物的事实，警方隐匿了现场遗留吃剩下的鱿鱼等食物的现场照片和录像，并且删除了现场勘查笔录中有关该证据的记录。	1. 现场勘验、检查时笔录仅对勘验、检查全程的一小段进行了记载，缺乏完整的记录； 2. 现场勘验、检查笔录没有对所有物品进行记载，物品仅记录了 150 多件物品记录了 5 件； 3. 现场勘验、检查时同一现场制作的笔录制作时间与内容存在倒鉴情况。

续表

证据管理失范情形 案例	伪造、变造证据	片面取证	非法取证	丢失、毁弃证据	隐匿证据	其他失范情形
于英生案			遭受警方疲劳审讯		1. 因精斑检验结果不属于于英生，又无法查明来源，就没对其全部删除；2. 因无法查明指纹的匹配者，就将其隐匿，没有写入正式的现场手印检验报告中。	
聂树斌案			遭受警方刑讯逼供	聂树斌到案后的供述缺失。1994年9月23日，聂树斌被抓获归案，而卷内第一份笔录同为10月1日，没有这七天间隔七天的讯问笔录。		物证花村衣的来源不清。聂树斌供述自己偷拿了一件花村衣，但失主却无法证实这件花村衣曾发生过丢失的事实。且警方让聂树斌辨认的村衣已被清洗，却欠缺清洗记载，无法证实被清洗的村衣是否与现场所提取的村衣具有同一性。

续表

证据管理失范情形 案例	伪造、变造证据	片面取证	非法取证	丢失、毁弃证据	隐匿证据	其他失范情形
陈满故意杀人案	伪造作案工具。被害人头、双手等部位多处损伤系由带有尖端和锋利面凶器所形成，但警方指控陈满杀人的工具是平头菜刀，且菜刀上未发现血迹等痕迹。	不收集案发当天曾有4名男子出现在案发现场的对陈满有利的证人证言。	遭受警方刑讯逼供	带血的白衬衣、《海南日报》、卫生纸、破碎的酒瓶、散落在现场的多把刀具、陈满的工作证等物证丢失。		
云南钱仁风案		证物鼠药瓶未提取指纹。	遭受警方刑讯逼供			办案人员违法代被告人在讯问笔录上签字
福建许金龙等四人抢劫杀人案	1. 警方虚构赃物是在葫芦山交易，但案发地并没有葫芦山；2. 伪造作案"凶器"菜刀的提取笔录。		遭受警方刑讯逼供			警方在现场提取了一枚鞋印，但两个月之后，才提取犯罪嫌疑人的"球鞋"作鉴定

续表

证据管理失范情形　案例	伪造、变造证据	片面取证	非法取证	丢失、毁弃证据	隐匿证据	其他失范情形
宋金宝案	1. 手印鉴定证实，送检的来自矿泉水印手印来自一个矿泉水印塑料瓶，然而在现场照片中并没有找到该矿泉水塑料瓶； 2. 白色卫生纸和红色抽纸盒的照片是在公安局办公室拍摄的，现场照片中并没有这两个物证。勘验笔录的制作、绘图和照片均出自一人之手，且笔录上缺少其他临场人员和见证人的签名。		遭受警方刑讯逼供		建平县公安局不肯将发白色卫生纸和对案发现场附近居民的血液样本进行的DNA检验报告随案移交。	被害人刘某的三角短裤、沾有精子的卫生纸、留有指纹的抽纸盒等检材来源不明；血样DNA数据与被抓人日期出现倒挂。

续表

证据管理失范情形 \ 案例	伪造、变造证据	片面取证	非法取证	丢失、毁弃证据	隐匿证据	其他失范情形
浙江萧山冤案	1. 虚构举报人"朱某"指证陈某阳等5人杀人；2. 伪造、变造一块带有血迹的石头，且没有对血迹进行检验。		遭受警方刑讯逼供		警方曾在案发现场提取到了18枚指纹，其中具备比对条件的15枚指纹与陈某阳等5名犯罪嫌疑人的指纹相一致。但警方却没有将这些指纹同其他证据一并移交至检察机关。	一些讯问笔录上，没有侦查人员的签名。
宋小林行贿案			遭受警方疲劳审讯		隐匿证人程某笔录。	
杜培武案	警察伪造现场的"刹车踏板"和"油门踏板"上留有足迹附着泥土的证据。	忽视杜培武没有作案时间的证据。	遭受警方刑讯逼供			

续表

证据管理失范情形　　案例	伪造、变造证据	片面取证	非法取证	丢失、毁弃证据	隐匿证据	其他失范情形
赵作海案	警方制作虚假辨认笔录，强迫赵作海作承认编织袋是自己家的。	警方已根据尸体推断出死者身高是170厘米，却忽视了赵振响的身高仅为165厘米。	遭受警方刑讯逼供			
张辉、张高平案		法医提取了死者指甲做DNA鉴定，发现陌生男性的DNA，但该证据却被忽视。	遭受警方刑讯逼供			
呼格吉勒图案			遭受警方刑讯逼供	受害者体内凶手精斑样本丢失。		

续表

证据管理失范情形 案例	伪造、变造证据	片面取证	非法取证	丢失、毁弃证据	隐匿证据	其他失范情形
李怀亮案			遭受警方刑讯逼供		侦查人员从案发现场提取了38码鞋印的凉鞋，与李怀亮44码鞋明显不符，但未在卷宗中记载，也没有移交此证据。	现场提取的血迹血型为O型，此血迹来源不明，与李怀亮和被害人的血型均不符。
曾爱云、陈华章案			遭受警方刑讯逼供	警察对陈华章在现场的脚印和手印等"与案件有关的痕迹、物证"予以毁弃。	警方隐匿有关曾爱云有没有作案时间的短信清单。	
黄立怡案	警察根据报案数额，编造了讯问笔录中黄立怡供述的支票金额。		遭受警方刑讯逼供			

续表

案例＼证据管理失范情形	伪造、变造证据	片面取证	非法取证	丢失、毁弃证据	隐匿证据	其他失范情形
骆小林案		骆小林供述"二哥"曾借用过这辆车。警方不追查"二哥"下落，也不提取骆小林与"二哥"的通话记录。			警方隐藏毒品外包装黄色塑料胶带上提取的指纹。	
陈琴琴案			遭受警方刑讯逼供			陈琴琴认罪录像的电脑属性显示为2010年，而非"认罪"的2009年。
江西乐平奸杀案			遭受警方刑讯逼供		对案发现场提取的3枚烟蒂上的DNA鉴定报告隐藏3年。	案发13年后发现真凶，才对现场的关键物证提取进行鉴定。

续表

证据管理失范情形\案例	伪造、变造证据	片面取证	非法取证	丢失、毁弃证据	隐匿证据	其他失范情形
黄家光案		黄家光提出案发时不在现场，而是在别处打工，警方未对户主和另外两人进行调查。	遭受警方刑讯逼供			办案不规范，接警记录、立案材料缺失。

表 1 是按照证据管理的流程，对 20 起冤案中管理证据失范的各种情形作逐一考查的。

1. 收集证据失范

表格中所列的伪造或变造证据、片面取证和非法取证情形，是在收集证据环节违背了证据的真实性、完整性和合法性规范。

（1）伪造、变造证据。"伪造"一词，在现代汉语里指"假造"，而"假造"一词又有两个含义：一是"模仿真的造假的"；二是"捏造"。[1] 比如在"念斌案"中，警方用实验室里的氟乙酸盐标准样品伪造质谱图，并复制成两份，分别标上死者"俞 1 呕吐物"和"俞 2 尿液"的标签，通过对照标样，得出两名死者系氟乙酸盐中毒死亡的结论，[2] 就属于第一种情形的证据伪造，即警方模仿氟乙酸盐标准样品对造成被害人死亡的中毒物进行造假；而在"陈满故意杀人案"中，警方伪造作案工具就属于第二种情形的伪造。因为被害人头、双手等部位的多处损伤，很明显是由尖锐面的凶器所形成的，但警方所收集的陈满杀人工具却是未有血迹等痕迹的平头菜刀。[3] 显然该作案工具是"从无到有"，是凭空捏造出的证据。而变造证据，是对原来真的证据进行加工，从而使

---

〔1〕　中国社会科学院语言研究所词典编辑室编：《现代汉语词典》（修订本），商务印书馆 1996 年版，第 1196、544 页。

〔2〕　参见王凤明："念斌无罪释放，八年四遭死刑判决"，载 http://www.fabao365.com/zhuanlan/view_9463.html，最后访问时间：2017 年 3 月 13 日。

〔3〕　参见"陈满犯故意杀人罪再审刑事判决书"，载中国裁判文书网 http://wenshu.court.gov.cn/content/content? DocID = f65c2a44 − 26f0 − 4574 − 96f1 − 9b6c845d5d7，最后访问时间：2017 年 3 月 15 日。

证据的证明方向发生改变的行为。[1] 像杜培武案的现场勘查笔录仅记载了涉案汽车内的离合器踏板上留有足迹附着泥土，在"刹车踏板"及"油门踏板"上根本没有泥土记载，但警方出具的泥土鉴定是以"刹车踏板"及"油门踏板"上的足迹附着泥土为参照泥土来源，与杜培武所带的钞票上的泥土进行鉴别，得出鉴定类同的结论。[2] 可见，警察对证据进行了加工、改造，在"刹车踏板"及"油门踏板"上添附了泥土，使证据"从此到彼"。伪造证据和变造证据两种行为的方式虽有不同，但在追责方面并无实质区别。因此《刑法》第 307 条只使用了"伪造证据"这一词语，多数学者[3]认为伪造证据包含变造证据，对伪造证据的外延作了扩大解释。司法工作人员违反《刑法》第 307 条规定的，从重处罚；如果司法工作人员利用职务上的便利伪造证据，同时触犯徇私枉法罪或枉法裁判罪的，属牵连犯罪，应当按照重罪即徇私

---

〔1〕 张明楷："论帮助毁灭、伪造证据罪"，载《山东审判》2007 年第 1 期。

〔2〕 江国华主编：《错案追踪（2000 - 2003）》，中国政法大学出版社 2016 年版，第 64~65 页。

〔3〕 张明楷、周光权、彭峰等大多数学者认为《刑法》第 307 条"帮助毁灭、伪造证据罪"中的"伪造证据"包含变造证据，对该罪的客观方面应作实质解释。但陈洪兵认为刑法规定了一系列"变造型"犯罪，如变造货币罪、变造金融票证罪、变造国家有价证券罪、变造股票、公司、企业债券罪等。凡是立法者认为应当处罚的变造行为，都已单独作了规定，未予规定的变造行为就不构成犯罪。因此，"伪造证据"不应包括变造证据。笔者赞同大多数学者的意见，变造证据和伪造证据的社会危害性并无实质差别，追责方面应当等同，所以该罪名中的"伪造证据"应当包含变造证据情形。参见张明楷："论帮助毁灭、伪造证据罪"，载《山东审判》2007 年第 1 期；周光权：《刑法各论讲义》，清华大学出版社 2003 年版，第 421 页；彭峰："帮助毁灭、伪造证据罪客观方面认定问题探析"，载《太原师范学院学报（社会科学版）》2005 年第 4 期；陈洪兵："帮助毁灭、伪造证据罪探析"，载《四川警官高等专科学校学报》2004 年第 3 期。

枉法罪或枉法裁判罪处罚。由于本书重在对证据管理失范的各种情形进行分析，因此对伪造证据和变造证据两种行为区分不同行为方式加以阐述。

（2）片面取证。我国《刑事诉讼法》第52条[1]明确规定侦查人员具有全面收集证据的法定职责，既要收集能够证明犯罪嫌疑人有罪的证据，也要收集能够证明犯罪嫌疑人无罪的证据。但在实践中，一些侦查人员基于破案的压力和打击犯罪的需要，往往倾向于收集犯罪嫌疑人有罪、罪重的证据。一旦在办案之初确定犯罪嫌疑人，侦查人员就会先入为主地认为犯罪嫌疑人一定有罪，并千方百计收集与其"犯罪"相吻合的所有证据，对于案件中的证据疑点或犯罪现场所遗留的无罪的证据视而不见，甚至肆意隐瞒和掩盖。比如"赵作海案"中，警方已根据尸体推断出死者身高是170厘米，而赵振响的身高仅为165厘米，这5厘米的身高差竟然被忽视。[2] 再如"陈满故意杀人案"中，证人陈述案发当天曾有4名男子出现在案发现场，警方却对此有利于陈满的证人证言不予收集。[3] 还有在"骆小林案"中，骆小林供述"二哥"曾借用过涉嫌犯罪的车辆，可警方既不追查"二

---

〔1〕《刑事诉讼法》第52条规定："审判人员、检察人员、侦查人员必须依照法定程序，收集能够证明犯罪嫌疑人、被告人有罪或者无罪、犯罪情节轻重的各种证据。……"

〔2〕李丽静："赵作海案疑点重重，为何错错错"，载《新华每日电讯》2010年5月11日。何家弘："刑事诉讼中证据调查的实证研究"，载《中外法学》2012年第1期。

〔3〕王明平："陈满故意杀人放火案23年后再审：我没有杀人"，载《成都商报》2015年12月30日。

哥"的下落，也不提取"二哥"与骆小林的通话记录。[1]
诸如此类片面取证的情况，举不胜举。这样，很多查获真凶
的至关重要的证据线索，就被侦查人员过早地人为排除了。

（3）非法取证。根据《元照英美法词典》的定义，"非
法"是指法律直接禁止的行为，也可指违反法定义务或者社
会公共政策并不可强制执行的行为。[2] 非法取证就是违反法
律的强制性规定或在侵害被告人权利的情况下收集证据的行
为。《公民权利和政治权利国际公约》第 7 条作出了禁止酷
刑、残忍或不人道刑罚的规定。[3] 据此，我国《刑事诉讼
法》第 52 条[4]明确要求公检法人员必须依照法定程序和方
式取证，尤其是严禁刑讯逼供。基于自愿供述的要求，应对
刑讯逼供作广义理解，不仅包括对被讯问人吊打、殴打、捆
绑、违法使用刑具等肉体上的折磨，还包括对其精神摧残或
阻碍其满足基本生活需求，如冻、饿、晒、烤、疲劳审讯等
体罚虐待，通过采用这些方法使被讯问人遭受难以忍受的痛
苦以逼取供述。如果被追诉人迫于压力或在被骗的情况下提
供口供，虚假供述的可能性就非常大，以此为定案依据就极
易造成错案。从表 1 来看，每起冤假错案几乎都给当事人留

---

〔1〕 参见江国华主编：《错案追踪（2010－2013）》，中国政法大学出版社
2016 年版，第 216 页。
〔2〕 薛波主编：《元照英美法词典》，北京大学出版社 2013 年版，第 659 页。
〔3〕《公民权利和政治权利国际公约》第 7 条规定："任何人均不得加以
酷刑或施以残忍的、不人道的或侮辱性的待遇或刑罚。特别是对任何人均不得
未经其自由同意而施以医药或科学试验。"
〔4〕《刑事诉讼法》第 52 条规定："审判人员、检察人员、侦查人员必须
依照法定程序，收集能够证明犯罪嫌疑人、被告人有罪或者无罪、犯罪情节轻
重的各种证据。严禁刑讯逼供和以威胁、引诱、欺骗以及其他非法方法收集证
据，不得强迫任何人证实自己有罪。……"

下了非法取证的阴霾，给其家庭带来了不可磨灭的灾难和伤痛，也造成了极其恶劣的社会影响。一些侦查人员在收集证据时仍然坚持"口供中心主义"，将获取口供作为案件突破的标志。为了获得口供，不惜采取各种侵害被追诉人权益的方式，对非法取证的危害性缺乏足够的重视，忽视了案件当事人在外力强制或诱骗下所作的违背其意志的陈述，往往不是案件真相的反映。在控制犯罪与保障人权的价值博弈中，我国立法[1]已对非法证据排除问题作了完善规定，但该规则在实践中的落实仍然存在着种种难度。

2. 保管证据失范

表格中所列的丢失、毁弃证据，属于保管证据失范行为。丢失证据是由于疏忽导致证据灭失，而毁弃证据是故意将证据毁损、抛弃。长期以来，实务部门对证据保管的问题重视不够，证据收集后没有保管记录或者记录不全成为常态，这样时常会出现证据丢失或毁弃的事件。比如"聂树斌案"中缺失聂树斌到案后7天的讯问笔录；[2]陈满故意杀人案中"带血的白衬衣、《海南日报》、卫生纸，破碎的酒瓶，散落在现场的多把刀具，陈满的工作证"[3]等物证均已丢失；呼

---

〔1〕 2010年，最高人民法院、最高人民检察院、公安部、国家安全部、司法部专门出台了《关于办理刑事案件排除非法证据若干问题的规定》。2018年修订的《刑事诉讼法》第56条至第60条也对非法证据排除规则进行了完善。

〔2〕 赵秋丽、李志臣："聂树斌案诸多悬疑待解"，载《光明日报》2015年3月19日。

〔3〕 徐隽："供述前后矛盾，原审证据不足"，载《人民日报》2016年2月2日。

格吉勒图案中受害者体内凶手精斑样本丢失;[1] 曾爱云、陈华章案中警察对陈华章的现场脚印、手印等与案件有关的痕迹、物证予以毁弃。[2] 从这些案例可以看出,实践中的证据保管比较混乱,大多情况下由收集人员保管证据,其弊端主要体现在两个方面:一是缺乏证据保管的专业化保障。各类证据的载体形式不同,相应的保管方法也应分门别类。而办案人员的主要精力是负责查获犯罪嫌疑人,并收集证明其实施犯罪的证据,但对于如何将获得的证据进行科学保管往往欠缺这方面的专业知识和训练。将证据交给专人放置专门的保管室保管,可以减轻侦查人员的工作压力,也更能保证证据保管的效果,避免证据变质或灭失。二是缺乏对证据保管过程的监督。通常情况下,侦查人员需要对收集的证据进行登记。但由于是由办案人员自行将收集的证据予以保管,就很容易发生私自毁弃、替换、挪用证据等情况,甚至制作相应的虚假记录或篡改相关记录。而由不同人员对证据的收集和保管分工负责,可以起到互相制约、互相监督的作用。一旦证据发生丢失、毁弃等情况,案件事实就会由于证据的不可复得而无法被查清,所以取证后续的证据保管问题值得受到重视。

3. 移送、开示证据失范

表格中的隐匿证据,属于移送或开示证据中的失范情形。

---

[1] 江国华主编:《错案追踪(2014 – 2015)》,中国政法大学出版社 2016 年版,第 237 页。

[2] 江国华主编:《错案追踪(2014 – 2015)》,中国政法大学出版社 2016 年版,第 196 页。

基于联合国对检控方职责的界定，[1]无论是证明犯罪嫌疑人、被告人有罪、罪重的证据，还是证明犯罪嫌疑人无罪、罪轻的证据，侦控机关作为国家法律职业者都应当对其全面移送及开示。这意味着侦控机关有别于民事诉讼的一方当事人，不能为了谋求胜诉而对犯罪嫌疑人进行有罪推定，更不能无正当理由隐匿证据。我国法律也明确要求侦控机关应当全面移送证据，包括与证明犯罪嫌疑人、被告人有罪相冲突、有疑问的证据，比如，犯罪嫌疑人、被告人翻供的材料或证人改变证言的材料等。[2]侦控机关不能为了指控的一致性，只筛选符合指控目的的证据移送和开示，也不能人为认为证据内容有重复就不将其入卷。

　　表1中多起案例显示，我国侦控机关存在隐匿证据的行为。如"骆小林案"中警方隐藏毒品外包装黄色塑料胶带上提取的指纹，因该指纹与骆小林的指纹不符；[3]"曾爱云、陈华章案"中警方隐匿有关曾爱云有没有作案时间的短信清单；[4]"浙江萧山冤案"中警方曾在案发现场提取到了18枚

---

〔1〕　1990 年 8 月 27 日至 9 月 7 日，第八届联合国预防犯罪和罪犯待遇大会通过的《关于检察官作用的准则》第 13 条规定："检察官在履行其职责时应：……保证公众利益，按照客观标准行事，适当考虑到嫌疑犯和受害者的立场，并注意到一切有关的情况，无论是否对嫌疑犯有利或不利……"

〔2〕　参见最高人民法院、最高人民检察院、公安部、安全部、司法部、全国人大常委会法制工作委员会联合发布的《关于实施刑事诉讼法若干问题的规定》第 24 条的规定："人民检察院向人民法院提起公诉时，应当将案卷材料和全部证据移送人民法院，包括犯罪嫌疑人、被告人翻供的材料，证人改变证言的材料，以及对犯罪嫌疑人、被告人有利的其他证据材料。"

〔3〕　参见江国华主编：《错案追踪（2010 - 2013）》，中国政法大学出版社2016 年版，第 215 ~ 216 页。

〔4〕　参见江国华主编：《错案追踪（2014 - 2015）》，中国政法大学出版社2016 年版，第 196 页。

指纹证据，其中具备比对条件的 15 枚指纹并没有 1 枚指纹与陈建阳等 5 名犯罪嫌疑人的指纹相一致，但侦查终结后，警察却没有将这些指纹同其他证据一并移交至公诉机关。[1] 对于如此重要的直接证据的缺失，显然公诉机关也没有尽到审查证据的职责，未能将其随案移送。侦控机关作为法律守护人，应当履行追查案件真相的职责，一方面要打击犯罪，另一方面也要保障无辜者免受追究。如果允许侦控机关选择性移送和开示证据，那么所认定的案件事实必然具有片面性，甚至会造成冤假错案，这样反而放纵了真正的罪犯，损害了法律的公正性。

除了上述收集、保管、移送、开示流程中的证据失范情况外，在证据管理活动中还存在着证据来源不明、录入日期与取证日期出现倒挂、笔录欠缺签名等其他程序瑕疵状况。比如"宋金恒案"中警方提取被害人刘某的"三角短裤"和"阴部擦拭物"时没有开具扣押清单，也没有当场填写提取笔录，而事后打印的提取笔录上还缺少办案人员和见证人的签名；[2] 警方补充提取的沾有精子的卫生纸、留有指纹的抽纸盒等检材也来源不明，因为物证提取人与现场勘验笔录记载的办案人员不符，且物证的现场照片显示拍摄地址不是案发现场，而是公安局办公室，而最初的现场照片上没有这两种物证；[3] 血样 DNA 数据录入日期与犯罪嫌疑人宋金恒被

---

〔1〕 参见董碧水："浙江萧山冤案：警方疑隐匿有利于被告关键证据"，载《中国青年报》2013 年 7 月 5 日。

〔2〕 李蒙："权威专家质疑宋金恒案 DNA 鉴定"，载《民主与法制周刊》2017 年第 3 期。

〔3〕 李蒙："权威专家质疑宋金恒案 DNA 鉴定"，载《民主与法制周刊》2017 年第 3 期。

抓获日期出现倒挂等。[1] 这些失范行为显示出实践中办案人员的证据管理活动比较混乱，而且缺乏对此的严格规制。办案人员只有严格按照证据活动各环节的程序要求和规则对证据进行有序管理，才能应对错案风险，保障事实真相的查明。

在表1的20起冤案中，8起案件（占40%）存在伪造证据行为，7起案件（占35%）存在片面取证行为，19起案件（占95%）存在非法取证行为，4起案件（占20%）存在丢失或毁弃证据行为，9起案件（占45%）存在隐匿证据行为，10起案件（占50%）存在其他证据管理失范行为。根据选取研究的冤案不同，证据管理失范的个案情形会有不同，以上比率也会有变化，但至少说明冤案的发生与证据管理失范之间存在着很大关联。"证据就像一面'镜子'，'折射'出事实。"[2] 如果镜子是污秽的或破碎的，折射出的事实就是歪曲的、变形的。办案人员在收集、保管、移送以及开示证据活动中一旦实施不符合规范的偏差行为，就会削减证据的证明力，进而妨碍事实的准确认定。

这20起冤案的发生，很大程度是由于侦控机关出于追究犯罪的需要，不惜片面、非法取证，伪造有罪证据，甚至将对被追诉人有利的证据进行毁弃、隐匿，以追求证据内容的一致性。此种证据管理失范行为会损害无辜者的权益，导致真凶继续危害社会；如果侦控人员为了私利，滥用职权毁弃、隐匿已收集的有罪证据以协助犯罪嫌疑人、被告人逃避

---

〔1〕 李蒙："权威专家质疑宋金恒案DNA鉴定"，载《民主与法制周刊》2017年第3期。

〔2〕 张保生主编：《证据法学》，中国政法大学出版社2014年版，第13页。

罪责，最终案件因证据不足而无法对被追诉人定罪的，这种办案人员为了包庇被追诉人所实施的行为同样属于证据管理失范行为。此种证据管理失范行为会放纵犯罪，损害被害人的权益及社会和国家的利益，应以徇私枉法罪等相关罪名追究办案人员的法律责任。由于本书的写作动机围绕防范冤假错案展开，对后一种证据管理失范行为不再作详细分析。

二、我国刑事证据管理失范溯因

（一）证据管理的技术手段落后

（1）公检法各机关的证据进出及保管等信息登记处于封闭状态，这样可能发生证据的篡改。很多机关采用纸质的证据台账管理方式，进出保管室只是用笔简单记录一下。不仅交接证据欠缺完备的手续，而且证据管理台账一般也不会随案移交。因此，证据的丢失、调换、毁损等情况，监管较为困难。此外，证据在刑事诉讼活动中是通过案卷的方式得以记载和传送的，而传统的案卷采用纸质的方式，一旦侦查人员想要销毁或伪造某证据，只要将证据从案卷中取出或替换，并将有相应证据信息的这页案卷一并拿出或重新制作，就可以轻易不被发现。再加上公检法机关的证据管理活动处于封闭状态，案卷根据刑事诉讼流程移送到后一机关，后一机关一般于事后仅凭查阅纸质卷宗也无法知晓此种不端行径。由于传统技术手段无法对证据管理的情况实现全程同步动态跟踪，这样的监督效果十分有限。

（2）证据保管缺乏专门的设备和场所。由于没有统一的证据保管室，当有些证物如大宗、易腐变质之物确实不方便移交时，或有些部门不愿接收刀具、枪支等作案工具时，就会出现同一案件的不同证物由不同的公检法机关保管的情况，而各公检法机关相互之间往往没有信息沟通，且证据保管的条件和标准不一，使得证据管理存在不规范的情况。很多单位的证据存放空间狭小，甚至直接存放于办公室或杂物间，没有可调节温、湿度和通风条件的设备，对不同种类的证据没有做到分类或分案保管，不能根据证据的实际变化进行报损或报失处理。而且，证据的存放还需采用适当的包装方法予以包装，如果包装不善也会使证据受到污染、变质甚至损毁，进而削减了证据的证明价值。此外，没有专门的证据保管场所，任何人都可能接触到证据。如果有人偷偷取走、调换证据，可能不会留下什么痕迹以供事后追查。案件事实是由若干证据碎片所拼成的，如果不对证据进行严格、规范的管理，那么最终损害的就是当事人的合法权益和司法公信力。

（3）清点和查找证据费时费力。由于证据没有专人管理，存放地点混乱，实务部门无法做到定时清点和监管证据。这样，当需要调出证据时，办案人员也会由于不能快速查询证据的基本信息、存放位置、证据的保管状态和接触人员，从而影响到办案的效率和质量。如果想要了解证据的历史调取和归还过程，那更是难以查验。有的案件在法院作出生效判决后被发现是错案，在需要提起审判监督程序时，发现准备调取的证据不是对不上号就是已被销毁了，导致案件真相存疑，损害了无辜者的合法权益。

（二）证据保管链信息尚未挖掘利用

域外很多国家都建立了证据保管链制度，以保障实物证据的同一性和真实性，而我国尚未建立该制度。证据保管链是指"从获取证据时起至将证据提交法庭时止，关于实物证据的流转和安置的基本情况，以及保管证据的人员的沿革情况"。[1] 该制度有两个基本要求：一是从每一个实物证据被发现时起至被提交法庭时止，都必须有专人保管，期间每一次移转都必须有完整的记录；"二是保管链中所有参与证据的收集、运输、保管等工作的人员，除非符合法定的例外条件，都必须出席法庭并接受控辩双方的交叉询问"。[2] 而我国刑事卷宗中的证据材料仅记录了证据收集时的状态，却没有涉及证据运输、保管等环节的记录，更别提要求接触证据的人员出庭作证了。实践中，有些侦控人员为了追求胜诉或因收受当事人的贿赂等缘由而蓄意毁损、替换、隐匿证据。比如念斌案的警察为了掩盖鱿鱼里没有氟乙酸盐毒物的事实，隐匿了现场遗留食物的照片。[3] 再如李怀亮案曾发现现场遗留血迹，鉴定为 O 型血，而根据相关检验报告，被害人的血型为 A 型血，李怀亮的血型则为 AB 型，还有现场留下的脚印为 38 码，而李怀亮穿的是 44 码的鞋，这些有利于被告人的证据却没有随案移送。[4] 也有些侦控人员因对证据材料管理不善，导致证据变质、被污染，甚至丢失。比如陈满案中的工作证、带血的白衬衣等重要物证在案件移交审查前已经

---

〔1〕 Bryan A. Garner（ed.），*Black's Law Dictionary*，9th ed.，Minnesota：West，a Thomson Business，2009，p. 260.

〔2〕 陈永生："证据保管链制度研究"，载《法学研究》2014 年第 5 期。

〔3〕 参见张燕生："念斌案，令人震惊的真相"，载 http：//blog.sina.com.cn/s/blog_52f113450102uxu8.html，最后访问时间：2017 年 3 月 14 日。

〔4〕 参见"河南平顶山李怀亮涉嫌故意杀人案调查"，载《新京报》2013 年 4 月 28 日。

遗失，作案工具无法认定。[1] 可见，对证据收集、保管、鉴定、移送等各个环节的基本情况建立起完整而连贯的记录体系，有利于监督侦控机关的行为，有利于事实认定者准确地认定案件事实。证据材料的动态记录体系实际上可以保护证据在诉讼活动中的价值。辩方也可以据此查找到证据材料前后不一的记录，有效地质疑该证据的证据资格和证明力。

（三）侦控机关角色偏差导致证据提交不完整

我国《刑事诉讼法》第 52 条[2] 的规定，赋予了侦控机关行使职权的客观角色。无论是有罪、无罪证据，还是罪轻、罪重证据，只要与证实案件有关，就应不偏不倚地全面收集和移送，以追求案件真相。但实践中，基于追究犯罪的职业心理，侦控人员比较注重对有罪证据的收集和移送，忽视、隐瞒无罪或罪轻证据。[3] 就侦查机关而言，侦查活动的任务是要追查犯罪行为，全程与犯罪嫌疑人充满了对抗和较量。为了尽快破案，很多侦查人员一旦确定犯罪嫌疑人，就在有罪推定的思维引导下开展取证活动，即使发现了与犯罪嫌疑人实施犯罪行为相矛盾的证据，也出于追求证据内容的一致性而选择视而不见甚至对其销毁或隐匿，完全没有考虑到一旦追究对象发生错误，会侵害无辜者的合法权益，会放纵真凶继续危害社会。侦查机关追究犯罪的目的是为了发现事实

---

〔1〕　参见刘彦谷：“陈满案庭审现场探访：检方辩方一致认为无罪”，载《华西都市报》2015 年 12 月 30 日。

〔2〕　《刑事诉讼法》第 52 条规定：“审判人员、检察人员、侦查人员必须依照法定程序，收集能够证明犯罪嫌疑人、被告人有罪或者无罪、犯罪情节轻重的各种证据。”

〔3〕　史炜、王道奕：“侦控机关刑事案卷移送中的‘证据偏在’”，载《广西警察学院学报》2019 年第 4 期。

真相，维护司法公正，不是为了破案而破案。就检察机关而言，由于检察官履行控诉职能时，需要在法庭上同被告方展开激烈的抗辩，一些检察官就将自己当作了实质上的当事人而去谋求胜诉。我国 1996 年修改的《刑事诉讼法》对诉讼结构进行改革，吸收了当事人主义诉讼模式的合理因素，之后增加了法庭对抗的内容，使庭审更具有实质意义。可有些检察官在法庭上只关心如何确保被告人被定罪，却并不在乎定罪对被告人或对被害人是否会产生最公平或最满意的结果。在追求胜诉的心态下，检察官对自己的角色定位存在着认识偏差，即使侦查机关对证据进行有罪筛选，检察机关也往往会配合多而制约少。〔1〕 其实，无论是大陆法系国家还是英美法系国家，检察机关都被赋予了维护社会公共利益的任务。《德国刑事诉讼法》第 160 条〔2〕规定了检察人员在提取证据时，应当保障证据的完整性。英国也要求检察官不能不惜代价地谋求胜诉，还应公正无偏私地向法庭展现全部案件事实。〔3〕 在我国，《宪法》明确规定检察机关是法律监督机关，是国家利益和社会公共利益的代表。因此，检察官不仅是公诉人，也是法律守护人。"监督法律实施最基本的、也是最重要的要求，是监督者的客观公正，即站在法律的立

---

〔1〕 史炜、王逍奕："侦控机关刑事案卷移送中的'证据偏在'"，载《广西警察学院学报》2019 年第 4 期。

〔2〕《德国刑事诉讼法》第 160 条规定："检察院不仅要侦查证明有罪的，而且还要侦查证明无罪的情况，并且负责提取有丧失之虞的证据。"

〔3〕 参见 ［英］迈克·麦康威尔、岳礼玲：《英国刑事诉讼法（选编）》，程味秋等译校，中国政法大学出版社 2001 年版，第 70 页。

场。"〔1〕为了维护法律的实施，侦控机关都应当注重追求事实真相的发现和社会正义的实现，不能一味地追究犯罪和追求胜诉。而做到此，唯有超越当事人的角色。

（四）考评机制不合理对行为的导向

考评是上级机关对下级机关或社会组织对成员在一定的目标任务下，采用特定的标准，对组织或个人的工作表现进行考核评价，并通过奖优惩劣起到对行为的引导作用。我国现行的公检法考评机制以量化考核为主。司法实践中，个案千差万别，以统一的数字化指标进行考核很难全面合理地评价各种案件。为了提高工作业绩，有关机关可能试图追求肯定指标的比例大，否定指标的比例小。而我国追诉机关的考评指标倾向于有罪判决，如破案率、不起诉率、胜诉率等，直接关系到侦控人员的利益。这些指标也决定了侦控人员的行为导向。〔2〕比如上文表1中多起冤案的侦查人员迫于破案率的考核压力，对犯罪嫌疑人功利性地追求有罪倾向，实施了一系列的证据管理失范行为。同样，检察机关的不起诉率仅为3%～5%。〔3〕该有罪倾向的考核指标也会促使检察机关对侦查机关的证据管理失范行为并不严格审查而选择勉强起诉。但如果法院作出无罪判决，就会给承办检察官及所属检察院带来不利的考核结果，可法官又忌惮这样会引起检察机

〔1〕龙宗智："中国法语境中的检察官客观义务"，载《法学研究》2009年第4期。

〔2〕史炜、王逍奕："侦控机关刑事案卷移送中的'证据偏在'"，载《广西警察学院学报》2019年第4期。

〔3〕刘思达：《割据的逻辑：中国法律服务市场的生态分析》，上海三联书店2011年版，第202页。

关的抗诉或检察建议，最终会影响到自己的考核结果。于是，公检法机关之间往往配合有余、制约不足。正如一名法官所言，"对错误的公诉案件进行撤诉而不是宣告无罪已经成了我国刑事诉讼中的一种惯常做法"[1]"过高的定罪率，是片面的打击观和控诉至上法律观的体现，有悖现代司法理念和人权保障观念。"[2] 其实，控辩双方在法庭上平等对抗，任何一方都有败诉的可能性，这是诉讼活动的正常现象，不能因为法院的无罪判决就对检察官作否定性评价。如果仍然设置这种违背诉讼规律的指标，就会扭曲侦控人员的行为，异化公检法之间的关系，抑制司法正义的实现。因此，亟须改革侦控机关的考评体系，防止考评指标成为侦控机关实施一些影响证据真实性、完整性和合法性行为的指挥棒。

（五）收集和审查证据存在思维误区

我国刑事诉讼法规定要贯彻"疑罪从无""无罪推定"的原则，但基于上述的角色定位和考评机制，侦控人员在收集和审查证据时往往按照"有罪推定"的思维追究犯罪，具体表现如下：

（1）镜像思维。将自己的文化信仰与期望强加于人，从而导致一种"镜像思维"，也就是以看待自己的方式来看待他人，产生错误判断。比如"呼格吉勒图案"的侦查人员认为，如果没有实施犯罪，怎么会在女厕所发现尸体？由此认定报案人就是犯罪嫌疑人，并对其刑讯逼供以获取有罪供述。

---

〔1〕 刘思达：《割据的逻辑：中国法律服务市场的生态分析》，上海三联书店2011年版，第202页。

〔2〕 龙宗智：《检察官客观义务论》，法律出版社2014年版，第427页。

在这种思维指引下，办案人员会把眼前案件归到其认知结构中所熟悉的犯罪情形中，并由此得出进一步的判断推论。之后，对犯罪嫌疑人采取刑讯逼供手段的目的并不是为了形成主观认知，而是为了印证办案人员于刑讯逼供之前的主观判断。

（2）愿望思维。在分析中表现出过度乐观的意愿或对不愉快选择的刻意回避。比如"张氏叔侄案"的办案人员仅仅因为被害人生前曾经搭坐张氏叔侄的货车，就确认张氏叔侄为犯罪嫌疑人。但此案并没有收集到张氏叔侄实施犯罪的直接或间接物证，唯一物证是一个陌生男性的 DNA 样本，这本是一个关键物证，但因与证明张氏叔侄犯罪相矛盾就选择刻意回避。由于办案人员没有亲历案件，为了还原事实，最直接的方法就是让当事人供述。于是，警察安排线人与张氏叔侄同关一室，并让线人采用暴力、威胁等方法逼迫张氏叔侄供述"所犯罪行"。

（3）先入为主的偏见。证据审查人员对某个问题过早作出判断，然后固执地捍卫最初的判断。这会导致侦控人员选择存有偏见的证据进行收集和移送，而拒绝接受与此相冲突的证据或者认为存疑证据不重要而不予考虑。"人们最初的判断或预计就像是一个钩子，而他们的第一印象或初步估算结果就挂在上面。在进一步重新估算时，他们又会将这个钩子作为一个起点，而不会从头开始。"[1] 侦查人员在收集证据时不宜过早下结论，尤其是在还没有获得所有相关证据之前就作出评估和判断。过早认为犯罪嫌疑人有罪，就会倾向

----

〔1〕〔美〕小理查兹·J. 霍耶尔：《情报分析心理学》，张魁、朱里克译，金城出版社 2015 年版，第 189 页。

于坚持有罪结论或者证实有罪结论，从而可能产生错案。[1]

（4）偏信弱者的思维。受到同情弱者的情绪化思维影响，使得证据的收集和审查存在一定的偏向性。实践中一些公检法人员对犯罪嫌疑人和被害人的可信性不能等同对待，更加偏信被害人的陈述。虽然被害人是遭受犯罪行为侵害的人，可以全面生动、具体地反映案件事实情况，但也是与案件有利害关系的人，有可能故意诬陷、夸大案情或受记忆能力和感知能力影响而认识错误。如果偏听偏信被害人这一方的陈述，就会形成心理定势，很难客观公正地查明案件事实真相。

（5）"隧道视觉"思维。这是一种"导致个体将注意力完全集中在某种可能性或结果，而忽视其他的一种心理过程"。[2] 在刑事司法活动中，"就是把注意力集中在某个犯罪嫌疑人身上，选择和过滤能够使其被定罪的证据，而完全忽略或者隐瞒那些指向犯罪嫌疑人无罪或者罪轻的证据"。[3] 即使犯罪嫌疑人在被讯问时作出无罪的辩解，公检法人员也会认为是狡辩抵赖行为，对其辩解选择排斥。[4]

案件的办理需要假设先行，需要有很多直觉性的判断，

---

[1] 以上三种思维方式参见［美］罗伯特·克拉克：《情报分析——以目标为中心的方法》，马忠元译，金城出版社2013年版，第8～9页。

[2] 陈晓云："执行人员对目击证人辨认结果的影响及规制"，载《福建警察学院学报》2014年第6期。也有学者将"隧道视觉"称为"隧道视野"，参见董坤："检察环节刑事错案的成因及防治对策"，载《中国法学》2014年第6期。

[3] Richard A. Leo, *Police Interrogation and American Justice*, Harvard University Press, 2008, p. 263.

[4] 以上五种思维参见史炜、王逍奕："侦控机关刑事案卷移送中的'证据偏在'"，载《广西警察学院学报》2019年第4期。

但对这些直觉性判断不能盲目自信，应当寻找证据来支撑自己的判断。一旦遇到相反的证据，就需要及时反思自己的证据体系是不是存在问题，直觉是不是错了，案件是不是存在另外一种可能性，而不能违反原则地毁弃、伪造或隐匿证据。

（六）对证据管理失范行为的法律规制不足

侦控机关之所以对证据的规范性管理不太重视，还有很大一个因素是立法对证据管理失范行为的规制不足。比如，对于片面取证行为，我国《刑事诉讼法》仅作出了全面收集证据的宣示性规定，[1]并未对侦控机关随意筛选证据的行为予以程序性制裁。片面的证据信息会直接造成法官对案件事实的认知偏差，非常有必要进行规制。再如，对于隐匿证据行为，最高人民检察院在2004年《检察人员纪律处分条例（试行）》中对检察官伪造、销毁、隐匿证据的行为规定了从重、加重的纪律处分，但实践中鲜有检察人员受到此纪律处分。《刑事诉讼法》第44条[2]虽然扩大了责任主体范围，但其内容主要是针对帮助犯罪嫌疑人、被告人隐匿、毁损不利证据行为追究刑事责任，而侦控机关隐匿犯罪嫌疑人、被告人无罪、罪轻证据的行为并没有包容在内。可见，目前立法只规定了针对办案人员的实体性制裁措施，并未从诉讼程序层面对侦控机关的不法行为进行制裁。此外，虽然我国《刑事诉讼法》

---

〔1〕《刑事诉讼法》第52条规定："审判人员、检察人员、侦查人员必须依照法定程序，收集能够证实犯罪嫌疑人、被告人有罪或者无罪、犯罪情节轻重的各种证据。……"

〔2〕《刑事诉讼法》第44条第1款规定："辩护人或者其他任何人，不得帮助犯罪嫌疑人、被告人隐匿、毁灭、伪造证据或者串供，不得威胁、引诱证人作伪证以及进行其他干扰司法机关诉讼活动的行为。"

第 41 条明确规定，辩护人可以向检察机关、人民法院申请调取能证明被追诉人罪轻或无罪的证据，但由于立法没有规定法检机关拒绝调取或被调取机关拒绝提供会承担什么法律后果，因而隐匿证据的行为很难得以有效抑制，也致使辩护人的申请调取证据权得不到完全落实。这既不利于控辩双方真正实现平等对抗，也不利于法官全面把握案件事实。虽然对于非法取证行为，立法规定了排除制度，但该程序性制裁的实施效果不理想，[1] 只有"'剥夺违法者违法所得的利益'或者'令违法行为不发生预期的法律效果'",[2] 才能阻却程序违法行为的发生。因此，建立和落实程序性制裁制度是对侦控机关证据管理失范行为进行法律规制的重要路径。

第二节　文献综述

随着科学技术的日新月异，信息化早已是社会发展的大

---

〔1〕 根据浙江省温州市中级人民法院徐建新院长和方彬微法官的调研，W市法院在本省实行非法证据排除规则方面算是做得较好的，但通过统计 2014 年至 2016 年三年的案件发现，启动非法证据排除程序的案件较少，启动后排除非法证据的案件更少，因排除非法证据而减刑或判无罪的就越发少了。2014 年，W 市共审结刑事案件 17 526 件，其中启动非法证据排除程序的有 28 件，认定为非法证据予以排除的有 3 件，公诉机关因排非程序撤回起诉的有 1 件；2015 年，W 市共审结刑事案件 17 518 件，其中启动非法证据排除程序的有 20 件，认定为非法证据予以排除的有 2 件，检方认为系非法证据而放弃作为指控证据的有 1 件，检方因排非程序撤回起诉的有 2 件；2016 年上半年，W 市共审结刑事案件 9214 件，其中启动非法证据排除程序的有 10 件，认定为非法证据予以排除的为 0 件。参见徐建新、方彬微："我国刑事非法证据排除规则司法实践实证研究——以 W 市刑事审判实务为视角"，载《证据科学》2016 年第 6 期。
〔2〕 陈瑞华：《刑事诉讼的前沿问题》，中国人民大学出版社 2016 年版，第 237 页。

趋势。大数据、云计算、物联网、区块链等信息网络技术的推广和运用，促进了现代社会的高速发展。2015 年，全国两会政府工作报告首次提出"制订'互联网＋'行动计划"，推动了各行各业的信息化建设水平全面升级。我国公检法机关在这场科技浪潮中也积极探索司法信息化改革。公安部已实施两期"金盾工程"，又积极利用大数据、云计算等前沿技术大力推进基础信息化建设；最高人民检察院于 2000 年就提出实施"科技强检"战略，于 2016 年 9 月正式印发《"十三五"时期科技强检规划纲要》，于 2017 年 6 月印发《检察大数据行动指南（2017－2020 年）》，打造"智慧检务"；最高人民法院于 2016 年 2 月通过《人民法院信息化建设五年发展规划（2016－2020）》和《最高人民法院信息化建设五年发展规划（2016－2020）》，强调推动人民法院信息化建设转型升级。在司法信息化建设中，为了有效提高办案效率、加强办案监管和确保办案质量，公检法机关全面推广电子卷宗办案。2014 年 1 月，经最高人民检察院批准，四川、贵州两省检察院先行研发使用"电子卷宗综合管理子系统"，在统一业务应用系统内实现电子卷宗的制作和使用。[1] 2015 年 7 月，最高人民检察院确定北京、山西、内蒙古、江苏、云南 5 个省份作为第二批试点单位，上线运行电子卷宗。[2] 2015 年 12 月，最高人民检察院还专门出台了有关电子卷宗制作及

---

〔1〕　王晋等："《人民检察院制作使用电子卷宗工作规定（试行）》解读"，载《人民检察》2016 年第 4 期。

〔2〕　郑赫南："电子卷宗：打通'信息化办案'关键环节——最高检《人民检察院制作使用电子卷宗工作规定（试行）》解读"，载《检察日报》2016 年 1 月 6 日。

使用的司法解释。[1] 可是，如何加强对电子卷宗系统，尤其是证据管理系统的监管呢？

目前，各个领域的数据库都离不开元数据的应用。元数据是信息资源管理的有力工具，可以对数据平台进行监控。但在司法领域，元数据还尚未得到重视和运用。尽管当前我国学界缺乏对电子刑事卷证元数据管理的专题研究，但学者对刑事卷证、电子卷宗、证据管理等相关内容已经展开了研究。

一、有关刑事卷证的研究综述

笔者分别以"刑事卷证""刑事卷宗""刑事案卷"为关键词，在超星读秀学术搜索平台上进行检索，发现研究"刑事卷宗"或"刑事案卷"的文献较多，而以"刑事卷证"为关键词的文献较少（如图1、图2、图3所示）。由于笔者偏重对证据管理的研究，故选取"刑事卷证"一词作为研究主题。

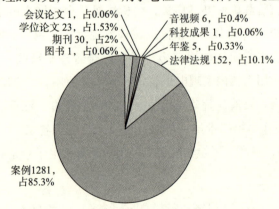

图1 以"刑事卷证"为主题的文献检索分布

[1] 2015年12月，最高人民检察院发布了《人民检察院制作使用电子卷宗工作规定（试行）》。

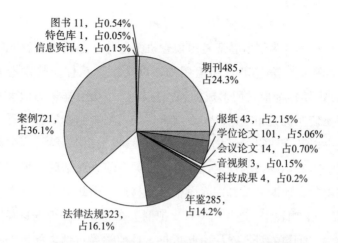

图 2　以"刑事卷宗"为主题的文献检索分布

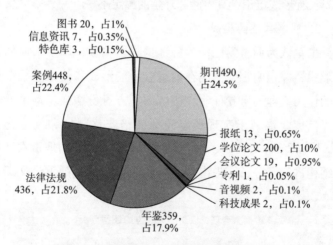

图 3　以"刑事案卷"为主题的文献检索分布

本书选取了刑事卷证的概念、构成、刑事卷证对证据管理所具有的优势、传统纸质卷宗在管理证据时所存在的弊端以及刑事卷证移送是否影响庭审实质化等几个方面的内容进行文献梳理。

1. 刑事卷证的概念

牟军认为刑事卷证是由侦查机关制作、起诉机关补充制作和移送、法院审查和运用的，以文字为载体，并以卷宗（证据卷）为形式所形成的证据材料。[1] 唐治祥认为刑事卷证是侦控机关和审判机关在刑事诉讼过程中制作的各种诉讼文书以及所获得的证据材料。[2] 李毅根据2012年《刑事诉讼法》第160条的规定，即公安机关在侦查终结后，将"案件材料、证据"一并向人民检察院移送，据此认为"案卷材料"和"证据"是并列关系，把刑事案卷和相关证据材料统称为"刑事卷证"。[3] 由此可见，目前学界对刑事卷证的概念尚没有形成定论，其内涵和外延的界定不一。

2. 刑事卷证的构成

牟军认为刑事卷证由各种证据材料构成，属于书面的证据形式，并指明官僚体制在刑事卷证的形成和使用过程中所起的作用，即刑事卷证制作主体的官方身份增强了刑事卷证的可信度，也利于实现刑事卷证的格式化制作和规范化使用。[4] 唐治祥对侦查、审查起诉和审判各阶段的刑事卷证内部结构进行了分析，提出侦查阶段的正卷（包括诉讼文书卷

---

〔1〕 牟军："刑事卷证：以文字为起点的证据分析"，载《法学论坛》2016年第6期。

〔2〕 唐治祥："刑事卷证移送制度研究——以公诉案件一审普通程序为视角"，西南政法大学2011年博士学位论文。

〔3〕 李毅："我国刑事卷证之局限性及其改进"，载《广西社会科学》2016年第1期。

〔4〕 牟军："刑事卷证：一种文字的叙事体及其价值"，载《西南民族大学学报》2015年第9期。

和证据卷）和审查起诉阶段形成的公诉卷对案件发挥了关键
作用。[1] 李毅认为刑事卷证有侦查卷证、起诉卷证和审判卷
证，由于官方是唯一的案卷制作主体，其形成体现出单方性
和封闭性，辩方对案件制作的制约性影响有限。[2]

3. 刑事卷证对证据管理所具有的优势

牟军提出，刑事卷证具有记录性，以文字对案件信息加
以独特叙述和固定，防止信息在卷证传递中造成丢失和变异。
由于文字记录的方式和条件比口述所受的限制小，卷证信息
容量更大、传递更为全面，且文字比语言具有更强的加工、
组织和整理信息的能力。[3] 唐治祥认为刑事卷证可以固定和
保全证据，可以反映诉讼活动情况。[4] 李毅认为刑事卷证把
证据和案件材料用文字的形式固定下来，防止卷证信息因时
间流逝而消失，也便于各官僚机构制作、查阅、移送、使用
和存档，起到规范卷证的作用。[5]

4. 传统纸质卷宗在管理证据时所存在的弊端

牟军提出，文字语义的多样性会造成刑事卷证信息表达的
歧义和传递的不顺畅，从而影响到刑事卷证被合理、有效地利
用；由于文字理解受到时空的限制，卷证的制作者和最终使用

---

〔1〕 唐治祥："刑事卷证移送制度研究——以公诉案件一审普通程序为视
角"，西南政法大学 2011 年博士学位论文。
〔2〕 李毅："我国刑事卷证之局限性及其改进"，载《广西社会科学》
2016 年第 1 期。
〔3〕 牟军："刑事卷证：一种文字的叙事体及其价值"，载《西南民族大
学学报》2015 年第 9 期。
〔4〕 唐治祥："刑事卷证移送制度研究——以公诉案件一审普通程序为视
角"，西南政法大学 2011 年博士学位论文。
〔5〕 李毅："刑事卷证对庭审实质化的消解与应对"，载《甘肃政法学院
学报》2016 年第 5 期。

者对卷证所记载内容的理解可能会有所不同；受卷证制作者个体因素的影响，文字记录可能会对卷证不当"加工"，轻者影响卷证内容的原意，重者改变卷证的证明价值。[1] 李毅也认为受卷证制作主体主观因素的影响，用文字方式表述的刑事卷证会与案情真相存在偏差，从而使司法人员在使用卷证时会对犯罪嫌疑人、被告人产生有罪预断。[2]

5. 刑事卷证移送是否影响庭审实质化

在我国法学主流学界，对卷证的运用向来持排斥或否定态度，认为中国刑事审判是一种"以案卷笔录为中心"的审判方式，法官围绕卷证进行审查和确认，使得庭审流于形式。[3] 但牟军认为刑事卷证的运用与以审判为中心的诉讼制度改革并不冲突，关键是如何运用和规制的问题。比如推行直接言词原则和运用口证，可以削减卷证对庭审的影响；再如建立刑事卷证的证据能力和证明力规则，可以规范卷证在庭审中的运用。[4] 李毅认为，卷证移送与法官预断之间没有必然联

---

〔1〕 牟军："刑事卷证：以文字为起点的证据分析"，载《法学论坛》2016年第6期。

〔2〕 李毅："我国刑事卷证之局限性及其改进"，载《广西社会科学》2016年第1期。

〔3〕 参见陈瑞华："案卷笔录中心主义——对中国刑事审判方式的重新考察"，载《法学研究》2006年第4期；胡铭："审判中心、庭审实质化与刑事司法改革——基于庭审实录和裁判文书的实证研究"，载《法学家》2016年第4期；步洋洋："刑事庭审虚化的若干成因分析"，载《暨南学报（哲学社会科学版）》2016年第6期；单子洪："案卷笔录中心主义'治愈'论——以刑事证据规则的完善和正确适用为切入"，载《犯罪研究》2015年第5期；等等。

〔4〕 参见牟军："刑事卷证与技术审判"，载《北方法学》2016年第4期。

系，不一定导致庭审虚化。[1] 多方主体参与卷证的制作，就可以消减卷证的片面性，防止司法人员审前阅卷的行为会产生有罪预断。[2]

二、有关电子卷宗的研究综述

电子卷宗的概念在我国立法上已有界定，[3] 理论界对此争议不大。本书选取了电子卷宗与纸质卷宗的关系、电子卷宗对审判活动的影响、电子卷宗的改进方向等几个方面对文献进行梳理。

1. 电子卷宗与纸质卷宗的关系

刘选从两种卷宗的生成过程和存储特征进行分析，认为电子卷宗的生成具有间接性，且存储依赖载体环境，稳定性较差，因此当电子卷宗与纸质卷宗的内容不一致时，以纸质卷宗为依据对案件进行分析判断。[4] 李学峰、王建民分析纸质（实物）卷宗与电子卷宗是共存关系，要审查和确保二者

---

〔1〕 域外刑事诉讼通过预审制度、检察官的客观义务和法官的客观中立，以防止法官产生预断，但并没有限制卷证的移送。全案卷证移送，不仅有利于法官通过庭前熟悉材料，加强对庭审的掌控，同时也扩大了辩方的阅卷范围。此外，大陆法系法官对被告人有客观照顾义务，可以保证庭审中控辩双方的实质对抗。参见李毅：“我国刑事卷证移送制度审视”，载《理论导刊》2015年第4期；李毅：“刑事卷证对庭审实质化的消解与应对”，载《甘肃政法学院学报》2016年第5期。

〔2〕 李毅：“我国刑事卷证之局限性及其改进”，载《广西社会科学》2016年第1期。

〔3〕 参见最高人民检察院通过的《人民检察院制作使用电子卷宗工作规定（试行）》第2条。

〔4〕 刘选：“推行电子卷宗若干问题研判”，载《人民检察》2015年第24期。

的一致性。[1]

2. 电子卷宗对审判活动的影响

左卫民从实践角度分析信息化对审判管理的效果显著，但在审判活动方面，只体现了电子卷宗对二审、再审的书面审理、审委会的讨论决策、合议庭的合议功能有某种程度的影响。[2] 贺小军从审判管理角度阐释电子案卷在提高管理效率和监督被管理者方面的优势，认为案卷电子化对审判实质内容的触动不大。[3] 李学峰、王建民指出电子卷宗便于办案人员随时阅卷、涉案财物的精细化管理以及案件流程的监控。[4] 冯永成、张晶分析了电子卷宗系统在证据展示、律师阅卷、案件流程监控、质量评查等方面的应用效果。[5]

3. 电子卷宗的改进方向

左卫民提出司法信息化应由审判管理向审判转变，使用主体由单方向多方转变、案卷材料由内部管理转变到更多地公之于众。[6] 贺小军提出我国案卷电子化的运作应从管理性向司法性转变、从闭合性向开放性转变，以此建构我国电子

---

〔1〕 李学峰、王建民："统一业务应用系统上线运行的影响与对策"，载《中国检察官》2015 年第 9 期。

〔2〕 左卫民："信息化与我国司法——基于四川省各级人民法院审判管理创新的解读"，载《清华大学》2011 年第 4 期。

〔3〕 贺小军："案卷电子化与我国司法的变迁——以法院审判管理为视角"，载《江西社会科学》2013 年第 4 期。

〔4〕 李学峰、王建民："统一业务应用系统上线运行的影响与对策"，载《中国检察官》2015 年第 9 期。

〔5〕 冯永成、张晶："简析检察机关电子卷宗系统的应用"，载《青海检察》2016 年第 4 期。

〔6〕 左卫民："信息化与我国司法——基于四川省各级人民法院审判管理创新的解读"，载《清华大学》2011 年第 4 期。

诉讼之图景。[1] 冯永成、张晶提出应当加强电子卷宗的多方共享和深度应用，助推检察工作信息化发展。[2]

以上文献表明，我国目前的电子卷宗运用偏向审判管理，在诉讼活动领域的应用仍有待加强和深化。信息化技术也同样渗入到世界各国的司法领域。英美法系国家的司法信息化处于世界领先地位。《美国联邦最高法院 2014 年年终报告》和《英国最高法院司法年度报告（2013—2014）》均提到运用电子卷宗和电子案件管理系统的状况。[3] 高一飞指出，"美国的案件管理和案件电子档案系统不仅是实行法院档案数字化管理的平台，也是进一步实现审判公开、保障公民知情权的平台"。[4] 徐昕分析澳大利亚的电子案卷发展趋势是形成数据、文字、图像、音响、视像等合成的多媒体系统。[5] 大陆法系国家也积极探索电子卷宗系统的运行。如德国经过多年的探索，于 2013 年正式颁行了《电子司法法》，对电子案卷的证明力进行了规范。[6] 未来，我国的电子卷宗也应尝试从形式多样化、监管实时性、共享性、开放性等方

---

〔1〕贺小军："案卷电子化与我国司法的变迁——以法院审判管理为视角"，载《江西社会科学》2013 年第 4 期。

〔2〕冯永成、张晶："简析检察机关电子卷宗系统的应用"，载《青海检察》2016 年第 4 期。

〔3〕参见黄斌、杨奕译："美国联邦最高法院 2014 年年终报告"，载《人民法院报》2015 年 1 月 16 日；杨奕、黄斌："英国最高法院司法年度报告述评（2013-2014）"，载《法律适用》2015 年第 5 期。

〔4〕高一飞："论数字化时代美国审判公开的新发展及其对我国的启示"，载《学术论坛》2010 年第 10 期。

〔5〕徐昕："虚拟法院——司法的数字化生存"，载《人民法院报》2002 年 2 月 4 日。

〔6〕周翠："德国司法的电子应用方式改革"，载《环球法律评论》2016 年第 1 期。

面进一步发展。

三、有关证据管理的研究综述

当前，我国立法对证据管理的含义没有明确规定，理论界也没有形成统一认识。涉及证据管理的文献集中于"物证管理""涉案财物管理""证据保管链"以及"证据毁弃"等几个关键词，本书对此进行文献梳理。

1. 物证管理

蒋敬指明刑事物证的规范化管理对刑事诉讼活动的意义，针对物证管理的现状，从刑事物证的档案管理、保管环境和责任追究几个方面提出加强管理的对策。[1] 马克提出物证保管的意义不在于保持物证原样，而是形成一个完整的、可供查证的证据保管链，并分析了构建物证保管链需要注意的几个重要问题。[2] 陈枫、林志卿对美国的物证管理状况进行考察，指出物证应有完整、详细的信息记录，一旦违反程序，证据就会彻底失效。[3] 林丽芝、许发见、丁强在技术进步的背景下，分析了利用物联网技术对物证进行信息化管理的必要性和可行性。[4]

---

〔1〕 蒋敬："刑事物证的规范化管理"，载《湖南公安高等专科学校学报》2003 年第 6 期。

〔2〕 马克："科学物证保管体系探析"，载《云南警官学院学报》2015 年第 2 期。

〔3〕 陈枫、林志卿："美国执法机关刑事信息化建设情况考察"，载《公安研究》2011 年第 1 期。

〔4〕 林丽芝、许发见、丁强："物联网及无线定位技术在物证管理中的应用"，载《铁道警官高等专科学校学报》2013 年第 3 期。

2. 涉案财物管理

李长坤指出刑事涉案财物处理虽然具有固定犯罪事实的作用，但更注重对合法财产所有权的保护，并针对实践中法官认为涉案财物处理不牵涉定罪量刑而随意处理的现象，提出了规范刑事涉案财物处理的程序保障。[1] 葛琳指出我国现行刑事涉案财物由办案机关按诉讼阶段分别管理和移送，屡屡出现涉案财物保管不善、丢失现象，主张对涉案财物集中统一管理，并实施"流单不流物"的做法。[2] 高一飞、张露从保障刑事诉讼当事人和社会公众的知情权角度，分析刑事涉案财物查封、扣押不规范、不公开行为，提出构建涉案财物集中管理与公开机制。[3] 郑艳芳、段艳艳提出将手机二维码新技术应用于涉案财物管理工作中，从可行性、安全性及操作性三个角度展开了分析。[4]

3. 证据保管链

刘静坤认为侦查取证时应密切关注证据的动态变化，通过构建科学的证据保管机制，以推进侦查取证的规范化。[5] 查尔斯·R. 斯旺森、尼尔·C. 谢美林、伦纳德·特里托认为，"高质量的现场取证不仅取决于科学地识别、收集、保

〔1〕 李长坤：《刑事涉案财物处理制度研究》，上海交通大学出版社 2012 年版，第 1~17 页。

〔2〕 葛琳："刑事涉案财物管理制度改革"，载《国家检察官学院学报》2016 年第 6 期。

〔3〕 高一飞、张露："刑事诉讼涉案财物处置公开机制的构建"，载《河南财经政法大学学报》2016 年第 6 期。

〔4〕 郑艳芳、段艳艳："手机二维码技术在公安机关涉案财物管理中的应用研究"，载《云南警官学院学报》2015 年第 4 期。

〔5〕 刘静坤："证据动态变化与侦查阶段证据保管机制之构建"，载《山东警察学院学报》2011 年第 1 期。

存相关的证据信息，还取决于现场取证的规范管理体系"，[1]
也就是建立处理证据的监管链条。W. 杰瑞·奇泽姆、布伦
特·E. 特维认为，"证据的监管链条，就是指自从发现特定
的证据时起，对那些曾经控制、监管或者接触该证据的人员
进行记录"。[2] 通过证据监管链条的记录，能够追踪到潜在
的证据转移、证据污染以及证据遗失等情况。陈永生提出我
国建立证据保管链制度的设想，从证据保管链的基本要求、
诉讼价值、主要内容以及我国的立法不足和制度构建几个方
面，对实物证据的收集、运输、保管、鉴定等记录体系展开
了详细论述。[3]

我国立法虽有证据保管的规定，但没有形成证据保管链
制度，更没有在卷宗中显示出证据保管链信息，造成证据同
一性与真实性无法得到有效保障。

4. 证据毁弃

杜国栋针对实践中的证据损毁现象，分析了控辩双方证
据损毁的责任，并阐述了证据损毁的推断理论，以此加强对
证据损毁行为的法律控制。[4] 薛潮平基于"证据毁灭者应遭
遇不利推论"的证据法原则，对毁灭证据的概念、发现、制
裁与救济以及抑制机制的构建进行了深入研究。[5] 黄维智、

---

　　〔1〕　[美] 查尔斯·R. 斯旺森、尼尔·C. 谢美林、伦纳德·特里托：《刑
事犯罪侦查》，但彦铮等译，中国检察出版社 2007 年版，第 49 页。
　　〔2〕　[美] W. 杰瑞·奇泽姆、布伦特·E. 特维编著：《犯罪重建》，刘静
坤译，中国人民公安大学出版社 2010 年版，第 190 页。
　　〔3〕　陈永生："证据保管链制度研究"，载《法学研究》2014 年第 5 期。
　　〔4〕　杜国栋：《论证据的完整性》，中国政法大学出版社 2012 年版，第 95 ~
143 页。
　　〔5〕　薛潮平：《毁灭证据论》，中国法制出版社 2015 年版，第 16 ~ 17 页。

邹德光从刑事侦查证据未完全移送角度，对弃证的概念、我国实证情况和弃证原因进行分析，并借鉴域外布雷迪案件的启示，提出制约弃证行为的对策。[1] 此部分文献通过对证据管理失范行为的危害以及规制展开研究，从反方向指明了证据规范化管理的必要性。

四、小结

通过上述文献梳理可知，我国虽然已经在司法活动中使用了电子卷宗，但基本都是对纸质卷宗进行扫描，是纸质卷宗的"复制本"，使用目的也只是偏向管理性而非司法性。尽管有个别文献涉及借助物联网技术管理物证，但当前法学理论界尚未对刑事卷证的电子化管理展开充分研究，更未触及运用元数据规制刑事卷证活动的研究。频频发生的冤案显示，证据的毁损、隐匿、丢失、伪造等管理失范行为是导致事实认定者无法对案情作出准确判断的一个重要因素，因此，有必要在刑事卷证中增加证据保管链的信息，以确保证据的同一性和真实性。随着电子卷宗系统的广泛实施，可以考虑借助元数据的信息技术优势，规范刑事卷证活动的管理，并挖掘其对刑事卷证的诉讼功能，以推动司法公正的实现和人权保障的加强。这对于推行"以审判为中心"的诉讼制度改革也具有重大意义。该项改革的目的是落实直接言词原则，实现庭审的实质化，确保庭审在证据的审查与认定、案件事实的查明与裁判、促进控辩的平等对抗等方面发挥决定性的

---

〔1〕 黄维智、邹德光："刑事诉讼弃证问题实证研究"，载《社会科学研究》2015 年第 4 期。

作用，以加强对公安机关、检察机关的制约。长期以来，我国法院在实践中对案件的审理是一种卷证垄断的刑事审判活动，而卷证主要形成于侦查阶段，卷证内容具有很强的有罪倾向，法官审理案件对卷证的过度依赖，会造成对被告人的审判不公。[1] 但强调审判中心主义，只是要求法院不得以侦查卷证作为裁判的直接依据，避免对侦控机关的过度配合，并非完全否定刑事卷证的存在。相反，对刑事卷证的合理规制和使用，有利于促进控辩双方在庭审中展开平等对抗，有利于庭审活动对案件起到实质性决定作用。比如，当辩护方认为控方提交的物证存在被替换的可能性时，向控方提出异议，并要求物证保管员出庭对此予以说明。如果辩护方认为物证保管员陈述不实，就可以利用物证管理系统上的元数据信息弹劾物证保管员的可信性。辩护方之所以能够在庭审中与控诉方展开平等对抗，就是基于元数据具有客观记录系统信息的特性。此外，我国学界长期以来夸大了法官庭前阅卷与预断产生之间的关系。笔者认为，法官庭前阅卷与审判中心主义改革的要求并非相悖。在我国法官驾驭庭审能力有限的情况下，庭前阅卷会保证庭审的有序推进。卷证材料是庭审实质化得以实现的有效补充。2012 年《刑事诉讼法》所增设的庭前会议制度，允许控辩双方庭前开示证据并提出异议，从而避免了法官仅阅卷对被告人产生的有罪预断。

---

[1] 参见牟军：“刑事卷证与技术审判”，载《北方法学》2016 年第 4 期。

第三节 研究价值、内容和方法

一、研究价值

自2013年起，司法部就充分借助信息技术和运用"互联网＋"开展司法信息化建设，对司法改革提出了新的要求。互联网、大数据、云计算、人工智能、物联网等高科技手段已全面深入政法系统，但元数据还尚未得到重视和运用。元数据是关于数据的数据，可以描述和管理一切信息资源。在技术革新的背景下，探索元数据在刑事卷证电子化管理中的运用，对于诉讼活动具有十分重要的价值。

（1）利用元数据的刑事卷证电子化管理活动，有利于保障事实认定的准确性。由于传统纸质案卷相对封闭，由控诉一方人为控制，案卷中的证据易被篡改、毁损、隐匿、丢失等。证据管理的失范和无序，会增加事实真相还原的难度。案件事实是由若干个证据碎片所拼成的，在不全面、不合法的证据基础上所获得的事实认定结果也必将是片面的、错误的。采用电子卷宗系统，可以自动获取卷证生成、移转、保管、利用信息的元数据，从而实现诉讼活动过程留痕，确保证据的完整性和可靠性；通过将侦查人员讯问的同步录音录像元数据与记录看守所提讯情况的数据平台元数据进行比对分析，可以发现侦查违法行为的线索，判断证据的可采性，从而预防冤案的发生。可见，元数据记录的应用，有助于证据的全面审查和评价，最终保障事实真相的查明和人权保障理念的实现。正如孟建柱所说，"信息技术对促进公正司法、提升司法公信力具有根本性的推动作用"。[1]

（2）利用元数据的刑事卷证电子化管理活动，有助于优化现有的证据管理体系和深化对案件的监管。随着电子卷宗管理系统的推行，可以考虑使用元数据对刑事卷证加以动态管理。电子卷宗管理系统元数据是对刑事电子卷证背景、内容、结构及整个管理过程进行全程描述的数据，能够反映电子卷证的原始状态，从而保障证据的真实性、同一性和完整性。目前，我国刑事证据的管理是由刑事诉讼各阶段的负责机关独自负责，缺乏监管。在这种"各自为政"的管理状态下，证据不完整现象时有发生。建立统一的证据管理中心和平台，借助元数据全程留痕的技术优势，可以实现事中程序管控、事后可溯追责。这种利用信息技术对证据管理的方式，是一种采取虚拟空间与物理空间相结合的证据管理方式。再将证据管理数据上传至电子卷宗管理系统，以增加证据保管链的信息。这不仅有利于维护辩护方能够获得查阅证据保管链信息的平等机会以便有效辩护，也有利于实现公检法各机关之间对证据保管链信息的共享，"倒逼"刑事证据的规范化管理，加强对案件质量的管控。

（3）利用元数据的刑事卷证电子化管理活动，有利于提高诉讼效率。一方面，体现在对电子卷宗资源共享的支撑。以往公检法机关在移送纸质案卷后，接收机关需要重新制作案卷，造成人力、物力、时间的极大浪费。借助标准化的电子卷

---

〔1〕 袁定波："以法治化引领信息化推动人民法院工作现代化促进司法公正提升司法公信力"，载《法制日报》2014 年 12 月 5 日。

宗元数据，可以实现语义层面和语法层面互操作，[1] 最大限度地实现电子卷宗的资源共享，为电子卷宗一次导入、多人多次同时使用提供可能。另一方面，体现在对所需卷证信息的高效检索。"由于网络信息资源没有具体的实体存在，对其定位就显得至关重要。元数据包含有关网络信息资源位置方面的信息，由此便可确定资源位置之所在，促进了网络环境中信息对象的发现和检索。"[2] 因此，元数据具有高效检索电子卷证信息的功能。电子卷宗系统元数据能够捕获和形成相关著录信息，产生目录体系，以便支持对电子卷证的高效检索。

（4）借助元数据的刑事卷证电子化管理，是建立证据信息数据库的基础，为进一步实现大数据分析提供可能。刑事电子卷宗系统中的证据信息经过不断的积累，足以形成一个庞大的刑事证据信息数据库，不仅包括各类刑事案件所对应的证据，还包括证据的取证、保管和流转等程序信息。通过对刑事证据基础数据和元数据的大数据分析，可以得出更多有价值的结论，为日后办案提供有益经验和解决司法改革中的难题，比如某类证据与特定犯罪行为的关系、证据与案件事实相关性的把握、证据保管链中可能存在的薄弱环节等。

二、研究内容

如前文所述，近些年所曝光的冤假错案显示出我国司法实践中的证据管理混乱问题。最高人民法院前院长肖扬指出：

---

〔1〕　金波、丁华东主编：《电子文件管理学》，上海大学出版社 2015 年版，第 306 页。

〔2〕　徐玉萍："元数据在知识管理中的应用"，载《辽宁师范大学学报（社会科学版）》2011 年第 3 期。

"证据是实现司法公正的基石。"证据出现瑕疵或损毁，就会影响到事实真相的发现。因此，证据亟须得到规范化的管理。随着国家司法信息化的建设，我国公检法领域已经普遍使用电子卷宗管理系统。卷宗是证据信息的记录载体。但目前的卷宗仅涉及取证时的证据信息内容，没有包容证据的管理情况。可是，证据管理问题关系到证据的证据能力和证明力，会直接影响到法官对案件事实的认定。因此，有必要通过电子卷宗管理系统将证据管理情况记录下来。可以说，刑事卷证的电子化管理是一场知识管理革命，对司法活动具有举足轻重的作用。而信息科学领域的一切以元数据为基础，元数据可以用来描述和管理电子卷证。大数据专家徐子沛点评美国杰弗里·波梅兰茨的《元数据》一书时指出："元数据是打开整个信息科学体系、复杂数据世界的钥匙。"[1] 在电子卷宗管理系统运行下，元数据对证据管理会带来多大的影响？能否促进证据管理的规范化？本书以此为题，展开论述。

"导论"中，笔者从分析我国 20 起冤案的证据管理失范状态着手，按照收集、保管、移送及开示证据的流程对各种失范表现作逐一梳理，并追溯其原因，提出通过有效利用现代科技手段来保障证据规范化管理的观点。

正文主要分为四个章节论述。

第一章"刑事卷证及其电子化管理"中，笔者按照由证据管理概述到对刑事卷证的审视，再到比较证据管理新载体优势的思路进行介说。第一节先对证据管理的概念进行界定，

---

〔1〕［美］杰弗里·波梅兰茨：《元数据——用数据的数据管理你的世界》，李梁译，中信出版社 2017 年版，第 1 页。

并通过理清证据管理与证据保管、证据保全的关系，辨明证据管理的内涵与外延，进而从理论层面提出刑事诉讼证据管理所追求的价值目标，之后从实践层面介绍刑事诉讼证据管理的范围和流程；第二节阐述刑事卷证的概念、特征、种类和构成等几个方面，并探讨刑事卷证对证据管理的作用；第三节分析纸质卷宗与电子卷宗二者之间的关系，并比较出刑事卷证电子化管理的优势。

第二章"元数据在刑事卷证电子化管理中的应用"中，笔者通过介绍元数据的基本问题，寻找将元数据运用于刑事卷证电子化管理的理论支撑。第一节阐述元数据的概念和特性，解释了元数据作为管理工具的优势；第二节介绍元数据的结构和类型，以此说明元数据在刑事卷证电子化管理下如何发挥作用；第三节从法律角度对元数据的属性加以审视；第四节探讨元数据对刑事卷证电子化管理能够发挥哪些作用，挖掘元数据在诉讼活动中具有的价值。

第三章"元数据应用于刑事卷证电子化管理中的诉讼功能审视"中，将元数据与诉讼活动相结合，旨在挖掘元数据对于建立证据保管链、弹劾言词证据的可信性、排除非法证据、审查与评价证据等方面的诉讼功能。第一节主要探讨元数据对证据保管链制度所起的作用。证据保管链制度要求对实物证据从收集到最终处理活动不间断地加以记录。元数据的动态跟踪性，能够自动形成对电子记录的监控日志；第二节探讨元数据作为客观性证据如何弹劾言词证据的可信性，以辨明言词证据的真实性；第三节探讨元数据对疲劳审讯的判断、法定讯问场所之外遭受刑讯的监管、讯问同步录音录像的审查等方面的证明作用，为排除非法证据提供一个新的思路；第四节在前三节运用元数据的诉讼活动基础上，从法官审查与评价证据的角度阐明元数据在事实认定中的重要作用。

第四章"利用元数据构建刑事卷证的电子化管理体系"中，笔者围绕如何将元数据用于刑事卷证电子化管理体系的构建问题展开深入的思考。第一节对元数据用于刑事卷证的电子化管理活动，从应然的角度提出了三项证据法指引性标准，即保障证据的同一性和真实性；保证证据的可采性；维护证据的完整性。该节主要解决为什么要规范化管理证据，即证据管理所达到的目的和所追求的价值。第二节分析我国当前利用元数据进行刑事卷证电子化管理的几个制约因素，如仍需专门技术人员的介入、仍存在信息共享障碍因素、存在信息安全风险等；第三节从刑事卷证信息的录入、存储与流转、检索与查询及流程监控几个方面探讨利用元数据构建刑事卷证的电子化管理体系；第四节论述了刑事卷证电子化管理体系形成所需建立的相关配套制度，即改变刑事卷证的形成方式、建立取证同步录音录像制度、将证据保管记录入卷、建立证据管理失范行为的程序性制裁机制等，以期在多项配套制度的保障下实现证据的规范化管理和促进事实真相的发现。

三、研究方法

本书主要采用了案例研究法、交叉研究法和实证研究法这三种方法对刑事电子卷证的元数据管理展开研究。

（1）案例研究法：本书从我国 20 起冤案着手，对冤案的发生机制进行研究。通过分析案例中的六种刑事证据管理失范样态，并考量造成失范的原因，以此展开对刑事证据管理制度的系统梳理和详细阐释。

（2）交叉研究法：利用元数据的刑事卷证电子化管理涉及证据法学、诉讼法学、信息管理、档案管理、知识管理等多个学科。多学科知识的考察和运用为证据管理的研究拓宽了理论支持。刑事卷证的电子化管理从本质上说是一种知识管理，元数据是组织和管理一切信息的基础。学科间的相互渗透，有助于建构科学、合理的证据管理体系。

（3）实证研究法：主要采用直接观察、个人访谈、实地调研等方法。从某种意义来说，刑事卷证的电子化管理研究立足于实然立场，在司法体制现有框架下，思考如何将信息手段与司法实务相结合，更有效地实现证据管理的目的。实地调研为刑事卷证的电子化管理研究提供了问题和改进的线索。在对北京市、包头市公检法机关实证调研期间，通过访谈、查阅案卷、参观赃证物管理室等多种方式，收集了大量运用信息技术手段管理证据的实证资料。

第一章　刑事卷证及其电子化管理

第一节　刑事证据管理概说

一、证据管理的概念界定

（一）何为证据?

从文字文化史看，"证"和"据"是两个独立的汉字，均有各自的含义。《说文解字》中的"证"与"谏"同义，指下级对上级的直言规劝。[1] 据郑禄的考察，"证"的繁体字"證"具有"徵"（征）"候""辭"（词）三种义项："徵"意指"言行隐微，但必闻达挺箸于外"；"候"比"徵"则更加具体，指留有明显的痕迹；"辭"指人们通过言和文两种方式来表达意思。[2] 古代的"据"有两种含义：一是肢

---

〔1〕　参见（汉）许慎撰：《说文解字》，中华书局2004年版，第52页。

〔2〕　参见郑禄："证据概念素说——兼论中国特色社会主义证据理论的国学文化基石"，载《证据科学》2008年第5期。

体劳累，二是生活窘困。[1] 郑禄认为"据"的繁体字"據"指杖持，引申为凭证。[2]《辞海》对证据一词有两种解释：一是据以认定案情的材料；一是据实证明、据史考证。[3] 如今，在汉语语义上，证据是"能够证明某事物的真实性的有关事实或材料"。[4]

　　西方古代最初采用符号（sign）或者记号（token）来表示证据的性质，意指"代表其他东西的东西"，[5] 直到西塞罗第一次从希腊文中引入证据一词，表明具有显而易见的性质，即证据须比待证事实更为显而易见。[6] 也只有留有明显的痕迹，才可以对不曾亲历的过去事实进行推论。《牛津高阶英汉双解词典》中的"evidence"具有三种含义，即为相信某事或证明某事提供原因的信息；迹象或痕迹；清楚的或明显的。[7] 可见，证据均含有以明显的方式证明待证事实之意。

---

　　〔1〕 我国《诗经·豳风·鸱鸮》的"予手拮据"和姚士粦《见只编》的"拮据军事"中的"据"，均为劳累操作的意思。杜甫《秋日送石首薛明府辞满告别三十韵》的"亲贤病拮据"和赵振元《为袁氏祭袁石寓宪副》的"拮据揽辔"中的"据"，都意为经济窘迫。

　　〔2〕 参见郑禄："证据概念索说——兼论中国特色社会主义证据理论的国学文化基石"，载《证据科学》2008 年第 5 期。

　　〔3〕 辞海编辑委员会编辑：《辞海》（缩印本），上海辞书出版社 1979 年版，第 384 页。

　　〔4〕 中国社会科学院语言研究所词典编辑室编：《现代汉语词典》（第 6 版），商务印书馆 2012 年版，第 1663 页。

　　〔5〕 ［美］David A. Schum："关于证据科学的思考"，王进喜译，载《证据科学》2009 年第 1 期。

　　〔6〕 ［美］David A. Schum："关于证据科学的思考"，王进喜译，载《证据科学》2009 年第 1 期。

　　〔7〕 ［英］霍恩比：《牛津高阶英汉双解词典》，李北达译，商务印书馆 2002 年版，第 495 页。

在诉讼理论界，证据的概念众说纷纭，大致包含三种主要定义方式：其一，认为证据是指"证明案件真实情况的一切事实"。[1] 此定义侧重于从内容角度界定证据，揭示了证据在证明事实方面所发挥的重要作用。虽然证据中包含有事实信息，以事实信息为其基本内容，但不能因此就将证据与事实混为一谈，提出"证据就是事实"这种具有逻辑错误[2]的说法。其二，认为证据是"可以用于证明案件事实的材料"。[3] 此定义已经注意到证据不是事实本身，有真假之分，也注意到了证据的形式，但"材料"不能包容所有的证据形式，证据"由证人的证言、文字材料、实物对象或者任何可以呈现于感官的东西所组成"。[4] 其三，认为证据是"与案件事实相关的信息，用于证明所主张事实之存在的可能性"。[5] 此定义体现了证据内容与形式的统一。案件事实是证据所反映的内容，案件事实发生后会保留曾经存在过的痕迹，并以各种形式的信息显现出来。笔者赞成第三种观点，认为证据由内容与形式共同构成，是与案件事实有关的任何

〔1〕 1996 年《刑事诉讼法》第 42 条第 1 款对证据概念进行了规定。2012 年之前，很多学者也都采用了此"事实说"概念，如樊崇义主编：《证据法学》，法律出版社 2003 年版，第 3 页；江伟主编：《证据法学》，法律出版社 1999 年版，第 206 页。

〔2〕 逻辑错误体现为：证据有真假之分，而事实都是真实的；证据可以被篡改、掺假，而事实是已经发生的，具有不可更改的既成性。参见张保生主编：《证据法学》，中国政法大学出版社 2014 年版，第 8 页。

〔3〕 参见《刑事诉讼法》第 50 条第 1 款对证据概念的规定。

〔4〕 ［美］罗纳德·J. 艾伦、理查德·B. 库恩斯、埃莉诺·斯威夫特：《证据法——文本、问题和案例》，张保生、王进喜、赵滢译，高等教育出版社 2006 年版，第 79 页。

〔5〕 张保生主编：《证据法学》，中国政法大学出版社 2014 年版，第 8 ~ 9 页。

信息。无论是用来证明案件事实存在还是否定存在的信息，都可以称之为证据。

（二）证据管理概念的厘定

管理在《现代汉语词典》中有三种含义：第一种意为负责某项工作使顺利进行；第二种意为保管和料理；第三种意为照管并约束（人或动物）。[1] 笔者认为将证据管理归属为第一种管理含义较为妥当。如果认为证据管理属于第二种管理含义，仅包括证据保管和料理活动，那势必缩小了证据管理活动。诉讼活动的开展，离不开事实的查明和认定，而诉讼双方为了向法官证明自己的事实主张都会尽可能全面地发现、收集有利于己方的证据，妥善保管证据，于庭审时向法院移送、出示证据，直到诉讼活动结束根据法律规定对证据进行相应处理。因此，证据管理活动应当涉及从证据收集到最终证据依法处置全程的管理，也贯穿了诉讼程序的整个过程。此外，笔者查阅到《北京市高级人民法院赃证物管理工作暂行规定》的第3条和第5条都规定赃证物管理活动包括了对赃证物的接收、保管、使用、处置等工作，[2] 也表明证据管理不局限于证据保管活动。而第三种管理含义的对象是人或动物，显然也不适宜用于证据管理。可见，只有第一种含义更为适合。由此，可以将证据管理的概念界定为：为了

---

〔1〕 中国社会科学院语言研究所词典编辑室编：《现代汉语词典》（第2版），商务印书馆1983年版，第410页。

〔2〕《北京市高级人民法院赃证物管理工作暂行规定》第3条规定："赃证物的保管、使用和处置应当分别由不同部门负责。各部门之间要分工合作，互相监督。"第5条规定："对赃证物的接收、使用、处置等工作应当有详细文字记录，记录要随案入卷保存。"

诉讼活动的顺利开展和案件事实的准确查明，各诉讼主体依法负责对证据的收集、固定、保管、鉴定、流转、利用及合法销毁或处置等活动。

按照诉讼的种类划分，可以将证据管理分为民事证据管理、行政证据管理、刑事证据管理。①民事证据管理包括双方当事人和法院对证据的管理活动。当事人对民事证据的管理包括了从证据收集、保管、移交到开示的活动。如果双方当事人对证据管理混乱，就会造成举证困难，使维权的难度加大；而法院对民事证据的管理活动不仅包括对当事人的证据发现和运用活动进行监督和控制，如对当事人庭审过程中提交、出示和新发现证据等行为进行限定，[1] 还包括对法院工作人员运用证据的行为进行监督和控制的活动。②行政证据管理活动和民事证据管理活动类似，只不过对被告行政机关的证据管理活动要求更为严格。如《行政诉讼法》规定，行政机关向法院提交的证据应当是在行政执法中所收集的证据，不能在行政诉讼过程中自行向原告和证人收集证据。[2] ③刑事证据管理活动包括了侦查机关、公诉机关、自诉人、犯罪嫌疑人或被告人、附带民事诉讼原告人和被告人、辩护人和诉讼代理人以及法院的证据管理行为。侦控机关和当事人一般涉及刑事证据的收集、固定、鉴定、保管、移送及开示等活动，法院一般涉及刑事证据的调取、保管和合法销毁或处置等活动。刑事证据管理的对象是物证、书证、鉴定意

---

〔1〕 参见陈桂明、吴如巧："美国民事诉讼中的案件管理制度对中国的启示——兼论大陆法系国家的民事诉讼案件管理经验"，载《政治与法律》2009年第7期。

〔2〕 参见《行政诉讼法》第33条。

见、视听资料、电子数据、勘验、检查、辨认、侦查实验等各种笔录，以及言词类的转化证据（记录犯罪嫌疑人、被告人供述与辩解的讯问笔录及同步录音录像；记录被害人陈述的询问笔录及录音录像；记录证人证言的询问笔录及录音录像）等。

由于本书以刑事公诉案件为研究范围，关注于冤假错案中的侦控机关证据管理失范行为，且公诉案件的举证责任主要由公诉方承担，因此本书研究的证据管理主体以公检法机关为限，不包含当事人和律师对证据的管理。我国还没有建立起完整、规范的刑事证据管理制度，而且实践中侦查机关往往重视证据对案件事实的证明内容，忽略证据在发现、提取、鉴定、保管、移送、利用等各环节法律程序的完整性和衔接，已然严重影响到证据的证明力，甚至导致证据失效。2014年10月，党的十八届四中全会提出，"全面贯彻证据裁判规则，严格依法收集、固定、保存、审查、运用证据"[1]随着我国法治建设的完善和对冤假错案的防范，对刑事证据管理的要求会越来越高。

二、证据管理与证据保管、证据保全的关系

（一）证据管理与证据保管

根据《元照英美法词典》的定义，保管（custody）是对物进行直接的照管与控制[2]笔者查阅文献，发现关于"证

---

〔1〕《中共中央关于全面推进依法治国若干重大问题的决定》。
〔2〕参见薛波主编：《元照英美法词典》（缩印版），北京大学出版社2013年版，第360页。

据保管"概念的论述主要有以下两种：

一种是狭义的解释，仅指将证据放置在一定的场所，采用科学的管理办法，使其在保存期间质量、数量不发生变化。此种范畴下的证据保管过程，主要包括证据保管工作人员对证据的接收、存储、移交、归还清点等工作。[1] 证据保管人员在具体操作时，应当尽量避免证据被污染或毁损，根据不同证据的特点采用不同的包装和保存方法予以分类封存，并做好相关详细记录。

另一种是广义的解释，认为证据的保管程序应当形成完整的证据保管链，即证据保管是负责保管证据的人员在实物证据的收集、固定、保存、鉴定、移交、利用等多个环节中，通过规范化的保管，保证实物证据原有的性状没有遭到毁损以及所含内部信息没有出现残缺，以确保证据真实性和同一性的活动。[2] 从证据收集到向法庭提交证据这段期间，会经历多个环节。任何一个环节中证据因保管不善导致被污染、遗失或毁损的，都会影响到案件事实的最终认定。证据保管链是证明证据相关性和真实性的重要方式。当庭出示的证据是不是最初在犯罪现场所发现的证据？有没有被伪造或被替换？这期间，证据的特性、状态有没有发生任何变化？要完成这些证明，就必须证明证据的保管过程未发生断裂，即举

---

〔1〕 参见杜国栋：《论证据的完整性》，中国政法大学出版社 2012 年版，第 197 页；参见何琳："试论刑事案件物证长期妥善保管的重要性"，载《法制博览》2015 年第 32 期。

〔2〕 参见刘静坤："证据动态变化与侦查阶段证据保管机制之构建"，载《山东警察学院学报》2011 年第 1 期；刘娜："论刑事诉讼中的证据保管制度"，载《信阳农业高等专科学校学报》2014 年第 1 期；参见周维芳："实物证据保管问题研究"，扬州大学 2013 年硕士学位论文。

证者须提交证据在各个阶段动态变化的连续记录。凡是接触过证据的所有人员及其相应行为、时间、地点、证据的当时性状等都必须记录在案。证据保管链不完整，会影响到证据的证明价值。

这两种解释中，狭义的"证据保管"仅指将证据移交到证据保管室保存这个环节的活动，而对于证据从提取到向法庭出示所经历的各环节活动的记录则被称为"证据保管链"。因此，狭义的"证据保管"只是"证据保管链"的一环；广义的"证据保管"的外延则等同于"证据保管链"，意味着证据在收集、保管、移送、使用过程中的每时每刻都处于保管状态。

学术界并没有对"证据保管"与"证据管理"进行严格区分，甚至混同使用。[1] 笔者认为，"证据保管"和"证据管理"并不完全等同。其一，从语义来看，证据保管偏重对证据的照看和料理；而证据管理偏重对证据的核对和监管。其二，从对象和目的来看，证据保管针对的是实物证据，通过对实物证据的适当存放，以保证证据没有发生短缺和毁损；而证据管理针对的是有关证据的人的行为，通过对人的行为的规制，以保证证据具有证据能力和证明力。其三，从内容来看，证据保管有广义和狭义之分。狭义的证据保管包括证据入库、证物状态维护、盘库、调用或归还、出库等活动，并制作该活动流程的相关记录；广义的证据保管包含了证据保管链的全过程，只是学界对证据保管链的起点和终点存在

---

〔1〕 比如杜国栋在《论证据的完整性》一书中论述"证据保管链的完整性"时，将第四章的第四节标题命名为"证据保管链与证据规范化管理"，正文却都使用"证据的规范保管"一词进行阐述。参见杜国栋：《论证据的完整性》，中国政法大学出版社 2012 年版，第 189~200 页。

争议：①关于证据保管链的起点，大致有两种意见：一是认为证据保管链始于侦查机关发现和收集到证据，[1] 此为主流观点；二是认为证据保管链始于案件发生时，[2] 侦查机关有义务确保证据收集之前的证据性状未发生改变。②关于证据保管链的终点，大致有三种观点：一是认为一般情况的证据保管链止于向法庭提交证据时，但对于证据需要进行实验室分析的情况，证据保管链止于实验室分析时，这是由于此种情况下法庭审查的是鉴定意见；[3] 二是认为证据保管链的终点不区分情形，均止于证据提交于法庭时，[4] 即使证据经过了实验室分析，也可能因没有被妥善保管而毁坏，辩方仍需要对控方出具的专家鉴定意见进行质证；三是认为证据保管链止于证据最终被处理时，应将证据的保管路径按照从证据收集到最后处理的时间顺序加以记录；[5] 而证据管理应包括证据收集、保管、移送、鉴定、开示及处理等证据动态活动全过程。从表面来看，证据管理等同于广义的证据保管，但意义远非如此。证据管理不仅涉及对证据动态活动的追踪、监管，还包括在此基础上的证据检索与查询、统计与分析、评价与预测等活动，这样既有助于确保所涉案件证据的完整

---

[1] Williams v. States, 379 NE 2d 981, 984 (1978); Zupp v. States, 283 NE 2d 540, 543 (1972); 刘静坤："证据动态变化与侦查阶段证据保管机制之构建"，载《山东警察学院学报》2011 年第 1 期。

[2] 陈永生："证据保管链制度研究"，载《法学研究》2014 年第 5 期。

[3] 陈永生："证据保管链制度研究"，载《法学研究》2014 年第 5 期。

[4] 参见柴鹏："证据保管链条制度的诉讼功能分析"，载《铁道警察学院学报》2016 年第 2 期。

[5] See Adam J. Brooks, Peter F. Mahoney, Ryan's Ballistic Trauma, *A Practical Guide*, Springer, 2010, p. 56.

性和可靠性，最终保障案件裁判结果的公正和权威，也便于总结规律指导日后办案。

（二）证据管理和证据保全

证据保全是我国民事诉讼和行政诉讼中的一项重要制度，但我国刑事诉讼法却缺失此项制度。考察域外的刑事诉讼法，证据保全在许多国家都得到过明确的规定，甚至将其作为能够弥补辩方取证手段不足和制约控方取证随意性的有效防御工具。比如《美国联邦刑事诉讼规则和证据规则》第 15 条〔1〕专门对"证据保全"程序作出了详细规定。《德国刑事诉讼法典》第 166 条的内容也涉及证据保全，当有利于被指控人的证据有丧失之虞，被指控人可以向法官申请收集该证据，法官经审查认为是重要的，就应当收集。〔2〕《瑞典诉讼法典》第 41 章赋予了被追诉人申请证据保全的权利，当证据在法院未审理之前有灭失或难以收集之风险时，被追诉人向法院提出申请，地区法院可以通过询问证人、勘验或书面记录等形式为将来诉讼收集和保全证据。〔3〕《日本刑事诉讼法》第 179 条〔4〕也增加了证据保全的规定，以增强被追诉人

---

〔1〕《美国联邦刑事诉讼规则和证据规则》第 15 条规定："由于特殊情况，从司法利益考虑，一方当事人预备提供的证人证词需要先行采证并保存至审判中使用时，法庭可以根据该当事人的申请和对有关当事人的通知，命令对此类证人的证词采证……"《美国联邦刑事诉讼规则和证据规则》，卞建林译，中国政法大学出版社 1996 年版，第 52 页。

〔2〕《德国刑事诉讼法典》，宗玉琨译，知识产权出版社 2013 年版，第 168 页。

〔3〕《瑞典诉讼法典》，刘为军译，中国法制出版社 2008 年版，第 146 页。

〔4〕《日本刑事诉讼法》第 179 条规定："被告人、嫌疑人或者辩护人，在不预先保全证据将会使该证据的使用发生困难时，以在第一次公审期日前为限，可以请求法官作出扣押、搜查、勘验、询问证人或者鉴定的处分。"《日本刑事诉讼法》，宋英辉译，中国政法大学出版社 2000 年版，第 40 页。

的取证手段和防御能力。

可见，刑事诉讼证据保全是人民检察院或人民法院在对证据进行调取之前，依据被害人、犯罪嫌疑人、被告人及其辩护人的申请或依职权，对将来可能灭失或今后难以取得的证据予以固定、收集和保存的预防性诉讼行为。

证据管理与证据保全也是两种相异的行为，具体体现在以下几个方面：其一，从适用情形来看，证据保全是在证据可能灭失或今后难以取得等紧急情况下，预先对证据加以固定、收集和保存所采取的措施。[1] 比如证人因准备出国可能无法到庭参加诉讼，或者证人因患有重病可能在开庭审理前死亡，人民法院在当事人的申请下提前询问证人，并书面记录证人证言，使证人证言得以固定和保存，以防将来因证人无法出庭作证而影响到证人证言的获取；而证据管理不涉及紧急情况，是对证据从收集到销毁全过程的管理。证据管理过程中也包括证据固定活动，因此证据固定并非证据保全所独有。比如询问证人时，都会按常规程序制作询问笔录，将证人证言的内容加以固定，便于后续程序中对证人证言的真实性进行确认或弹劾。其二，从适用目的来看，证据保全的主要目的是为了"弥补辩护方取证手段的不足，避免关键的涉案证据灭失或者毁损，制衡追诉方取证过程中的随意性"。[2] 被追诉方通过申请证据保全，可以借助国家专门机关的强制力对可能灭失或毁损的无罪、罪轻证据予以固定，

---

〔1〕 参见张元鹏："域外刑事证据保全制度分析"，载《北华航天工业学院学报》2008 年第 2 期。

〔2〕 张泽涛："我国刑诉法应增设证据保全制度"，载《法学研究》2012年第 3 期。

从而实现取证、举证活动的客观性和全面性；而证据管理是为了诉讼活动的顺利开展和案件事实的准确查明，避免办案人员在收集、保管、移送、开示、使用证据等活动中实施不符合规范的偏差行为，导致证据证明力的削弱，进而妨碍事实的准确认定。其三，从行为性质来看，证据保全主要是一种"基于当事人的程序性请求而展开的司法行为，即一种由中立的司法机关主持、控辩双方共同参与下的诉讼活动"；[1]而证据管理主要是一种公检法机关单方实施的、依职权行使的行为。其四，从适用主体来看，根据上述多国刑事诉讼法的规定，证据保全的决定主体大多是人民法院，由人民法院依控辩双方的申请或职权，对可能灭失或难以取得的证据采取保全措施。但也有学者认为由于我国没有确立司法令状主义，将我国刑事证据保全的决定主体确定为人民检察院，更符合现有的侦查措施审批体系；[2]而证据管理主要涉及公检法机关的证据管理活动，主体范围大于证据保全。其五，从行为对象来看，证据保全针对的是尚没有调取的证据，是在证据出现可能灭失或以后难以取得等特殊情况时，预先对证据采取的固定、收集和保存措施；而证据管理针对的是已被公检法机关控制的证据，通过对其进行规范性的管理，保证证据在诉讼活动中的完整性、真实性和合法性。其六，从适用时间来看，各国一般把证据保全的时间限定在法院庭审活动开始之前，具体包括侦查阶段、审查起诉阶段和审判阶段

---

[1] 贾志强、闵春雷："刑事证据保全制度研究"，载《理论学刊》2011年第10期。

[2] 张泽涛："我国刑诉法应增设证据保全制度"，载《法学研究》2012年第3期。

的案件起诉之后、第一次开庭审理之前；[1] 而证据管理的期间包括从侦查阶段的证据收集到庭审结束后的合法销毁整个过程，时间跨度长于证据保全。

三、刑事诉讼证据管理的目的

（一）控制证据损毁，确保事实真相

"证据就像一面'镜子'，'折射'出事实。"[2] 如果镜子是污秽的或破碎的，折射出的事实就是歪曲的、变形的。证据在收集、保管、移送以及开示等活动中遭到损毁，就无法以其案发时的原始状态向法庭呈现，最终会妨碍事实的准确认定。

一方面，侦控机关对有罪证据的损毁，会导致追究犯罪的指控不足，无法使实施犯罪活动的人得到应有的惩处。比如美国新奥尔良市警察局某个周报告中罗列了55起已立案的杀人案件由于关键证据的毁坏，导致根本无法被侦破。其中，阿尔西·布朗案件由于警方不当地破坏了重要证据而被折中处理，即阿尔西·布朗涉嫌强奸本可能被判终身监禁，却因警方的行为仅被判处基于有罪答辩的较轻刑罚。[3] 再如，美国亚利桑那州格伦达警察局的霍斯利警察在一起性侵犯案件中，将作为证据的衣物在报案后第6天返还给被害人，并销

〔1〕 参见张元鹏："域外刑事证据保全制度分析"，载《北华航天工业学院学报》2008年第2期。

〔2〕 张保生主编：《证据法学》，中国政法大学出版社2014年版，第13页。

〔3〕 〔美〕W. 杰瑞·奇泽姆、布伦特·E. 特维编著：《犯罪重建》，刘静坤译，中国人民公安大学出版社2010年版，第188页。

毁了一些证据物品，致使检察官无法对此案提起指控。[1] 我国也同样存在这样的情况。例如，湖南的一起枪击案，株洲市南区（现为芦淞区）人民检察院在审查批捕材料时，发现缺失了本案的枪支实物和照片，进一步审查却意外地发现涉案枪支及子弹在派出所均已遗失，犯罪嫌疑人李某良也下落不明，在检察院将案卷退回派出所补充侦查后却连案卷也消失不见了，之后虽将犯罪嫌疑人李某良抓获归案，但案件过了追诉时效，已经无法对犯罪实施者追究刑事责任。[2]

另一方面，侦控机关为了实现卷宗指控犯罪内容的一致性，对无罪证据进行隐匿或损毁，会导致冤案的发生。美国俄亥俄州前检察总长吉姆·佩特罗通过对大量美国刑事冤案进行研究发现，关键性的生物证据灭失是平反美国冤案较难的障碍之一，这主要源自政府的不当行为。[3] 在"Arizona v. Youngblood 案"[4] 中，由于警方没有适当保存被害人的直肠和衣服上的精液样本，致使本案作案人的身份信息没有被检测出来，最终造成错案发生。直到案发 17 年后，借助 DNA 技术检测，才证实 Youngblood 并非是本案的凶手。无论警方的证据保管失范行为在主观上是善意还是恶意，都剥夺了被追诉人充分行使辩护权的机会，侵犯了其获得公平审判的权利。在我国，实务部门长期以来对证据管理重视不够，时常

---

〔1〕［美］W. 杰瑞·奇泽姆、布伦特·E. 特维编著：《犯罪重建》，刘静坤译，中国人民公安大学出版社 2010 年版，第 189 页。

〔2〕李俊杰："湖南一枪击案悬疑：警方遗失关键证据"，载《民主与法制时报》2006 年 7 月 26 日。

〔3〕［美］吉姆·佩特罗、南希·佩特罗：《冤案何以发生——导致冤假错案的八大司法迷信》，苑宁宁等译，北京大学出版社 2012 年版，第 313~314 页。

〔4〕See Arizona v. Youngblood, 488 U. S. 51 (1988).

出现证据隐匿或毁弃的事件。比如在"曾爱云、陈华章案"中，警察隐匿了曾爱云可能没有作案时间的短信清单。[1] 再如在"于英生案"中，警方因精斑检验结果不属于于英生，又无法查明所属来源，就将其全部删除，而且还隐匿了抽屉上两枚来源不明的外来指纹，没有将指纹写入现场手印检验报告中。[2] 频频发生的冤案显示，侦控机关对证据的管理混乱是导致事实认定者无法对案情作出准确判断的一个重要因素。

从这两方面可以看出，侦控机关毁损证据的行为既可能使实施犯罪活动的人逃避刑事责任的承担，且极有可能在这种侥幸心理下继续实施危害社会的活动，还可能使无辜的人面临被错误追究犯罪的危险，给其本人和家庭带来难以磨灭的伤痛。只有加强对证据的规范性管理，控制证据毁损，才能还原事实真相。事实一旦发生，就具有"既成性"，[3] 无法改变或重新呈现，但过去的事实总会留下曾经发生或存在过的信息，并以证据的形式表现出来。"事实认定是对证据信息的能动加工过程"，[4] 如果证据发生毁损，就会降低事实认定者准确查明事实真相的可能性。[5]

（二）维护控辩双方平衡，实现公平正义

刑事诉讼作为国家追究犯罪的程序，赋予了侦控机关先

---

[1] 江国华主编：《错案追踪（2014-2015）》，中国政法大学出版社2016年版，第196页。

[2] 江国华主编：《错案追踪（2014-2015）》，中国政法大学出版社2016年版，第139~140页。

[3] 张保生主编：《证据法学》，中国政法大学出版社2014年版，第3页。

[4] 张保生主编：《证据法学》，中国政法大学出版社2014年版，第100页。

[5] Jamie S. Gorelick, *Destruction of Evidence*, Aspen Publishers, 1995, p. 15.

行接触、控制证据的权力。[1] 而辩护方相比侦控机关而言，不仅取证能力较弱，而且立法将辩护律师的取证时间限定在审查起诉之后，使得辩护方丧失了发现证据的先机。一旦侦控机关在向辩护方开示证据之前已经毁损、过滤了有利于被告人的证据，不仅会导致审判机关无法全面查清案件事实，作出正确的判决，还会使犯罪嫌疑人、被告人无法利用该证据为自己辩护，影响到公平正义的实现。美国"布雷迪案"唱响了无辜者的协奏曲，预示着美国刑事司法从对抗制传统转向对无辜者的关注。[2] 在此案中，检察官没有移交博布里特（Boblit）承认自己犯罪的第五次供述，即隐匿了有利于被告人的关键证据，剥夺了布雷迪获得公平审判的权利，美国联邦最高法院要求控方应当向被告人全面披露证据，由此确立了"布雷迪规则"。这就意味着侦控机关应当遵循正当法律程序的要求，站在客观的立场管理证据，不能为了胜诉而恣意妄为。我国也同样将侦控机关作为刑事诉讼的举证责任主体，但实践中很多侦控人员自我定位存在偏差，不能客观地收集、移送证据和向辩护方全面开示证据，这样就会影响到被告人辩护权的充分行使，不利于实现控辩双方的平等对抗。虽然我国《刑事诉讼法》第41条规定了辩护方申请调取辩护证据的权利，但程序性制裁机制的缺失使得该权利的行使存在一定的阻力，换言之，当被申请机关拒绝调取证据或没有成功调取证据，辩护方就无法获得救济。因此，有必要要求侦控机关向

〔1〕　王进喜："论辩护人维护证据完整性的权利"，载《中国司法》2013年第3期。

〔2〕　[美] 卡罗尔·S. 斯泰克：《刑事程序故事》，吴宏耀等译，中国人民大学出版社2012年版，第118页。

辩护方和审判人员提交证据管理的记录，以证明证据是否得到规范化的管理，有无片面筛选证据移交和开示的行为。

戴维·米勒认为，程序正义特别强调遵循规则的重要性。[1] E. 博登海默也认为，遵守规则，通过规范性制度本身的运作，就可以实现某种程度的平等。[2] 因此，证据管理活动也需要遵循规则，实现规范化的运作，这样才能保障控辩双方在运用证据方面的机会平等。本书"导论"所述的侦控机关伪造或变造证据、片面取证、非法取证以及丢失、毁弃、隐匿证据等证据管理失范行为，都是破坏规则、违背程序正当性的行为，使得本就取证能力不足的辩护方处于更加劣势的证据信息不对称局面。陈瑞华教授指出，程序正义所要求的程序对等性，是一种"实质上的对等"，即在控辩双方无法做到"势均力敌"的情况下，应确保控辩双方获得平等对抗的机会。[3] 为此，诉讼强大一方应承担一些特殊义务，诉讼弱小一方则应享有一些诉讼特权。目前我国仅要求侦控机关对证据的收集进行记录，而对其他证据管理环节的记录没有任何规定，更没有要求将证据管理的全程记录向辩护方开示。这就存在一个问题，法庭上公诉方所出示的证据是否是案发现场所提取的证据呢？证据自被侦查机关现场提取直至审判结束后的依法处理，要经过很多办案人员的移交、保管和接收，任何一个环节出现证据管理问题，都会影响到

---

〔1〕 ［美］戴维·米勒：《社会正义原则》，应奇译，江苏人民出版社 2001 年版，第 108 页。

〔2〕 ［美］E. 博登海默：《法理学：法律哲学与法律方法》，邓正来译，中国政法大学出版社 1999 年版，第 285～286 页。

〔3〕 陈瑞华：《程序正义理论》，中国法制出版社 2010 年版，第 104 页。

证据的证明力和案件事实的认定，尤其是侦控机关隐匿、毁损无罪或罪轻证据的行为，将会违背控辩平等的原则和正当程序的理念。因此，掌控证据的主体应当详细制作无缝对接的证据管理日志。一旦记录出现瑕疵或者断裂，可以追查证据管理失范的情况，并以此判断证据的证据能力和证明力。侦控机关应当将证据及其证据管理日志全部披露给辩护方，这可以使辩护方很容易通过日志查清证据变动的情况，从而可能获得有利于己方的信息。只有这样，才可以保障有罪的人得到法院的公正审判，保障无辜的人免受错误判决和获得法律的平等保护。

（三）监督侦查活动的合法性

证据管理活动的加强，可以起到监督侦查活动合法性的作用。我国的侦查取证活动一般都处于隐蔽、不公开和保密的状态，造成侦查机关的证据管理失范行为偶有发生。而冤案的发生多是证据问题，证据之所以真伪不明或者短缺不足则主要是侦查机关取证失范所导致的结果。证据的发现、收集、保管、移送等管理行为，主要集中于侦查阶段。如果一开始管理失范，就会使证据所指定的方向和证明的结论脱离案件事实本来运转的轨迹，变成人为的案件事实。比如赵作海案，警方制作虚假辨认笔录，强迫赵作海承认编织袋是自己家的。而且，警方已根据尸体推断出死者身高是 170 厘米，却忽视赵振响的身高仅为 165 厘米。此外，在有罪推定之下，警方还对赵作海采用了刑讯逼供手段以获取有罪供述。[1] 这一系列的证据管理失范行为，已经使侦查机关所掌握的证据偏离了案件真相。

----

〔1〕 李丽静："赵作海案疑点重重，为何错错错"，载《新华每日电讯》2010 年 5 月 11 日。

如果侦查机关自我定位错误，没有依法、规范地收集、保管、移送证据，就会给犯罪嫌疑人的合法权益造成侵害。比如侦查机关只收集对犯罪嫌疑人不利的证据、在保管中替换证据、故意隐匿对犯罪嫌疑人有利的证据，甚至为了有罪追究不惜伪造证据、刑讯逼供等。侦查机关作为国家机关，与违法犯罪进行斗争是其存在的意义，而良好的法治观念也是必不可少的。侦查机关在侦查阶段自我定位为犯罪嫌疑人的敌对方，收集犯罪嫌疑人的有罪证据，甚至为了实现惩罚犯罪刻意追求罪重证据。这种定位就是错误的。法治观念良好的社会，侦查机关应当客观地看待刑事案件，客观地对待犯罪嫌疑人，否则也不利于法治社会的发展。沈德咏在《人民法院报》撰文指出："我们必须要更加重视'防患于未然'，要做'事前诸葛亮'，使潜在的可能发生的冤假错案无法形成。"[1] 如果不注重源头治理和预防，就会在追求公正的道路上加大司法成本，给犯罪嫌疑人、被告人造成难以弥补的损害。即使检察机关在侦查终结后发现案件证据存在管理失范的行为，也会由于时过境迁，影响到证据的完整性、真实性和合法性，对案件存在的质量问题"无能为力"。因此，需要从"源头"上加强证据管理，监督侦查活动的合法性，防范冤假错案的发生。

四、刑事诉讼证据管理的范围和流程

（一）刑事诉讼证据管理的范围

刑事诉讼证据管理的对象一般是有形证据，包括实物证

---

〔1〕 沈德咏："我们应当如何防范冤假错案"，载《人民法院报》2013 年5 月6 日。

据和被固定的言词证据。实物证据和言词证据是根据证据的形成方法、表现形式、存在状况及提供方式的不同而划分的。[1]

实物证据，是以实物为内容和表现形式的证据，包括客观存在的有形物品、痕迹和书面材料等。[2] 物证、书证、视听资料、电子数据以及勘验、检查、辨认、侦查实验等各种笔录类证据都属于实物证据，如实地记录了客观事实的发生。其中，勘验、检查、辨认、侦查实验等笔录类的证据是办案人员对与案件有关的场所、物品、尸体、人身等进行勘验、检查、辨认、侦查实验所制作的实况记录，以文字描述、绘图、拍照、摄影等多种方式对实物证据进行固定和保全，客观性较强，也属于实物证据。在管理实物证据时，应当注重对其进行妥善保管。实物证据既可能因自然因素而发生性状改变甚至灭失，也可能因人为因素而被毁损、污染或隐匿。[3] 比如在呼格吉勒图案中，受害者体内凶手精斑样本丢失，致使无法与供述作案的赵志红比对 DNA 信息，最终法院认定赵志红构成故意杀人罪，但不能认定构成强奸罪。[4] 此案中，若是证据得到规范性管理，就能准确查明案件事实真相。

言词证据，是以人的陈述、语言形式表现出来的证据。[5]由于人的口头陈述往往是无形的，无法直接对其进行收集、

---

〔1〕　陈光中主编：《证据法学》，法律出版社 2015 年版，第 214 页。

〔2〕　参见陈光中主编：《证据法学》，法律出版社 2015 年版，第 214 页。

〔3〕　陈光中主编：《证据法学》，法律出版社 2015 年版，第 216 页。

〔4〕　江国华主编：《错案追踪（2014－2015）》，中国政法大学出版社 2016 年版，第 237 页。

〔5〕　陈光中主编：《证据法学》，法律出版社 2015 年版，第 214 页。

移送和保存，因此先将言词证据用书面记载或录音录像的方式固定下来，才能加以管理。有学者认为："毁灭、伪造证据从性质上看应是具体的有载体的证据，性质上属于物证。如果没有载体就无从毁灭和伪造，当事人供述不属于物证，无法毁灭。"[1] 但也有学者对 73 份职务犯罪案件的弃证进行实证调研，发现弃证包括犯罪嫌疑人供述、证人证言和其他书证。[2] 笔者认为，侦查机关在实践中一般都会将言词证据固定下来，而言词证据经固定后就具有了可能被毁损、隐匿的有形载体。被固定的言词证据包括：①犯罪嫌疑人、被告人的书面供词、记录犯罪嫌疑人、被告人供述与辩解的讯问笔录及讯问同步录音录像；②被害人的书面陈述、记录被害人陈述的询问笔录及录音录像；③证人的书面证词、记录证人证言的询问笔录及录音录像；④鉴定人的书面鉴定意见等。其中，犯罪嫌疑人、被告人的书面供词、被害人的书面陈述、证人的书面证词和鉴定人的书面鉴定意见都是言词证据提供人本人书写的，而讯问、询问笔录及录音录像都是侦查人员制作的。这些证据都不是新的证据，仍然属于言词证据，只是被采用了固定方法得以有形保留下来。尽管在庭审实质化改革中，要求法官以直接言词的方式审查言词证据，言词证据提供者需要当庭作出供述或陈述，但对庭前所收集的被固定的言词证据，也有必要加以规范化管理。当发现当庭供述或陈述内容与庭前被固定的言词证据不一致时，可以弹劾言

〔1〕 何兵："李庄案与刑事辩护制度学术研讨会纪要"，载 http://blog. sina. com. cn/s/blog_486bea1a0100g3wu. html，最后访问时间：2017 年 10 月 9 日。
〔2〕 黄维智、邹德光："刑事诉讼弃证问题实证研究"，载《社会科学研究》2015 年第 4 期。

词证据提供者的可信性。

（二）刑事诉讼证据管理的流程

如前文所述，本书以刑事公诉案件为研究范围，重点关注如何规制侦控机关的证据管理失范行为，且公诉案件的举证责任主要由公诉方承担，因此，此处论述的主要是公检法机关管理证据的流程。刑事诉讼证据管理活动始于侦查阶段的证据收集，终于庭审结束后的依法处置，整个过程应当具有完备的管理记录。

在侦查阶段，侦查人员对证据的管理一般包括证据的发现、识别、提取、包装和运输、保存、鉴定、移送等环节。侦查人员在犯罪现场收集证据时应当保持犯罪现场的安全，防止证据遭到污染或毁损。一般情况下，只允许必要的办案人员进出犯罪现场，并且指派专人对犯罪现场进出情况进行记录和控制。负责控制犯罪现场出入情况的人员应当要求进出人员佩戴保护现场和证据的装备，并记录进出现场的人员名单和每人的进入时间、离开时间、进出原因及履行证据收集的具体职责。[1] 证据收集人员进入犯罪现场后，先对现场情况进行记录、拍照或摄像，确保现场的原始状态得以固定，尤其是犯罪现场可能影响证据的环境状况也需加以明确记录，然后对犯罪现场进行全面、细致的搜查，以便尽可能完整地发现证据。发现证据后，需要对现场证据加以识别，判断证据与犯罪活动的关联性。因为并非所有存在于犯罪现场的物品都是犯罪活动所留下的证据，有些物品在犯罪活动发生之

---

〔1〕 ［美］W. 杰瑞·奇泽姆、布伦特·E. 特维编著：《犯罪重建》，刘静坤译，中国人民公安大学出版社 2010 年版，第 171 页。

前就已然存在于那个区域了，比如案发现场遗留的陈旧血迹。[1] 如果将与案件无关的物品收集起来，可能会造成侦查方向错误。对于有些证据材料，侦查人员无法直接确定是否与案件存在关联性的，可以先收集起来，再通过辨认、鉴定等方式加以判断。从犯罪现场提取证据到带回侦查机关，需要对证据进行包装和运输。侦查人员可以采用硬纸盒、透明塑料证据袋、带封口的文件纸袋、贴有标签的试管等物品包装证据，并在外包装贴上标签加以识别。包装时还应当注意避免一个包装容器放置多个证据，因为证据在运输途中很容易因相互碰撞而遭到损坏或污染。证据从犯罪现场被运输到侦查机关后，应当由专人将证据存放在证据保管室进行妥善保管。证据保管室的温度和湿度是影响证据性状的重要因素，但实践中，有些侦查机关连单独的证据保管室都没有设置，仅将证据随意堆放在办公场所，甚至在需要移交证据时无法将证据与案件对应起来，这样既不利于查找证据，也容易造成证据的丢失、毁损。有的证据还需送往实验室进行鉴定，鉴定后再送回证据保管室保存，直到侦查终结，再将所有证据移送到检察机关审查。但有些证据因体积太大、数量太多等因素而不便移送或不便全部移送，可以在得到犯罪嫌疑人确认后只随同卷宗移送证据清单和有关证据的照片、光盘、书面说明材料等，原物仍由侦查机关负责保管。对于言词证据的收集，需要通过制作讯问、询问笔录加以固定，并放入卷宗随案移送。为了防止对犯罪嫌疑人采取刑讯逼供等非法

---

〔1〕〔美〕W. 杰瑞·奇泽姆、布伦特·E. 特维编著：《犯罪重建》，刘静坤译，中国人民公安大学出版社 2010 年版，第 164～165 页。

取证方法，立法明确规定对讯问过程全程同步录音录像，但没有规定录音录像需要移送，一般在法庭对被告人供述取得的合法性存在疑问，或被告方对讯问合法性提出异议时，公诉机关才会开示讯问录音录像资料。也有个别地方限定了必须随案移送讯问录音录像的案件范围[1]。而对询问被害人、证人的过程是否需要同步录音录像，法律没有作出强制性规定。笔者认为侦查机关询问被害人、证人时，也存在采用暴力、威胁等非法取证方法的情况，因此对此也需制作同步录音录像。

在审查起诉阶段，人民检察院负责管理证据的人员应当对证据的接收、保管、调出、移送等情况进行记录和管理。《人民检察院刑事诉讼涉案财物管理规定》第 19 条[2]对检察院管理涉案物品的行为提出了严格要求。人民检察院中一般是由案件管理部门负责管理证据的。案件管理部门的工作人员对侦查机关移送的证据及其证据清单在接收前应当进行审查，对于移送的证据与证据清单相符的，且证据清单填写规范、完整的，应办理入库登记手续。然而，实践中很多部门

---

〔1〕　如泰州市人民检察院与该市公安局、市中级人民法院协商明确，故意杀人、故意伤害致人死亡以及其他可能判处十年以上有期徒刑的重大刑事案件；涉嫌毒品犯罪、强奸、猥亵、诈骗类犯罪等证据相对较单一、主要依靠言词证据的案件；盲、聋、哑或者不通晓当地通用语言文字的少数民族人员犯罪的案件；媒体关注的敏感性、涉众性案件；其他认为需要全程同步录音录像的案件。参见卢志坚、葛东升、钟艳艳："移送五类案件需同时移交全程录像光盘"，载《检察日报》2012 年 4 月 3 日。

〔2〕　《人民检察院刑事诉讼涉案财物管理规定》第 19 条规定："案件管理部门对收到的物品应当建账设卡，一案一账，一物一卡（码）。对于贵重物品和细小物品，根据物品种类实行分袋、分件、分箱设卡和保管。案件管理部门应当定期对涉案物品进行检查，确保账实相符。"

采用手工登记的方式，容易出现证据总数不清、案物不对应及监督不到位等问题。[1] 检察机关的证据保管场所，也应当是独立的，还应当注意控制证据存放环境的温度和湿度。对于调用、移送、处理证据的情况，证据管理人员都应当认真记录，并办理相应的出库手续。

在审判阶段，检察机关应当"向人民法院提供作为证据使用的证据目录、有关扣押物品清单及相关证明材料、手续等，并在十五日内向法院移送赃证物"。[2] 法院在接收证据时，由法院的赃证物保管员和案件承办人会同移送证据的检察人员共同办理证据移交手续。先由案件承办人核查接收的证据是否与证据目录相符及是否详细记载证据的特征，然后由赃证物保管员制作接收证据的清单，写明证据的特征、数量和来源，并对证据按照案件号进行编码和拍照存档，再分类放置专门场所进行保管。[3] 赃证物保管员应当负责证据的清点及日常妥善保管。需要调用证据在法庭上出示时，由赃证物保管员对证据的调用及归还情况予以登记。对因上诉、抗诉引起第二审程序的，第一审人民法院应当将证据移送上一级人民法院并办理证据交接手续。开庭时，检察人员从第二审人民法院调用并出示。[4] 判决生效后，对证据依法进行

---

〔1〕 马利民、简华："'刑事诉讼涉案财物管理'四川样本调查"，载《法制日报》2016 年 8 月 10 日。

〔2〕 参见《北京市高级人民法院赃证物管理工作暂行规定》第 7 条。

〔3〕 参见《北京市高级人民法院赃证物管理工作暂行规定》第 8 条、第 10 条、第 11 条、第 12 条。

〔4〕 宋纯新主编：《刑事诉讼举证责任》，中国方正出版社 2001 年版，第 39 页。另参见田文昌主编：《法院办案艺术实用全书》，中国人民公安大学出版社 1998 年版，第 1211～1213 页。

相应处置，比如返还被害人合法财产、收缴违法所得、销毁违禁品等。对于其他证据，最高人民法院向四川省高级人民法院作出的《关于刑事案件中证物保管问题的批复》的规定，文字证明材料附在卷宗中永久保存；证物保管应为 15 年以上，期满后证物的销毁，须经院领导批准。[1] 笔者认为涉及命案的证物，应当永久保存。

证据管理不仅涉及对证据动态活动的追踪、监管，还包括在此基础上的证据检索与查询、统计与分析、评价与预测等活动，这样既有助于确保所涉案件证据的完整性和可靠性，以最终保障案件裁判结果的公正和权威，也便于总结规律指导日后办案。

第二节　刑事卷证概说

一、刑事卷证的概念和特征

（一）刑事卷证的概念

在现代汉语语义中，"卷宗"又被表述为"案卷"，意为"机关或企业等分类保存以备查考的文件"。[2] 在刑事司法活动中，公检法机关采用的是科层制的组织和管理方式，科层权力的运作需要采用严格的书面形式，即以卷宗来记录权

---

〔1〕　参见 1964 年最高人民法院向四川省高级人民法院作出的《关于刑事案件中证物保管问题的批复》规定："至少保存十五年，以后如认为没有必要保存时，可造具清册，经院领导批准后销毁。"

〔2〕　中国社会科学院语言研究所词典编辑室编：《现代汉语词典》（修订本），商务印书馆 1996 年版，第 8、617 页。

力行使过程和固定权力运行结果。[1] 可以说，"现代刑事司法都是'书面司法'，文字与档案为现代各国刑事司法的重要载体。用文字记录、传递与使用信息是案件处理的基本技术方式"[2] 笔者梳理有关卷宗的文献时发现，有的学者[3] 使用"卷宗"一词，有的学者[4] 使用"案卷"一词，还有的学者[5] 使用"卷证"一词。其中，多数学者认为"卷宗"与"案卷"在内涵与外延方面基本相同，但学界对"卷证"的认识却存在争议。

刑事卷宗，又称刑事案卷，是公检法机关依照法定的诉讼职能和程序制作的，并随刑事诉讼进程流转和使用的，以各种诉讼文书、证据材料以及反映权力运作的材料为构成内容的各种书面记录的总称。

---

〔1〕 付磊：《刑事司法科层制之反思》，中国政法大学出版社 2016 年版，第 30～31 页。

〔2〕 左卫民：《刑事诉讼的中国图景》，生活·读书·新知三联书店 2010 年版，第 130 页。

〔3〕 如李长城、孙远、刘少军、蒋鹏飞等学者在文献中都使用了"卷宗"一词。参见李长城：《中国刑事卷宗制度研究》，法律出版社 2016 年版，第 1 页；孙远："全案移送背景下控方卷宗笔录在审判阶段的使用"，载《法学研究》2016 年第 6 期；刘少军、蒋鹏飞："关于刑事案件卷宗改革的法律思考"，载《安徽大学学报（哲学社会科学版）》2003 年第 2 期。

〔4〕 如左卫民、陈瑞华、牟军等学者在文献中都使用了"案卷"一词。参见左卫民："中国刑事案卷制度研究——以证据案卷为重心"，载《法学研究》2007 年第 6 期；陈瑞华："案卷移送制度的演变与反思"，载《政法论坛》2012 年第 5 期；牟军："刑事案卷：文本的规范与程序的控制"，载《西南民族大学学报（人文社科版）》2017 年第 3 期。

〔5〕 如唐治祥、李毅、牟军等学者在文献中都使用了"卷证"一词。参见唐治祥："刑事卷证移送制度研究——以公诉案件一审普通程序为视角"，西南政法大学 2011 年博士学位论文；李毅："我国刑事卷证之局限性及其改进"，载《广西社会科学》2016 年第 1 期；牟军："刑事卷证：以文字为起点的证据分析"，载《法学论坛》2016 年第 6 期。

那何为刑事卷证呢？

牟军认为，"刑事卷证是侦查机关制作、起诉机关补充制作和移送并由法院审查和运用的，以文字为载体并以卷宗为形式的书面证据材料"。[1] 唐治祥认为，刑事卷证是侦控机关和审判机关在刑事诉讼过程中制作的各种诉讼文书以及所获得的证据材料。[2] 李毅则根据现行《刑事诉讼法》第162 条的规定，即公安机关在侦查终结后，将"案卷材料、证据"一并向人民检察院移送，据此认为"案卷材料"和"证据"是并列关系，把刑事案卷和相关证据材料统称为"刑事卷证"。[3] 由此可见，目前学界对刑事卷证的概念尚未形成定论，其内涵和外延的界定不一。

本书论述的刑事卷证，主要围绕证据管理展开，采用最广义的立法概念。笔者认为，刑事卷证是由公检法机关依照法定的诉讼职能和程序制作的，并随刑事诉讼进程流转和使用的卷宗材料及其相关证据。刑事卷证的内容不仅包括刑事卷宗的基本信息，还包括证据本体及其收集、保管、移送、开示使用、处理等证据管理信息。因此，刑事卷证能够反映出刑事诉讼程序中证据全程管理活动的情况，并能够通过记录信息固定和保全证据，以此为基础查明案件事实。

（二）我国刑事卷证的特征

（1）刑事卷证生成的官方性和单方性。无论是刑事卷证

---

〔1〕　牟军："刑事卷证：以文字为起点的证据分析"，载《法学论坛》2016 年第 6 期。

〔2〕　唐治祥："刑事卷证移送制度研究——以公诉案件一审普通程序为视角"，西南政法大学 2011 年博士学位论文。

〔3〕　李毅："我国刑事卷证之局限性及其改进"，载《广西社会科学》2016 年第 1 期。

的制作，还是刑事证据的获取，都由公检法机关主导完成，当事人、律师等非国家机关工作人员提供的证据材料相对较少。我国公检法机关在制作卷证时，直接由其官方主体单方决定卷证的内容，无需取得当事人、律师的同意或与之协商。因此，犯罪嫌疑人、被告人及辩护律师对刑事卷证生成的制约十分有限。而大陆法系国家刑事卷证的形成具有多方参与性。[1] 不同于我国的是，大陆法系国家的侦查活动实行司法审查制。[2] 比如警察在搜查或扣押物品时，需要请检察官向侦查法官申请司法令状，刑事卷证材料要由警察经检察官提交给侦查法官来审查，该审查活动中被告人及其律师、证人、司法警察、检察官等多方主体都会参与其中。[3]

（2）刑事卷证形成内容的诉讼早期性。在证据卷中，我国绝大多数证据材料都源自侦查阶段，而审查起诉和审判后两个阶段所增加的证据材料不多。根据左卫民教授的调研统计，1984 年、1994 年和 2004 年侦查阶段形成的证据材料均占到全部证据材料的 98% 以上，而逮捕前形成的证据材料又均占到整个侦查阶段证据材料的 90% 以上。[4] 虽然检察机关在审查起诉过程中，对于案件部分事实不清、证据不足或者

---

〔1〕 左卫民：《刑事诉讼的中国图景》，生活·读书·新知三联书店 2010 年版，第 126 页。

〔2〕 如德国所有涉及限制公民自由、财产、隐私权的强制性措施一般都必须接受法院的司法审查。参见陈瑞华：《比较刑事诉讼法》，中国人民大学出版社 2010 年版，第 272 页。

〔3〕 参见［美］弗洛伊德·菲尼、［德］约阿希姆·赫尔曼、岳礼玲：《一个案例 两种制度——美德刑事司法比较》，郭志媛译（英文部分），中国法制出版社 2006 年版，第 211~214 页。

〔4〕 左卫民：《刑事诉讼的中国图景》，生活·读书·新知三联书店 2010 年版，第 115 页。

尚有遗漏罪行、遗漏同案犯的情形可以要求侦查机关补充侦查或自行补充侦查，在一定程度上影响到侦查卷证内容的形成，但从形成整体看，对卷证内容产生影响的比例却并不大。而辩护律师自审查起诉之日起才享有调查取证权，且存在着调查取证难的执业困境。依据我国《刑事诉讼法》第43条的规定，辩护律师向证人或被害人调取证据，需经证人或被害人的同意。可实践中，很少有证人或被害人愿意配合辩护律师的取证行为。再加上《刑法》第306条的规定犹如一把"达摩克利斯之剑"，令律师自行取证多有顾忌，[1] 使得辩护一方很难对卷证信息产生实质影响。

（3）刑事卷证内容的完备性。我国刑事卷证的信息比较完备，多页地记载证据信息的材料比较常见。比如勘验、检查笔录，不仅要记载勘验人员的名单、勘验时间、勘验地点及周围环境、勘验方法、提取证据情况，还要记录现场实物证据所处的位置、特征、状态、数量等原始状况以及实物证据的变动或毁损情况。保持一个完整的勘验、检查笔录，能够客观、全面地反映现场实际的勘验活动。而英美法系的卷证则是相对简单的单页记录，是以概括式的方式记载证据信息，比如证人询问笔录，并非一字一句都予以记载，而是侦查人员在听取了证人的陈述后对询问笔录进行概括记载。[2]

---

〔1〕 律师在向被害人、证人取证时，遇有被害人、证人改变陈述的情形，就容易面临触犯《刑法》第306条的执业风险。可言词证据本就具有主观性、多变性的特点，不能因为被害人、证人改变先前陈述，就归罪于律师。

〔2〕 左卫民：《刑事诉讼的中国图景》，生活·读书·新知三联书店2010年版，第131页。

（4）刑事卷证的移送具有层递性。[1] 刑事卷证是按照刑事诉讼进程由前一阶段的机关向后一阶段的机关移送，这样，前一阶段刑事卷证的内容就成为后一阶段刑事卷证内容的重要组成部分。比如，侦查机关经过一系列的侦查活动将涉案证据材料放入卷宗内，并制作证据目录清单，在侦查终结后，将侦查卷宗移送至检察机关审查起诉。检察机关通过重点审查侦查卷证，判断案件是否符合提起公诉的条件。对于符合公诉提起条件的案件，公诉人员按照提起公诉的要求在侦查卷证的基础上形成公诉卷证，并向人民法院移交，进入到审判阶段。控辩双方向法院所提交的证据，又形成了一审案件的卷证。如果存在二审、再审、死刑复核等程序的，再向相应的审判机关层递刑事卷证。

（5）刑事卷证的使用具有全程性。我国公检法机关所作出的诉讼处理决定，皆以卷证为基础。刑事卷证的使用贯穿于刑事诉讼全过程。无论是侦查机关的立案、侦查终结等决定，或是检察机关的批准逮捕、提起起诉等决定，还是法院所作出的裁判都离不开对卷证的使用。公检法机关进行刑事诉讼，必须以案件事实作为处理问题的根本依据。而案件事实的查明和认定，不能主观臆测、想象，需通过卷证材料来证实。"由于证据中保留着事实发生和存在过的信息，事实认定者便可用证据再现或重建发生过的事实。"[2] 而英美法系国家由于审判活动依赖于口头交流和贯

---

〔1〕 左卫民：《刑事诉讼的中国图景》，生活·读书·新知三联书店 2010 年版，第 116 页。

〔2〕 张保生主编：《证据法学》，中国政法大学出版社 2014 年版，第 9 页。

彻传闻证据排除规则，控方并不向法官移送卷证，因此刑事卷证在英美法系国家主要用于侦查和起诉阶段。[1] 大陆法系国家的卷证发挥重要作用也并非是刑事诉讼全过程，主要集中于审前程序和上诉程序，而庭审中法官所作的判决只能依据经言词陈述方式出示和质证的证据，不能直接将卷证材料作为证据使用。[2]

二、刑事卷证的种类和构成

在分析刑事卷证的种类和构成之前，有必要先了解刑事卷宗的种类和构成，进而厘清刑事卷证与刑事卷宗的关系。

按照刑事诉讼进程所处的不同阶段，可以将刑事卷宗分为侦查卷宗、起诉卷宗和审判卷宗。

（1）侦查卷宗是侦查机关对侦查阶段所形成的诉讼文书、证据材料及其侦查工作材料进行整理和编排而制作的各种文件总称。侦查卷宗由诉讼卷（又称正卷）、侦查工作卷（又称副卷）两部分组成。其中，诉讼卷包括诉讼文书卷和证据卷，组装后随案移送审查起诉；侦查工作卷主要包括不对外生效的内部审批文书、案件研究记录以及具有保存价值的证据线索材料，组装后存档备查，不随案移送。[3] 采取技术侦查的，也需要将诉讼文书和证据材料归入诉讼卷随案移

---

〔1〕 左卫民：《刑事诉讼的中国图景》，生活·读书·新知三联书店 2010 年版，第 130～132 页。

〔2〕 左卫民：《刑事诉讼的中国图景》，生活·读书·新知三联书店 2010 年版，第 133～134 页。

〔3〕 孙茂利主编：《公安机关刑事案件示范案卷指南》，中国长安出版社 2015 年版，第 1 页。

送，只是必要时应当单独立卷，标注密级，而技术侦查的审批文书等内部工作记录则归入侦查工作卷，不随案移送。[1]

（2）起诉卷宗是检察机关向法院起诉时移送的全部案卷及内部工作记录等各种文件总称。起诉卷宗包括侦查卷、公诉卷和检察内卷。侦查卷不仅包括随案移送的侦查机关所制作的诉讼文书和所收集的证据材料，还包括退回侦查机关补充侦查后向检察机关移送的诉讼文书和证据材料；公诉卷主要包括起诉的诉讼文书、审查起诉阶段形成的笔录类书证（包括讯问犯罪嫌疑人笔录、询问证人笔录、听取辩护人意见的笔录、调查笔录等）及自行补充侦查的诉讼文书和证据材料；[2]检察内卷包括阅卷笔录、案件审查报告、检察委员会讨论案件记录、检察建议书等内部工作记录。除了检察内卷，侦查卷和公诉卷在起诉时全部随案移送到法院。

（3）审判卷宗是法院在一审、二审、再审和死刑复核程序中对控辩双方所提交的材料以及庭审中所形成的材料进行整理、编排而制作的各种文件总称。审判卷宗由诉讼卷（又称正卷）和审判内卷（又称副卷）两部分组成。其中，诉讼卷包括控方移送的侦查卷和公诉卷、辩方移送的诉讼文书和证据材料、庭审形成的笔录和文书等材料；审判内卷包括阅卷笔录、合议庭笔录、审理报告、审判委员会讨论笔录等内部工作记录。

从上述刑事卷宗的构成可知，侦查、起诉和审判卷宗都

---

〔1〕 孙茂利主编：《公安机关刑事案件示范案卷指南》，中国长安出版社2015年版，第1页。

〔2〕 参见李长城：《中国刑事卷宗制度研究》，法律出版社2016年版，第141~142页。

包含有侦查卷宗的内容，且侦查阶段的证据卷又构成了起诉、审判卷宗中证据材料的核心内容。

对应于刑事卷宗，刑事卷证按刑事诉讼进程也可以分为侦查卷证、起诉卷证和审判卷证。其中，起诉卷证相比侦查卷证而言，证据材料抑或相同，抑或增加了补充侦查的内容，当然实践中也有可能是公诉机关为了指控内容的一致性，没有将有利于犯罪嫌疑人的侦查卷证向法院移送，从而使起诉卷证的内容少于侦查卷证；审判卷证相比起诉卷证而言，证据内容可能会增加辩护方提供的证据材料或法院调取的证据材料。

从构成来说，刑事卷证包括刑事卷宗和相关证据。其中，刑事卷宗分为正卷和副卷。正卷包括诉讼文书卷和证据材料卷。

诉讼文书卷一般按照文书类别和制作时间顺序排列文书材料，比如侦查诉讼文书主要包括卷内文书目录、证明案源文书、立案或不立案文书、有关管辖内容文书、换押证、强制措施法律文书（羁押包括入所健康检查表）、技术侦查措施文书、回避文书、律师会见文书、告知类文书、结案后文书、附带民事诉讼文书等。[1]

证据材料卷一般包括：犯罪嫌疑人、被告人供述或辩解相关文书及材料（如诉讼权利义务告知书、讯问笔录、犯罪嫌疑人、被告人亲笔供词、辨认笔录、指认笔录等）；被害人陈述材料（如诉讼权利义务告知书、询问笔录、被害人亲笔证词、辨认笔录等）；证人证言材料（如诉讼权利义务告知书、询问笔录、证人亲笔证词、辨认笔录等）；物证原物

---

〔1〕　孙茂利主编：《公安机关刑事案件示范案卷指南》，中国长安出版社2015年版，第2~3页。

或物证的照片、录像、复制品；书证原件或书证的副本、复制件；视听资料、电子数据的原始载体或转换形式（如截图、文字翻译、照片、打印材料等）；获取物证、书证、视听资料、电子数据的笔录类材料（如勘验检查笔录、侦查实验笔录、搜查笔录、查封扣押笔录及清单等）；鉴定意见；各种与案件有关的情况说明或证明材料（如犯罪嫌疑人基本信息的证明材料；案件来源的证明材料；犯罪嫌疑人归案情况说明；提讯提解证；物证、书证、视听资料、电子数据的复制件、复制品制作过程或原件、原物、原始载体存放地点的文字说明；涉案财物处理情况及去向的证明材料等）。[1]

笔者以在 B 市 K 区法院调研时的一起交通肇事案件予以说明刑事卷证的构成情况。刑事卷证包括了刑事卷宗和证据两部分的内容。该案的刑事卷宗包括信息表、法律手续、起诉意见书、起诉书、送达起诉书副本笔录及送达回证、刑事附带民事诉状、谈话笔录、委托手续、调解协议书、损害赔偿补充协议书、证据材料、传票及送达回证、出庭通知书及送达回证、出庭公告、法庭审理笔录、量刑意见书、刑事附带民事判决书、宣判笔录、执行通知书及送达回证等。其中，证据材料有：犯罪嫌疑人、被告人供述或辩解材料（犯罪嫌疑人权利义务告知书、讯问笔录、对现场的辨认笔录）；证人证言材料（证人权利义务告知书、询问笔录）；书证（机动车交通事故责任保险单副本、道路交通事故认定书、医院所出具的心电、CT、四肢影像学等各种诊断报告、病程记录

---

〔1〕 李长城：《中国刑事卷宗制度研究》，法律出版社 2016 年版，第 3～5 页。

和住院病例）；笔录类材料（现场勘验笔录、现场图、现场照片）；鉴定意见（机动车安全技术检验报告、交通事故尸体检验报告、血液中乙醇检验报告）；各种与案件有关的情况说明或证明材料（重特大交通事故报告表、犯罪嫌疑人到案情况说明、道路交通事故尸体处理通知书、返还物品凭证等）。除了上述材料，刑事卷宗还附有随案移送的视听资料（光盘6张），其内容是案发现场的监控录像。至于其他证物（比如涉案汽车），由于不便移送，由公安机关依法保管和处理，但证物被采用固定、保全方法之后所形成的证据材料，已被放入卷宗之中。依照目前的司法实践，能够随案移送的，由公检法各机关负责各阶段的证据管理；不能或不宜随案移送的，则由公安机关负责妥善保管，并对该证据采用拍照、录音录像或者制作笔录的方式固定、保全其内容，再将此固定、保全后的证据材料放入卷宗中随案移送。今后，随着统一证据保管中心的广泛建立，[1] 可以由该中心负责记录证据的集中保管活动。

而副卷不随案移送，由各机关自行保管，此处不再赘述。

三、刑事卷证对证据管理的作用

（一）保障证据的及时收集和固定

案件发生之后，实物证据因主客观的原因易发生丢失、

---

〔1〕 目前实践中，已有个别地区建立了统一涉案财物管理中心。如深圳市宝安区公检法、司、财多部门于2016年底联合建立了独立统一的涉案财物管理中心。参见张瑶："跨部门'财物看守所'试点半年保管近60万件涉案财物"，载《财经》2017年第7期。如浙江省龙游县于2017年10月底，建立了衢州市首家公检法共用的涉案财物管理中心。参见林建平、翁晓娟："涉案财物实现统一管理"，载《浙江法制报》2018年1月19日。

毁损或变异等情况，从而导致对案件事实的证明价值丧失或减弱。因此，有必要尽快收集证据，并通过刑事卷证将证据信息固定下来。例如，户外的足迹、血迹、指纹等实物证据，一经风吹、日晒、雨淋，就会消失痕迹，因此需要尽快地提取和保存，并通过照片、勘验笔录、鉴定意见等卷证材料对证据信息予以固定。这样，即使证据随着时间的推移已无法在庭审前从案发现场再被提取到，法官仍然可以根据卷证材料了解到过去在法庭之外所发生的案件事实。

再观言词证据，言词证据受到言词陈述者记忆能力和机理的决定具有不稳定的特点。[1] 一般，言词证据提供者在刚刚案发时对案件的记忆是印象最为深刻的。在案发后，侦查人员应当及时听取被害人陈述、证人证言和犯罪嫌疑人的供述或辩解，并用询问笔录、讯问笔录或录音录像等刑事卷证将证据的内容固定下来。随着时间的推移，这些印象会模糊、淡化、甚至出现偏差。比如证人可能在庭审上忘记了案件发生的某个细节，也忘记了自己向侦查人员提供的证言内容，这时可以运用卷证唤起证人对具体案情的记忆；抑或当证人在庭审上的陈述内容与卷证笔录中记载的内容不一致时，可以用卷证弹劾证人的可信性。

（二）记录和监管证据管理活动

考古学领域有一句谚语"挖掘就是破坏"，因此，现场记录对于后续的分析工作至关重要。[2] 案件事实的查明类似

---

〔1〕 何家弘、刘品新：《证据法学》，法律出版社 2013 年版，第 169 页。

〔2〕 Tom Bevel, Ross Gardner, *Bloodstain Pattern Analysis：With an Introduction to Crime Scene Reconstruction*, CRC Press, 2008, p. 322.

于考古工作的开展，将与证据相关的每个活动记录下来是运用证据查明案件事实所不可缺少的重要工作，卷证就是记录证据管理活动的文档。马克斯·韦伯指出，近代职务运作是以文书档案为基础的，[1] 揭示了文书档案在官僚体制活动中所起的重要作用。每一个官员都会将自己所负责的官僚体制运作活动记录下来，并将此期间所产生的各种材料加以整理和妥善保管，以供上级官员作决策参考和核查之用。我国的公检法机关采取的是科层制的组织和管理方式，强调以书面方式记录权力运行过程和固化权力运行结果，从而防止权力的恣意妄为。[2] 通过刑事卷证对证据管理活动的记录，可以在权力不当行使时查明证据管理失范的原因，并根据程序性制裁机制确定证据的效力问题。

域外很多国家为了证明提交法庭的证据就是案发现场获取的证据，建立了实物证据的证据保管链制度。证据保管链制度要求对实物证据交接各环节的性状都进行连贯而完整的记录，而刑事卷证是证据保管链的呈现载体。实物证据收集之后，还要经历包装与运输、保管、移送、鉴定、开示与使用等多个环节，任何一个环节的证据管理不规范，就会对证据的证明力产生不利影响。[3] 我国尚未建立证据保管链制度，且司法实践部门也不太重视对证据的管理。刑事卷证内容方面，仅仅要求记录证据的收集信息，并没有要求对证据

---

〔1〕　[德] 马克斯·韦伯：《韦伯作品集Ⅲ：支配社会学》，康乐、简惠美译，广西师范大学出版社 2004 年版，第 23 页。

〔2〕　付磊：《刑事司法科层制之反思》，中国政法大学出版社 2016 年版，第 31 页。

〔3〕　陈永生："证据保管链制度研究"，载《法学研究》2014 年第 5 期。

的保管、移送、使用等状况加以记载。一旦发生前文 20 起冤案中的证据管理失范情况时，就会影响到案件的准确认定。如果辩护律师提出法庭上控诉方出示的实物证据被替换或篡改时，控诉方如何证明证据的同一性和真实性呢？法官对此审查判断的根据又是什么？因此，我国有必要在刑事卷证中增加完整的证据监管链条，运用刑事卷证记录和监管证据的全程管理活动。

第三节　刑事卷证电子化管理的优势：与纸质卷宗管理相比较

信息技术的发展，改变了社会活动的记录方式，这种影响也波及司法领域，电子卷宗这一新生事物以不可阻挡的生命力成为证据活动信息记录、流转、保存、使用的重要载体和未来卷宗的主导形态。

域外很多国家已开始采用电子卷宗系统，并对刑事证据的管理产生深远影响。

在美国，联邦最高法院从 20 世纪 90 年代开始设计电子案件文档和电子案件管理系统"CM/ECF"（case management/electronic case filing），2001 年正式启用。[1] 2014 年，美国联邦最高法院对电子案件系统进行升级，增加一些便于法官和律师的服务功能，2016 年开始运行"电子文件归档系统"。[2] 大

---

〔1〕 See Gertner, Nancy, "Electronic Case Filing is Here to Stay", *Boston Bar Journal*, Vol. 46 No. 3, June 2002, pp. 8~9.

〔2〕 ［美］罗伯茨："美国联邦最高法院 2014 年年终报告"，黄斌、杨奕编译，载《人民法院报》2015 年 1 月 16 日。

量诉讼文档和证据材料通过电子案件文档和电子案件管理系统在线传输，大大加速了审判进程，使法院处理相关案件的时间大幅缩短。

在英国，皇家检控署于 2011 年 9 月开始实施刑事司法系统 CJS 项目，推进数字化。"在 CJS 体系内，有很多各种各样的小型项目，例如警察系统为了使所有的关键流程实现现代化，使用了基于 CCTV（闭路电视）的证据系统，并能够在各个警局之间实现信息交互。"[1] 这样，英国实现了以数字化的方式记录刑事案件。2014 年初，英国最高法院正式启用了案件管理系统。[2] 新系统整合了在线服务和"云储存"功能，有效地提高了案卷管理水平。2016 年，英国所有的刑事法院引入了"皇家法院电子案件管理系统"，法院与各方参与者之间凭借该系统可以进行线上证据交换、信息分享和案件管理。[3]

在德国，经过多年的探索，于 2013 年正式颁行了《电子司法法》和《加强法院程序和检察署程序中使用视频技术的法律》，其中《电子司法法》对电子卷宗进行了规范。[4] 此外，《德国刑事诉讼法》的第八编也专门对电子卷宗（数据

---

〔1〕 刘光强、霍娜："英国皇家检控署 CIO：一年内流程再造实现司法数字化"，载《中国计算机报》2012 年 4 月 30 日。

〔2〕 杨奕、黄斌："英国最高法院司法年度报告述评（2013–2014）"，载《法律适用》2015 年第 5 期。

〔3〕 〔英〕托马斯勋爵："英国最高法院 2016 年度报告"，袁跃文译，载《人民法院报》2017 年 1 月 20 日。

〔4〕 周翠："德国司法的电子应用方式改革"，载《环球法律评论》2016 年第 1 期。

文件）的传递、接收、查阅及其信息记录进行了规制。[1] 电子卷宗的使用，不仅加快了诉讼进程，也为司法人员和当事人动态查阅卷宗提供了便利。

我国公检法机关也积极顺应时代潮流，推广电子卷宗系统办案。"2014 年 1 月，经最高人民检察院批准，四川、贵州两省检察院先行研发使用'电子卷宗综合管理子系统'，在统一业务应用系统内实现电子卷宗的制作和使用。"[2] 2015 年 7 月，北京、山西、内蒙古、江苏、云南 5 个省区的检察院作为第二批试点单位，上线运行电子卷宗。[3] 2015 年 12 月，《人民检察院制作使用电子卷宗工作规定（试行）》（以下简称《电子卷宗规定》）[4] 出台之后，电子卷宗系统在全国检察机关得到了普遍推广。相应地，司法信息化建设也要求公安机关和人民法院制作和使用电子卷宗系统。2016 年 7 月，最高人民法院也出台了有关法院生成和运用电子卷宗的司法解释。[5] 至 2017 年底，电子卷宗随案同步生成系统在全国已基本全面上线运行。我国电子卷宗系统是依托统

---

〔1〕 参见《德国刑事诉讼法典》，宗玉琨译注，知识产权出版社 2013 年版，第 337～353 页。

〔2〕 郑赫南："电子卷宗：打通'信息化办案'关键环节——最高检《人民检察院制作使用电子卷宗工作规定（试行）》解读"，载《检察日报》2016 年 1 月 6 日。

〔3〕 郑赫南："电子卷宗：打通'信息化办案'关键环节——最高检《人民检察院制作使用电子卷宗工作规定（试行）》解读"，载《检察日报》2016 年 1 月 6 日。

〔4〕 2015 年 12 月，最高人民检察院发布了《人民检察院制作使用电子卷宗工作规定（试行）》。

〔5〕 2016 年 7 月，最高人民法院发布了《关于全面推进人民法院电子卷宗随案同步生成和深度应用的指导意见》。

一业务应用系统（检察院的办案系统称为"检察机关统一业务应用系统"，公安机关的办案系统称为"公安警务综合平台系统"，法院的办案系统称为"法院综合信息管理系统"），通过扫描纸质卷宗所生成的辅助公检法机关司法办案活动的子系统。

目前，我国电子卷宗的内容和纸质卷宗一样，只包括证据的收集信息，缺失证据的管理信息。虽然证据收集之后的证据管理活动可以由赃证物管理系统或涉案财物管理系统进行记录，但由于这些信息没有被随案移送，就无从知晓庭审上所出示的证据是否为案发现场所收集的证据。因此，笔者主张将赃证物管理系统或涉案财物管理系统作为电子卷宗管理系统的子系统，随案传送本案的证据管理信息。这样，证据管理信息既可以实现公检法机关之间的共享，也可以允许辩护方的查阅。

电子卷宗系统的推行，是推动司法信息化的重大举措。尤其是刑事卷证的电子化管理，有助于以技术手段保障证据管理规范化的实现。这场信息技术革命，正悄然改变着司法办案的方式。刑事卷证被电子化管理之后，呈现出传统刑事卷证和刑事电子卷证两种形式。其中，刑事电子卷证包括刑事电子卷宗和刑事证据的信息化管理信息。那么，今后的司法活动会用电子卷宗完全取代纸质卷宗吗？相较传统方式，刑事卷证的电子化管理具有哪些优势呢？

一、纸质卷宗与电子卷宗的关系

目前，我国刑事诉讼卷宗采用纸质和电子两种载体形式。其中，纸质卷宗属于传统老式卷宗，是以文字作为诉讼活动主要记录方式的书面材料。而电子卷宗[1]是借助媒介技术将纸质卷宗制作成电子化的卷宗材料。电子卷宗是在纸质卷宗的基础上生成的，与纸质卷宗的内容和顺序保持一致，并与纸质卷宗在刑事诉讼活动中同时流转。那么，电子卷宗与纸质卷宗的并行采用是否存在重叠问题？是否浪费资源？其实，两种载体形式的卷宗仍具有很多不同之处。

（1）卷宗的载体及载体呈现案件的形式不同：传统卷宗的载体是纸张，主要以文字、图形、照片等书面形式记录案件事实和诉讼活动情况；"电子卷宗的载体是 U 盘、光盘和移动硬盘等各种电子存储设备，必须通过电子计算机等终端设备才能显示其内容"[2]。相比纸质卷宗，电子卷宗能够通过文字、图形、图像、音频、视频等多媒体方式更真实地再现有关案件事实和诉讼活动情况，所呈现的案件形式更加多样化，所反映的案件信息更加完整化。

（2）卷宗的来源和生成方式不同：纸质卷宗的组成材料直接来源于案件事实，是办案人员为了查明案件事实对涉案犯罪嫌疑人、被害人、证人、物证、书证、视听资料、电子数据等通过采取讯问、询问、勘验、检查、搜查、辨认、查封、扣押、冻结、鉴定、调取等多种措施所形成的诉讼文书和证据材料；而电子卷宗除了系统自动生成的诉讼流程和节点信息外，主要是通过对纸质卷宗同步扫描，生成与纸质卷

---

〔1〕 最高人民检察院于 2015 年 12 月颁布的《电子卷宗规定》第 2 条将电子卷宗界定为"在案件受理前或者案件受理过程中，将装订成卷的纸质案卷材料，依托数字影像技术、文字识别技术、数据库技术等媒介技术制作而成的具有特定格式的电子文档和相关电子数据"。

〔2〕 刘选："推行电子卷宗若干问题研判"，载《人民检察》2015 年第 24 期。

宗内容相同的电子信息，并不直接来源于案件事实本身。[1]

（3）卷宗的保管方式不同：纸质卷宗容易受潮、发霉、被虫蛀以及因火灾、光线、灰尘等因素而受到损害，卷宗保管人员应当注意调节室内温湿度，控制纸质卷宗存放的外在环境条件，保障纸质卷宗得到长期妥善保管。随着案件量的积累，存放纸质卷宗所需占用的物理空间会越来越大。卷宗保管人员还需对纸质卷宗进行分类、排序，定期清点纸质卷宗，确保纸质卷宗不会无故丢失和毁损；电子卷宗则是被存储于电子设备中，其保管情况往往取决于存储载体和计算机软硬件环境。虽然电子卷宗的保管也应注意存储载体的物理安全，满足防尘、防水、防磁、避光等要求，但更应当注意电子卷宗内容的信息安全，防止遭到黑客攻击、计算机病毒破坏或业务人员操作不当所导致的信息内容损坏、篡改、丢失等。电子卷宗载体的存放无需占用太多物理空间，卷宗信息的分类、排序可以在计算机系统中根据设置自动完成。

（4）卷宗的移送方式不同：①纸质卷宗的移送需要"人跑路"。案件承办人在相应业务流程结束后将纸质卷宗向刑事诉讼下一阶段的机关亲自递交，一旦下一流程的办案人员外出不在，就需要将纸质卷宗递交多次才能移送成功；而电子卷宗的移送在公检法机关实现卷宗系统共享之后并不需要"人跑路"，只要轻击键盘在系统上传递数据即可。②纸质卷宗的移送一般耗时长，尤其是交通不便的偏远地区。比如"在四川省甘孜藏族自治州，一名偏远的县检察院检察官如果向州检察院报送案件卷宗，过去走山路需要一至两天，若

---

〔1〕 刘选："推行电子卷宗若干问题研判"，载《人民检察》2015 年第 24 期。

遇上大雪等恶劣天气导致封山，耗费的时间会更长"；[1] 而电子卷宗系统共享后，就可以实现公检法各机关、各部门网上即时传输卷宗内容，既节约了人力、物力，又提高了办案效率。借助记录技术的进步，卷宗的流转也由"物流模式"逐步转变为"信息流模式"。[2]

（5）律师阅卷的方式不同：①在采用传统纸质卷宗的方式下，律师阅卷无法做到共时性。由于纸质卷宗与载体不可分离，律师阅卷时常会与办案人员发生冲突。实践中个别办案人员面对律师的阅卷要求，以自己正在审阅为由进行拖延，导致律师没有充足的时间研究卷宗。对于属于共同犯罪案件的，律师之间也会存在阅卷冲突。如果多名犯罪嫌疑人、被告人委托的辩护律师们在同一时间段来检察院、法院查阅卷宗，一份纸质卷宗就无法满足多名辩护律师同时阅卷和复制卷宗的要求，只得排队等候，浪费时间；而运行电子卷宗系统，由于其介质信息和载体的相分离性，就可以做到卷宗的同时传送和查阅，这样既保证了案件承办机关的办案时间，也能够缓解办案人员与律师以及律师之间在阅卷时间安排上的冲突。②在采用传统纸质卷宗的方式下，律师阅卷缺乏便捷性。一般，律师阅卷后需要对纸质卷宗进行拍照或复印。对于选择拍照方式的，受限于拍摄光线、技术等影响，有些照片模糊不清，难以辨别其内容；对于选择复印方式的，也需要一页页操作，费时费力，甚至有的单位还没有安排专门

---

〔1〕 郑赫南："电子卷宗：打通'信息化办案'关键环节"，载《检察日报》2016年1月6日。

〔2〕 王艳明、王庆悦："科学解读与界定电子文件双套制"，载《黑龙江档案》2016年第2期。

的律师复印机，律师复印卷宗需与办案人员共用一台，这就只能等待复印机空闲才可使用，尤其一些重大复杂的案件，往往卷宗较厚，复印卷宗所花费的时间则更多；而采用电子卷宗的方式，律师可以刻录光盘或网上输入账号密码阅卷。《电子卷宗规定》第13条[1]对电子卷宗的使用进行了规范。由此可知，阅卷分为在线阅卷和离线阅卷两种形式。律师选择在线阅卷的，可以根据检察机关案件管理中心提供的专属账号和密码，自行到阅卷室登录软件在网上浏览案卷材料。律师选择离线阅卷的，签署特殊保密协议后，可以刻录电子卷宗光盘，这样能够满足随时随地阅卷的需求，也大大缩短了律师复制案卷材料的时间。可见，电子卷宗的实施，缓解了律师的多重阅卷冲突，也加强了对律师阅卷权的保障。

（6）运用卷宗讨论、监管案件的方式不同：在采用传统纸质卷宗的方式下，检察委员会委员或审判委员会委员讨论案件时，只能依次查阅纸质卷宗，因此委员们主要依靠案件承办人汇报材料和回答疑问来把握案件情况，这在一定程度上影响了检察委员会或审判委员会处理案件的效率和效果。再如，检察机关的案管中心人员、部门负责人在案件承办人办案时也无法同时查看到纸质卷宗材料，只能事后监督；而采用电子卷宗的方式，检察委员会委员或审判委员会委员在讨论案件前，可以根据电子卷宗系统授权直接查阅相关案件

---

〔1〕《电子卷宗规定》第13条规定："律师和经过许可的其他辩护人、诉讼代理人申请查阅电子卷宗的，案件管理部门应当在审核认证后，将电子卷宗从统一业务应用系统中导入到独立的阅卷终端，供其查阅。案件管理部门依照法律规定向律师和经过许可的其他辩护人、诉讼代理人提供电子卷宗的，应当使用光盘方式复制，并加载防护措施。"

的电子卷宗内容，全面、客观地了解案情和证据情况。在讨论案件的过程中，每名委员也可以通过电脑同步查看到电子卷宗，提高案件的讨论质量。基于电子卷宗阅卷的共时性，该系统的上线运行也为检察机关案管中心人员及部门负责人及时监管案件和质量评查提供了平台和保障。

可见，虽然卷宗的内容在由纸质载体向电子载体转换过程中并未发生变化，但两种卷宗的特性并不是完全相同的，各具优劣，不能相互取代，可以考虑根据两种卷宗的特点取长补短，使二者在诉讼活动中并行发挥一定的作用。

电子卷宗的优势在于：一方面，电子卷宗的采用有利于加强流程监管和增强办案的透明度。电子卷宗不仅仅是在办案过程中对形成的纸质卷宗材料进行实时扫描，还可以随案同步生成系统，能够依托信息化手段对案件办理的每个流转节点进行详细记录，对于司法不规范的问题发出预警，及时予以纠正。[1] 电子卷宗只是利用信息技术将传统的纸质卷宗数字化、虚拟化，仍要求电子卷宗的制作、保管和流转都维护卷宗的完整性和安全性，真实而全面地记录着案件发生的实体事实和公检法机关处理案件的程序事实。另一方面，电子卷宗的采用有利于提高办案效率和卷宗的利用率。将纸质卷宗转化为电子卷宗后，不仅便于办案人员摘抄、复制卷宗内容，节省大量的办案时间，还可以实现多主体同时间、跨地域地检索和查询卷宗内容。尽管电子卷宗具有这些优势，但在将纸质卷宗扫描制作成电子卷宗的过程中，"因设备、

---

〔1〕 伊宵鸿、刘红军、刘嘉敏："电子卷宗随案同步生成系统逐步推广"，载《深圳晚报》2017 年 12 月 1 日。

技术等各种原因发生卷宗缺页、多页、空白、模糊、乱码等异常，可能会造成电子卷宗与纸质卷宗内容不完全一致，从而影响到案件的公正处理"。[1] 因此，办案人员还应当注重两种载体卷宗的内容比较，以发现二者的不同之处。此外，电子卷宗的显示和使用会面临计算机实体设备、计算机系统、恶意程序三个方面的威胁。[2] 诸如由于计算机设备故障、操作失误、人为破坏等因素，造成电子卷宗数据资料出现损失；由于计算机系统不兼容或软件自身存在漏洞等因素，导致卷宗内容无法查阅；由于遭到病毒攻击，致使电子卷宗系统的信息被篡改；等等。这些情况下，"只能依靠纸质卷宗才能证明案件事实，恢复被破坏的电子卷宗"。[3]

纸质卷宗的优势在于：易于辨别出卷宗文本是否为原始材料，保障卷宗内容的真实性和原始记录性。这是由于纸质卷宗的内容与原始载体具有不可分离性，一旦分离就不再是卷宗正本。而电子卷宗并不依赖于某个特定载体，不仅可以在不同载体之间进行传递，还可以通过不同载体展示其内容，这样就很难区分出哪个载体所呈现的卷宗是原始卷宗。但如果单纯采用纸质卷宗，除了存在载体不能同步共享使用影响办案效率的弊端外，也由于纸质卷宗制作的单方封闭性，很难对办案人员故意隐匿、毁损卷宗材料的行为进行监督和限制。采用电子卷宗之后，就可以通过两种卷宗的相互印证查出纸质卷宗的内容是否存在缺失或删改。

---

〔1〕 刘选："推行电子卷宗若干问题研判"，载《人民检察》2015 年第 24 期。

〔2〕 冯前进等编著：《信息安全保障实务》，中国政法大学出版社 2014 年版，第 217 ~ 218 页。

〔3〕 刘选："推行电子卷宗若干问题研判"，载《人民检察》2015 年第 24 期。

所以，原始纸质卷宗和电子卷宗应当实行双轨制，在诉讼活动中同时运行发挥各自载体之所长。尽管载体不同，但两种卷宗是一种共存关系，要确保二者内容的一致性。当两种卷宗的内容出现不一致时，应当以哪种卷宗的内容为准呢？刘选认为，电子卷宗的生成具有间接性，且存储依赖载体环境，稳定性较差，因此当二者的内容不一致时，以纸质卷宗为依据对案件进行分析判断。[1] 但笔者认为，纸质卷宗也存在自然毁损或人为伪造、篡改、隐匿、丢失等因素所致的材料不完整的各种可能性。如果当电子卷宗与纸质卷宗内容不一致时，一律遵照纸质卷宗判断案情，将会有失偏颇。虽然电子卷宗在系统上易被修改或删除，但借助信息系统的功能优势，可以建立电子日志对卷宗的增、删、改及检索等活动进行痕迹化管理。一旦卷宗信息被篡改或删除，可以在信息系统中寻得卷宗异动的痕迹。据此，电子卷宗系统可以把传统纸质卷宗中不能记载或不能有效利用的信息保存下来，再提取、分析和评价。所以，当电子卷宗与纸质卷宗的内容不一致时，可以先查明电子卷宗的日志信息是否有内容变动的电子记录，再根据情况分析应当依据哪种卷宗判断案情。

二、刑事卷证电子化管理的优势

(一) 刑事卷证电子化管理的形式具有多样性

"文字、数据、图形、图像和语言等信息，在传统记录方式中很难有机结合在某一种介质上，并且只能以平面或单

---

[1] 刘选："推行电子卷宗若干问题研判"，载《人民检察》2015 年第 24 期。

一途径显示。"[1]而电子卷宗可以将文字、图形、图像、影像、声音等多元化信息集成存储于同一载体上，实现对证据全方位、一体化的管理。比如，对于物证的管理，办案人员或保管证据的人员会采用手工台账式的登记记录方式记载作案工具、现场遗留物、赃物等一系列物证的性状、数量、存放地点以及接收、调出的时间和人员名单。可从众多案件的手工台账册中查找到某一案件的物证，往往费时费力。再加上有的机关保管物证不合理，接收物证时只有简单的文字记载，造成案件与案件的证物容易发生混淆，直接影响到法官对案件事实的认定。刑事卷证电子化管理之后，将入库的每件物证的基本信息录入到电子卷宗系统中，并对物证拍摄照片上传系统，产生电子标签，再对物证加以封口贴签。该电子标签作为证物的唯一身份证明，可以有效地避免差错发生。然后分配物证的存放位置，并将位置信息输入系统中。采用多媒体的方式，不仅可以文字记录物证的存放位置、物证出入库时间、物证接触人员等信息，还可以保存物证出入库时的性状照片和物证保管过程的录音录像。通过扫描电子标签，这些证据同步管理的内容在电子计算机上能够得以视觉呈现，相比手工台账式更便于区分和断定涉案物证。在法庭上，以多媒体的方式展示证据，不仅可以使辩护方、法官更直观地掌握示证信息，也可以使旁听人员了解案情的方式由"听证据"转变为"看证据"，从而提升法庭举证、质证的透明度。这样，刑事卷证的电子化管理使得证据管理的记录方式由单

---

〔1〕 金波、丁华东主编：《电子文件管理学》，上海大学出版社2015年版，第29页。

纯的书面记载转变为拍照、录音、录像、扫描纸质卷宗等多种手段相结合。

（二）刑事卷证的电子化管理具有高效性

波斯纳法官曾提出，证据法的经济分析最为核心的问题便是准确性和成本。[1] 在证据的收集和运用中，应当力求成本最小化和事实发现准确性的最优化，即追求成本和准确性的最大兼顾。

从成本维度看，刑事卷证电子化管理的高效性表现在人力、财力、物力及时间成本上的节约。其一，在人力方面，以往对证据采用纸质台账式管理，保管人员清点和查找证据的工作量较大，尤其是查找历史案件的证物，就更加困难，常对不上号，影响到案件的办理。利用信息技术，可以准确、快速地完成证据的数据采集工作，并对其进行自动拍照。需要查找证据时，只要在电子卷宗系统的搜索框中，输入案件名称、案号、证物名称、电子标签等任何一项内容，就可以快速查询到证物的存放位置，节省了查找证据的人力。其二，在财力、物力方面，以往律师查阅纸质卷宗时，为了充分准备辩护需要复印卷宗材料，以便详细了解案情和涉案证据信息。可是复印卷宗往往会消耗大量纸张和花费巨大成本，尤其一些重大复杂案件的卷宗较厚，更是如此。而采用电子卷宗，律师通过网上输入账号密码或刻录光盘的方式阅卷，则无需支出财力、物力方面的成本或仅支出较小的成本即可。其三，在时间方面，刑事卷证的电子化管理有效提升了证据

---

〔1〕 See Richard A. Posner, "An Economic Approach to the Law of Evidence", 51 STAN. L. REV, 1999, p. 1542.

信息流转、查阅的工作效率。①以往传统纸质卷宗的传递需要耗费大量路途时间，也就是占用了办案人员的有效工作时间。而电子卷宗能够在网络上即时被传送，大大缩短了卷宗的流转时间。②以往纸质卷宗的查阅只能依次轮流进行，极其浪费时间。而采用电子卷宗，可以借助网络系统向多人同步发送电子卷证材料，这样，不论是辩护律师之间阅卷，还是部门负责人监管案件，抑或是检察委员会、审判委员会讨论案件时查看卷证材料，都无需再等待他人查阅完毕，实现了阅卷的共时性。

从准确性维度看，只有程序的合法性才能保障案件得到公正处理。如果不能准确认定事实，必然会损耗大量司法资源来纠错。电子卷宗可以通过电子日志记录实时监控证据管理信息，一旦发现有篡改、删除证据信息的异动行为或违反法定程序的事项，系统会自动报警提示。不具有真实性、合法性的证据，就是低信噪比[1]的证据，应当予以排除，尽可能地保障事实审理者准确认定事实，将错误和错误避免的成本最小化。因此，"证据排除规则实际上建立了一种信息隔离机制，将某些被认为具有认知危险性的信息阻隔在事实认定者的视野之外"，[2] 可以实现提供法庭决策信息的最优化。追求高效率、低成本时需注意不能一味求快、草率办案，应

---

〔1〕 See Alex Stein, "Inefficient Evidence", *Alabama Law Review*, 2014, pp. 424~429. "信号"是指可靠性足以使事实认定者确定有关主张的概率的信息，"噪声"正好相反。低信噪比是证据的噪声遮蔽了其信号，不值得事实认定者加以考虑，增加了错判和错误避免的成本。

〔2〕 郑飞："证据法的运行机制与社会控制功能"，载《南通大学学报（社会科学版）》2014年第1期。

当以司法公正为前提。否则一旦发生错案，事后再加以纠正和赔偿，反而更耗费成本和损害效率。

（三）刑事卷证的电子化管理便于查询、检索证据信息

查询与检索是获取信息的重要手段。"信息检索是根据一定的检索目的，从信息源中获取符合特定需要的信息的过程。"[1] 如果办案人员或辩护律师需要查询和检索某条证据信息内容，以往均是把传统纸质卷宗的卷宗目录作为检索工具进行查询的。纸质卷宗的卷内文书目录主要由序号、责任者、文号、标题、日期、页号、备注等七项组成[2]。证据卷卷内文书目录的具体信息，就是在排列完证据材料的次序并按相应顺序编写好页号后所形成的。从卷宗目录的七项内容中人工查找所需的对应信息，该项工作费时费力，且查询难度较大。再者，公诉人员在法庭上举证的顺序，往往并非是侦查卷宗中证据材料的装订顺序。这样，辩护律师对某项证据材料提出质疑时，尤其是卷宗较厚的复杂案件，公诉人员翻找证据容易手忙脚乱[3]。

而电子卷宗为查询和检索证据信息提供了便利。其一，利用电子卷宗系统查询特定证据信息时，在搜索栏输入案件和证据名称后，通过搜索引擎在系统中自动检索，就可以快速定位符合要求的证据材料，并将检索到的结果输出，这就大大减少了使用者的等待时间，也解决了纸质卷宗难查找的问题。其二，纸质卷宗的翻阅易破损或易污染，这就给别人

---

[1] 柯平、高洁主编：《信息管理概论》，科学出版社2007年版，第199页。

[2] 孙茂利主编：《公安机关刑事案件示范案卷指南（2015版）》，中国长安出版社2015年版，第8页。

[3] 李长城：《中国刑事卷宗制度研究》，法律出版社2016年版，第285页。

的阅卷带来很大不便。借助电子卷宗查询和检索证据信息，一定程度上可以减少这种物质损耗。其三，电子卷宗下的证据信息检索与查询不再受时空限制。若某一人阅卷，不会影响到其他人对卷宗的使用。若异地的办案人员或辩护律师需要阅卷，不会再受路途奔波之苦，只要获得阅卷准许，就可以完成线上查询。

（四）刑事卷证电子化管理可实现证据信息的共享使用

目前，我国刑事诉讼卷宗实际上是由各阶段负责机关进行管理的。纸质卷宗作为记录诉讼活动的工具，由该阶段的负责机关所占有，直到这一阶段的诉讼活动结束后再向下一阶段的负责机关移送。在纸质卷宗被各阶段的机关独自掌控期间，各机关对于卷宗的管理自行其是，各有一套管理体系，相互之间并无直接的联系。由此产生一个问题：法院最终在卷宗中看到的证据信息，是不是侦查机关获取的全部信息？在这种卷宗管理体系严重脱节的情况下，各种原因所导致的证据被篡改、隐匿等证据不完整现象时有发生，影响司法公正，甚至直接导致冤假错案的发生。

不同于纸质卷宗的独占使用，电子卷宗具有可共享性。因此，刑事卷证电子化管理可以实现证据信息的共享使用。办案人员通过信息系统能够同时向多主体传送电子卷宗，这为电子卷宗的共享搭建了平台。"共享是信息资源价值最大化的基本前提。"[1] 电子卷宗共享在证据信息使用方面所带来的优势，主要体现为以下几个方面：电子卷宗系统的共享，

---

[1]　谢晓专、张培晶、宋强："警务信息资源共享的影响因素：理论模型与作用机制"，载《中国人民公安大学学报（社会科学版）》2013年第1期。

可以节约司法资源和诉讼成本。证据信息由公检法机关一家
录入后，几家均可同时使用。这样，刑事诉讼下一流程的机
关就不必再重新扫描制作刑事卷证，浪费人力、物力；电子
卷宗系统的共享，可以提高证据信息的利用率。一方共享主
体在电子卷宗系统中对证据信息的使用，不会再妨碍到其他
共享主体的使用，从而实现了证据信息的共时使用；电子卷
宗系统的共享，可以实现证据信息的规范化、透明化管理。
在诉讼的每个阶段，各机关应当将与证据活动有关的全部信
息都录入到电子卷宗系统，尤其是证据的保管、移送情况。
一旦出现证据管理失范问题，可以通过系统追查出问题出自
哪个环节，从而优化证据管理体系和加强对案件管理的监督。
当然，现实生活中很多公检法机关仍存在信息共享壁垒。在
建立电子卷宗系统的信息共享机制时，可以明确共享范围，
即外卷可以共享，内卷不可共享。

（五）刑事卷证的电子化管理具有易监管性

信息化改变了卷宗的存储方式。通过信息技术所生成的
电子案卷具有传统纸质案卷所不可比拟的固定证据优势。一
旦证据信息被篡改、删除，可以在信息系统中寻得证据被污
染的痕迹。借助信息系统的功能优势，可以通过建立电子日
志对卷宗的增、删、改及检索等活动进行痕迹化管理。办案
人员访问和退出系统的时间、次数和在系统上操作的任何行
为都会被系统自动记录下来。比如在"宋金恒案"中被告人
DNA 鉴定中的血样基因信息编码是 S21132200020111017O0004，
中间数字"20111017"表明了编码的形成时间为 2011 年 10
月 17 日，这个信息编码是录入血样 DNA 数据时警方数据库
自动形成的，但宋金恒被警方抓获的时间是 2011 年 12 月 11

日，这就意味着犯罪嫌疑人宋金恒血样 DNA 数据的录入日期与其被抓获日期出现了倒挂。[1] 该案通过数据库系统的时间戳，自动记录了办案人员的失范行为，由此发现存在证据造假嫌疑或证据管理程序瑕疵的问题。电子卷宗系统同样作为信息系统，也可以实现证据管理的全程信息化，做到处处留痕，倒逼对权力恣意的约束。以往刑事卷宗只注重对证据收集情况的记载，不重视对证据保管链的记录，证据管理过程中任何一环出现问题，都会影响到所开示证据的证明力。实践中，有的机关没有专门的证据保管人员和场所，由于证据的封闭管理，即使证据被毁损、丢失或替换，都无从监管和追查。而采用信息技术，对证据出入保管室的情况和时间自动识别和记录，并对出入人员进行抓拍和留存影像照片，将所有数据上传至系统以备查验。一旦证据出现问题，就可以通过系统对证据流转进行可追溯化管理，查验证据的历史调取、保管和归还等情况。如有非授权人员出入证据保管室，系统会自动开启报警装置和信息提示。系统还可在相应的审结节点做出限控，提醒案件流程办理结束前对涉案证据进行及时处理。在电子卷宗系统中，增设证据管理流程的全程信息，一方面有利于实现对案件的实时、动态监管，从而提高案件质量、避免办案瑕疵；另一方面也便于辩护方和法官发现电子日志中的证据异动记录，确保程序正义的实现和案件事实真相的查明。

---

　〔1〕　李蒙："权威专家质疑宋金恒案 DNA 鉴定"，载《民主与法制周刊》2017 年第 3 期。

（六）刑事卷证电子化管理便于证据信息的挖掘、分析与评价

电子卷宗的采用，可以把传统案卷中不能记载或不能有效利用的信息保存下来，再提取、分析和评价。目前，我国公检法机关已经通过对纸质卷宗的扫描生成了电子卷宗，但证据信息的可利用程度仍然有限。

刑事卷证的电子化管理从本质上看，是一种知识管理。知识管理是"对信息、知识进行收集、整理、储存、新知识产生、显性知识与隐性知识的相互转化、知识资产的形成与运营等一系列过程（知识表达或知识获得——知识传递——知识应用）进行的管理"。[1] 知识管理是对各种信息进一步提取和加工，生成新的知识，以实现对信息更有价值的再利用。而刑事卷证的电子化管理，也会经历这样的管理过程。从侦查机关开始收集、保管、移送证据到审判阶段法官对证据的审查评价等所有过程都同步记录到电子卷宗管理系统中。随着系统中大量证据信息的不断录入、累积，可以运用计算机数字化处理进行量化综合分析，并自动生成可按报表、直方图等形式直观显示的统计结果。通过这些数据，可以再挖掘和分析出更多有价值的信息。诸如：其一，对证物的保管，由过去的简单登记变为拍照或同步录像上传系统随时查看，且利用信息系统能够实现对证物的自动盘库，实时统计在库或出库的证物数量、在库证物的存储位置及证物正常或损毁状况等，也可以实时统计每日、每周、每月或特定时间段的证物使用及出入情况，并报表输出，从而总结出证据保管链

----

〔1〕 林榕航：《知识管理原理》，厦门大学出版社 2005 年版，第 18 页。

的薄弱环节；其二，通过对类案证据的特征进行量化评判分析，提出特定案件办理的有益经验。像毒品犯罪案件的证据一般没有被害人陈述，贩卖毒品为交易双方带来巨大利润，但毒品交易的隐秘性、流动性强，需注重追查毒品流转的上线和下线，可以询问犯罪嫌疑人的家人、朋友和有往来的人进行排查。毒品犯罪的物证主要集中在毒品、毒资上，由于毒品很容易被调包、替换，查获时需制作详细的扣押清单，形状、颜色、规格、包装等都应写清，并附照片固定证据。毒品不是直接就能辨认的，需聘请专家鉴定，并由鉴定人说明鉴定时的毒品样本是否发生了物理变化；其三，采用电子卷宗管理系统，还可总结出证据结构的发展趋势：①随着信息化的发展，电子数据成为各类犯罪活动侦查中所收集的不可缺少的重要证据。侦查人员可以通过收集行为人的身份信息、出行信息、网络上的行为轨迹、人际关系、网络浏览内容的兴趣偏向等多重数据，迅速锁定犯罪嫌疑人，再进一步证明其所实施的犯罪行为；②证据的种类由过去以主观证据为主，转变为以客观证据为主、主客观证据相互印证。犯罪嫌疑人、被告人的口供、证人证言和被害人陈述具有不稳定的特点，需注重收集物证、书证、勘验笔录、视听资料、电子数据等客观证据，而且还应重视收集主观证据中证明案件细节的间接证据，以印证主观证据的内容；③固定证据的形式由纸质笔录为主，转变为同步录音录像、纸质笔录、电子笔录等多种形式有机结合。这些结论对于证据理论研究的拓展、刑事案件办理的引导以及刑事司法改革的推进等方面都有重要的意义。

第二章　元数据在刑事卷证电子化管理中的应用

第一节　元数据的概念和特性

一、元数据的概念

元数据的概念是在信息技术出现后才被提出的，一般被解释为"关于数据的数据"，其主要功能是描述数据以及数据环境。[1] 随着网络化社会的快速发展，网络信息呈现出海量而无序的状态。元数据就是在这样的背景下被提出来的，是对网络信息进行有效管理的工具。"元数据是用来描述数据本身的内容特征和其他特征的数据，其目的是加强对网络信息资源的发现、识别、开发、组织和评价，而且对相关的信息资源进行选择、定位、调用，追踪资源在使用过程中的

---

〔1〕　刘鹤："论电子文件元数据管理"，载《兰台世界》2009 年第 S1 期。

变化，实现信息资源的整合、有效管理和长期保存。"[1]

元数据（metadata）一词最早出现于美国航空与宇宙航行局（NASA）的《目录交换格式》（Directory of Interchange Format，DIF）手册。[2] "metadata" 是根据亚里士多德的著作集《形而上学》（*Metaphysics*）特别创造的一个词，意指超脱于数据的事物。[3] 从英文 "metadata" 的构词法上看，"meta" 来自希腊语，意指 "超越"，"data" 则指数据，"metadata" 的字面意义为 "关于数据的数据"。[4] 这两个数据中，前者代表的是信息对象，后者是为了进一步理解信息对象而存储的有关其内容、结构、背景等方面的信息，即元数据。"关于数据的数据" 虽不是元数据的一个精确定义，却表明元数据也是数据，是更高层面的能够描述和管理数据的数据。不过，也不能因此就认为元数据与数据没有区别。相比作为信息对象的数据而言，元数据如果脱离所处的背景环境和所要实现的目的就会变得毫无意义。目前，元数据作为数据管理的工具，被广泛地应用于数据库、文件管理、图书情报、地理、艺术、电子政务等各种信息资源管理领域。基于本书围绕刑事卷证的电子化管理展开探讨，所涉电子卷宗属于电子文件，下文将重点对电子文件管理中的元数据进行考察借鉴，其他

---

〔1〕 李桂贞："论元数据及其在知识管理中的应用"，载《现代情报》2006 年第 11 期。

〔2〕 王知津等：《知识组织理论与方法》，知识产权出版社 2009 年版，第 207 页。

〔3〕 参见［美］杰弗里·波梅兰茨：《元数据——用数据的数据管理你的世界》，李梁译，中信出版社 2017 年版，第 7 页。

〔4〕 参见金波、丁华东主编：《电子文件管理学》，上海大学出版社 2015 年版，第 296~297 页。

领域的元数据兹不赘述。

虽然"元数据"一词只使用了近五十年，但事实上，元数据并非新生事物，图书馆管理员使用元数据早已有几千年，只是以前把"元数据"称作"图书馆目录信息"。[1] 目录信息包含的题名、作者、主题和载体描述等之类的标识信息就是纸质印刷载体的元数据信息。"目录是图书馆馆藏的规范记录，同时发挥着管理工具和图书馆用户查找帮助的作用。"[2] 随着电子文档成为信息资源的主流，网络上大量文件需要管理和检索，元数据因此得到重视并发展起来。虽然传统载体和电子化信息资源都需要元数据对数据的外部与内容特征进行描述，并有序地组织文档信息。但不同于纸质文档的是，"电子文档的元数据基本都是以数字形式存在的，并将传统形式的元数据集成到了数字信息系统中"。[3] 传统文件的元数据（如文头、文尾、目录、标题、编制时间、签名等）多为静态。而电子文档元数据存在于动态的数字环境中，依赖计算机系统可以做到实时地记录文件在计算机系统内的所有变化，并能说明文件数据间的内在关系与外在联系。[4] 可以说，元数据是电子文件管理系统中的"血液"，对电子文件的管理发挥着举足轻重的作用。

在界定元数据的定义之前，先要了解电子文件元数据概

---

〔1〕 参见［美］杰弗里·波梅兰茨：《元数据——用数据的数据管理你的世界》，李梁译，中信出版社 2017 年版，第 7 ~ 8 页。

〔2〕 刘嘉：《元数据导论》，华艺出版社 2002 年版，第 48 页。

〔3〕 刘家真等：《电子文件管理——电子文件与证据保留》，科学出版社 2009 年版，第 131 页。

〔4〕 参见刘家真等：《电子文件管理——电子文件与证据保留》，科学出版社 2009 年版，第 131 页。

念的发展变迁，有助于我们更好地理解刑事卷证电子化管理中所应用的元数据。

在文件档案领域中，1990 年由联合国信息系统协调委员会出版的《管理电子文件：问题与指南》最先使用了"元数据"这个术语。这本书认为元数据是"描述数据和数据系统，即数据库的结构、特征、位置等一类的数据"[1] 这个定义没有从电子文件管理角度定义元数据，过于偏重数据库，因此这个时期的档案工作者仍然将元数据称为"关于数据的数据"。

2001 年，国际标准化组织（ISO）颁布了第一个文件管理国际标准《信息与文献　文件管理　第 1 部分：通则》（ISO 15489 – 1：2001）（以下简称"通则"）。该国际标准将文件、档案领域的元数据定义为"描述文件的背景、内容、结构及其管理过程的数据"[2] 从这个定义可以看出，元数据贯穿于文件整个生命周期，与文件的背景、内容、结构和管理过程结合起来，相比于以前的定义更能体现出元数据在文件管理应用中的特性。2006 年，国际标准化组织颁布了《信息与文件　文件管理处置　文件元数据　第 1 部分：原则》（ISO 23081 ~ 1：2006）。这个国际标准是在 2001 年"通则"对元数据的定义基础上，为创建、管理、使用文件管理

---

〔1〕　金波、丁华东主编：《电子文件管理学》，上海大学出版社 2015 年版，第 298 页。

〔2〕　中华人民共和国国家质量监督检验检疫总局、中国国家标准化管理委员会：《信息与文献　文件管理　第 1 部分：通则》，中国标准出版社 2011 年版，第 2 页。

元数据建立一个框架，并提出相应的管理指导原则。[1]

2009 年，国际标准化组织颁布有关元数据概念和实施问题的国际标准[2]将元数据定义为："使得档案始终能在业内或行业间形成、管理和使用的结构化与半结构化信息。"[3]此定义强调了元数据的结构化或半结构化特征，体现了元数据在形成、管理、使用文件各个阶段中的作用，更突显了元数据在数字环境下的特性。2011 年，国际标准化组织又颁布了有关元数据自评估方法的国际标准[4]，进一步明确了评价现有文件管理元数据的方法。

各国文件管理中的元数据有以下几种代表概念：①澳大利亚国家档案馆提出，元数据是有关文件背景信息的著录元素；②英国国家档案馆《电子文件管理指南》指出，"元数据是关于单一电子文件和文件组合的背景及其相互关系的结构化著录数据"；[5] ③美国的戴维·比尔曼认为，元数据是有关文件结构和背景信息的数据。[6] 这几个定义中，澳大利

---

〔1〕 参见中华人民共和国国家质量监督检验检疫总局、中国国家标准化管理委员会：《信息与文献　文件管理过程　文件元数据　第 1 部分：原则》，中国标准出版社 2011 年版，第 1 页。

〔2〕 2009 年，国际标准化组织颁布了《信息与文献　文件管理过程　文件元数据　第 2 部分：概念与实施问题》（ISO 23081~2：2009）。

〔3〕 中华人民共和国国家质量监督检验检疫总局、中国国家标准化管理委员会：《信息与文献　文件管理过程　文件元数据　第 2 部分：概念与实施问题》，中国标准出版社 2009 年版，第 3 页。

〔4〕 2011 年，国际标准化组织颁布了《信息与文献　文件管理元数据　第 3 部分：自评估方法》。

〔5〕 李双文："论元数据的概念、层次和作用"，载《云南档案》2009 年第 9 期。

〔6〕 王英、蔡盈芳、黄磊主编：《电子文件管理》，清华大学出版社 2016 年版，第 68 页。

亚的元数据概念已经指明元数据对文件背景信息进行描述的作用，且提出"著录元素"的说法有助于实践中档案工作者对元数据的认识，比"关于数据的数据"的提法更加具有专业性；英国的元数据概念相比澳大利亚的提法，又注意到了元数据的结构化特征，元数据是由不同层次的元数据元素及其相互关系所构成的，通过一定的方法和规则对信息对象予以描述；美国的戴维·比尔曼在对元数据进行界定时，也强调了元数据能描述文件结构和背景信息的作用，为了将数字化环境中的电子文件管理元数据与传统载体的著录数据相区分，又舍弃了著录元数据的提法。

在我国，刘嘉认为："元数据是描述和限定其他数据的数据。"[1] 这种提法指出了元数据与信息对象数据之间的关系，元数据可以描述和规定数据的特征、数据相互之间的关系以及有关数据的相应操作。刘家真在对电子文件这一问题进行研究时也涉及了对元数据问题的探讨，指出"元数据是定义和描述其他数据的数据"。[2] 该定义揭示了元数据也是数据，可以用以描述电子文件管理系统中的所有数据。李双文认为："元数据就是信息资源的标签或卡片，通过元数据的描述，可以使信息资源的使用者能够了解数据的内容、特征、作用、获取方式等信息，能够对信息资源是否满足特定的应用需求做出适当的评价，并根据评价的结果决定是否采

---

〔1〕　刘嘉：《元数据导论》，华艺出版社 2002 年版，第 42 页。
〔2〕　刘家真等：《电子文件管理——电子文件与证据保留》，科学出版社 2009 年版，第 130 页。

取进一步的措施来获取该信息资源。"[1] 该定义把元数据看作是描述和评价信息资源的工具，在识别资源基本信息的基础上根据需求评价和利用信息资源。

概念的界定是各种问题展开研究的逻辑起点，众说纷纭的概念无益于对问题的深入探讨。虽然以上学者对元数据的表述各不相同，但都指向元数据是描述电子文档各种特征的信息数据集合。笔者认为，对于元数据的认识可以采用国际标准，即元数据是"描述文件背景、内容、结构及其整个管理过程的数据"[2]。这个定义简单、科学，既易于掌握又具有权威性。

电子卷宗同样也属于电子文档，也需要利用元数据记录对证据进行全程管理。元数据是全面、系统、有序地反映电子卷宗背景、内容、结构及其管理过程的信息，对刑事卷证电子化管理的意义非常重大。在刑事卷证的电子化管理中，元数据不仅可以说明电子卷宗的使用环境、责任主体、形成时间、形成地址、卷证内容及组成结构，还可以以结构化的规范语言如实地记录和追踪卷证在生成、移送、保管、使用及处理中的全程动态变化，从而实现对证据的有效管理。

二、元数据的特性

元数据之所以在刑事卷证电子化管理中能够成为管理工

---

〔1〕 李双文："论元数据的概念、层次和作用"，载《云南档案》2009 年第 9 期。

〔2〕 中华人民共和国国家质量监督检验检疫总局、中国国家标准化管理委员会：《信息与文献　文件管理　第 1 部分：通则》，中国标准出版社 2011 年版，第 2 页。

具，关键在于元数据的特性。

（一）功能多元化

描述性是元数据最基本的功能。元数据"通过按一种预定的标准来描述对象的方法来组织和管理信息数据"，[1] 从而为信息对象的识别、存取与利用奠定必要的基础。所有的元数据都有描述功能。元数据在捕获信息对象的内容、结构、背景信息及相互之间的关系后，会按照一定的规则对信息对象进行全面描述。但在网络环境下，元数据已不再单一地对信息对象进行描述，还具备组织与管理、识别与检索、共享与利用、保存与处置信息对象等方面的功能，以满足人们的多元化使用需求。司法机关在使用电子卷宗的过程中，同样也离不开元数据这些功能的发挥。利用元数据，可以将刑事电子卷证生成、保管、移转、使用等各种情况的信息加以追踪和记录，实现对刑事电子卷证整个生命周期的有效组织和管理，从而有效固定证据，保证证据材料的完整性、真实性和同一性；利用元数据，还可以识别和检索电子卷宗管理系统中所需的某个证据信息。其实，传统纸质卷宗也具有元数据，也能够利用元数据（如卷宗目录）检索文件材料，但不像电子卷宗那样可以做到快速识别，查找起来更加方便、快捷。"借助标准化的电子文件管理元数据，可以实现语义层面和语法层面互操作，保障电子文件在其生命周期中的可用性"，[2] 从而最大限度地实现电子卷宗的数据共享。可见，

〔1〕 朱朝辉："元数据与数字图书馆资源建设"，载《河南图书馆学刊》2014年第4期。

〔2〕 金波、丁华东主编：《电子文件管理学》，上海大学出版社2015年版，第306页。

元数据对刑事卷证的电子化管理将会发挥越来越重要的作用。

（二）还原性

如果从电子卷宗管理系统中获得了元数据，元数据就具有反映刑事卷证原始记录的特性，也就是刑事卷证的原始性信息可以映射到电子卷宗管理系统的元数据记录中。由于电子卷宗易被修改，且可与载体相分离而存在，很多人误认为刑事卷证的真实性和完整性难以获得保障。其实，无论刑事卷证发生了什么变化，元数据都会忠实地记录下来，实时反映该刑事卷证的动态变化状况。正是由于元数据记录能够与信息对象的内容、结构及背景信息构成一一对应的映射关系，[1] 而且"元数据一经形成，就被封装起来，使其只能被写入和读取，不能被改动和删除"[2]，使元数据能够客观地描述刑事卷证，能够还原刑事卷证的原始状态，可以成为保障刑事卷证真实、完整的凭证。

（三）跟踪性

电子卷宗元数据不是简单的著录信息，是在数字化环境中生成的数据，能够跟踪记载电子卷宗整个生命周期的有关信息。[3] 它不像传统载体的元数据"大多是在文件制作、签署与使用完毕之后制成的，且大多是静态的"[4]。如纸质卷

---

〔1〕 参见金波、丁华东主编：《电子文件管理学》，上海大学出版社 2015 年版，第 303 页。

〔2〕 王英、蔡盈芳、黄磊主编：《电子文件管理》，清华大学出版社 2016 年版，第 75 页。

〔3〕 参见金波、丁华东主编：《电子文件管理学》，上海大学出版社 2015 年版，第 305 页。

〔4〕 刘家真等：《电子文件管理——电子文件与证据保留》，科学出版社 2009 年版，第 131 页。

宗的目录是在诉讼文书和证据材料按顺序排列好之后制作而成的。而电子卷宗的元数据可以根据刑事卷证的变化情况，处于动态之中。无论刑事卷证的接触主体有多少，也无论刑事卷证移转了多少载体，都可以通过元数据跟踪记录在案，并作为历史数据予以保存。因此，元数据可以实现对刑事卷证的全程动态管控，记录刑事卷证跨越时空的运动轨迹。

（四）结构性

元数据是结构化的数据，具有一定的层次结构。"元数据的多层次性取决于描述对象的多层次及使用对象的多层次性"，[1] 也就是说元数据的结构依赖于信息对象和使用环境。从电子卷宗元数据整体来看，元数据是有序构造的，而不是随意堆砌的，元数据元素按照电子卷宗文件材料的原始结构顺序排列，可以系统地反映电子卷宗的数字化环境，也能映射出电子卷宗的原始状态，从而保障了刑事卷证描述的客观性。从元数据个体来看，元数据遵循一定的规则所形成，并不是杂乱无章的。每一个元数据都由元素和元素值两部分构成，是对信息对象的规范化描述。[2] 因此，元数据能够以规范格式呈现出电子卷宗的内容、结构、背景信息以及刑事卷证之间的各种关系。

（五）与信息对象的共存性

从某种程度来说，元数据是必不可少的，可以有效地维

---

〔1〕　朱朝辉："元数据与数字图书馆资源建设"，载《河南图书馆学刊》2014年第4期。

〔2〕　金波、丁华东主编：《电子文件管理学》，上海大学出版社2015年版，第303页。

护信息对象的长久保存。元数据与被描述的信息对象具有共存性，能保证信息资源的长期使用。[1] 根据预先设定的元数据标准和体系，元数据在电子卷证信息形成时自动从电子卷宗中抽取，在电子卷证信息利用过程中动态产生并封装。即使电子卷宗的使用主体或计算机系统更换后，仍可以继续使用元数据了解刑事卷证信息。因此，元数据可以支持电子卷宗在不同数字化环境和计算机载体之间的完整移转。正是由于元数据与电子卷宗的共存性，不仅能识别和保存刑事电子卷证本身的内容，还可以形成和捕获刑事电子卷证在整个诉讼流程中的背景信息（如刑事电子卷证每次行为的操作时间、操作人、所处位置与状态等），因此，元数据可以成为刑事卷证电子化管理的工具，并能够反映全过程的诉讼活动，对相关诉讼活动中发生争议的程序性事实予以证明。

第二节　元数据的法律属性

一、元数据是否可以作为诉讼活动中的证据

元数据可以作为诉讼活动中的证据吗？这个问题的答案首先涉及对证据的认识。西塞罗第一次从希腊文引入了证据一词，意为显见的性质。[2] 这表明证据能够以显而易见的方

---

〔1〕　王知津等：《知识组织理论与方法》，知识产权出版社 2009 年版，第 214 页。

〔2〕　［美］David A. Schum：“关于证据科学的思考”，王进喜译，载《证据科学》2009 年第 1 期。

式证明待证事实。在理论上，证据概念存在多种学说[1]，影响较大的有"事实说""材料说""信息说"等。我国1979年和1996年的《刑事诉讼法》对证据的界定均采用"事实说"[2]。但由于"事实说"忽视了证据的表现形式，且不能对虚假证据作出合理解释，2012年修改的《刑事诉讼法》提出了新的证据观，即"材料说"。"材料说"固然解决了"事实说"存在的上述问题，但其自身的弊端也不容忽视。一方面，"材料说"不能体现所有的证据表现形式。证据根据表现形式可被分为实物证据和言词证据。而"材料"一般描述的是有形物，无法容纳口头的言词证据，更不包容依附于言词的情态证据。情态证据是"被告人、被害人、证人等当庭陈述时的姿态、表情、声调、语气、手势等身体语言所传递出的信息"[3]。人在说谎时一般会表现出眼神飘忽不定、嘴角上扬、抓挠耳朵、摩挲双手、抚弄衣服、语速加快等不自

---

〔1〕 高家伟、邵明、王万华等学者提出证据概念的"十四种学说"，包括"事实说""根据说""定案证据说""两义说"（"事实和材料说"）、"统一说""材料说""方法说"（"手段说"）"原因说""结果说""证明说""反映说""信息说""综合说"（"事实和方法说"）、"多义说"等。参见高家伟、邵明、王万华：《证据法原理》，中国人民大学出版社2004年版，第3页。陈光中教授认为证据概念大致分为"三种学说"，包括"事实说""双重含义说"（事实或证据表现形式）、"统一说"（事实材料与证明手段的统一）等。参见陈光中主编：《证据法学》，法律出版社2015年版，第141～142页。张保生教授认为证据概念最主要的有"三种学说"，即"事实说""材料说""统一说"（"信息说""综合说""多义说"等）。参见张保生等：《证据法学》，高等教育出版社2013年版，第11～13页。

〔2〕 1979年《刑事诉讼法》第31条第1款和1996年《刑事诉讼法》第42条第1款均规定证据是"证明案件真实情况的一切事实"。

〔3〕 韩旭："证据概念、分类之反思与重构"，载《兰州学刊》2015年第6期。

然的表情和动作。借助情态证据，法官可以当庭判断被害人陈述、证人证言及犯罪嫌疑人、被告人供述和辩解等言词证据的真实性。尽管侦查人员在收集言词类证据时都需要制作笔录固定证据，但通过笔录材料难以完整、准确地表达出情态证据所含的信息。另一方面，"材料说"没有体现出当庭言词陈述的重要性，不利于贯彻直接言词原则。[1] 笔录形式的言词证据属于传闻证据。"传闻证据是指被告人以外的人在庭审外作出的用以证明所主张事项之真实性的陈述。"[2] 由于该庭外陈述无法通过当庭质证的方式判断陈述内容的真实性问题，传闻证据并不可靠，会妨碍事实的查明。但如果认为只有"材料"才是证据，就无法改变我国证人出庭率低下、依靠笔录等书面材料定案的司法审判常态，就无法实现庭审实质化。所以，遵循直接言词原则的要求，当庭以口头方式所呈现的证据信息难以被归为"材料"。而"信息说"所包容的证据形式更加广泛，主张证据是"与案件事实相关的任何信息，用于证明所主张事实之存在的可能性"[3]。而且，"信息说"是证据事实与证据载体、内容与形式的统一体。证据的内容是与案件事实有关的信息，证据的形式是信息的各种载体，二者缺一不可。"案件事实一旦发生，犹如信源发出一定的信息，信息必须依附于一定的载体才有可能到达信宿。"[4] 如果证据载体不包含与案件事实有关的信息，就不能成为证明案件事实的证据。换言之，证据载体正是因

---

〔1〕 陈瑞华："证据的概念与法定种类"，载《法律适用》2012 年第 1 期。
〔2〕 张保生等：《证据法学》，高等教育出版社 2013 年版，第 300 页。
〔3〕 张保生等：《证据法学》，高等教育出版社 2013 年版，第 13 页。
〔4〕 张建伟：《证据法要义》，北京大学出版社 2014 年版，第 108 页。

为蕴含案件事实的信息，才具有了诉讼证明的价值。反之，如果案件事实不通过信息的各种载体体现出来，就无法让办案人员获知已发生的案件事实信息，也就失去了解决讼争事实的裁判依据。证据的形成是待证事实的信息固定到某一信息载体上的过程。

元数据可以作为证据，是由于它的凭证性。元数据是描述信息资源内容、结构、背景及其管理过程的数据，〔1〕可以追踪信息资源的动态变化。在刑事卷证的电子化管理中，如何证明是否存在管理失范行为呢？这就需要借助元数据记录。比如，侦查人员提取某一物证，张贴电子标签，并将与电子标签相对应的证据管理信息上传至电子卷宗管理子系统——赃证物管理系统中，这样在该物证收集、保管、移送、利用、处理等过程中会生成系统日志记录。若某行为主体在电子卷宗管理系统上对该刑事卷证信息加以删除或篡改，那么就会在系统日志记录中留下信息（如用户名、时间、IP 地址等），以此可以追查相应的刑事卷证管理失范行为。电子标签和系统日志记录都属于元数据，可以描述刑事卷证的管理情况。而刑事卷证管理失范行为之所以能够得到证明，是由于凭借计算机技术可以从刑事卷证活动信息中自动抽取出元数据，将刑事卷证的信息映射到元数据记录中，以跟踪记录刑事卷证活动信息的内容、背景、结构及其管理过程中的动态变化情况。〔2〕元

〔1〕　中华人民共和国国家质量监督检验检疫总局、中国国家标准化管理委员会：《信息与文献　文件管理　第 1 部分：通则》，中国标准出版社 2011 年版，第 2 页。

〔2〕　参见金波、丁华东主编：《电子文件管理学》，上海大学出版社 2015 年版，第 303 页。

数据承载着一定的事实信息。即使删除刑事卷证管理活动的数据，也会留存痕迹。而且，元数据与所描述的刑事卷证管理数据会同时保存和同时流转，不可分割地关联在一起。因此，元数据能够真实地反映刑事卷证的全程管理活动。

二、元数据在何种情况下可以作为诉讼证据

元数据能够作为诉讼活动的证据，那么，又会在什么情况下作为诉讼证据呢？换言之，元数据可以证明哪些内容呢？

无论采用何种学说对证据进行界定，都指明证据的主要功能是"用于证明案件事实"。其实，控辩双方收集证据所证明的是"讼争事实"，并非是"原生事实"。"原生事实"是实际发生的客观事实。而"讼争事实"只是控辩双方在诉讼中提出的存有争议的事实认识和主张，包括起诉者诉称的事实和被告方辩称的事实，哪一方提出的"讼争事实"更符合"原生事实"，还有待于证明和判定。[1] "如果用以证明所主张的讼争事实的证据恰好是原生事实所留存的证据，那么，讼争事实与案件原生事实便有了可靠联结点，讼争事实与原生事实的一致性就有了基础。"[2]

讼争事实根据证明内容的不同，可以分为实体法事实和程序法事实。实体法事实涉及案件的实体内容，是"对解决案件实体问题具有法律意义的事实"[3]。刑事诉讼的实体法事实是有关定罪量刑的事实，包括犯罪构成要件事实、法定

---

〔1〕 张步文：《司法证明原论》，商务印书馆 2014 年版，第 40 页。
〔2〕 张步文：《司法证明原论》，商务印书馆 2014 年版，第 42 页。
〔3〕 陈光中主编：《证据法学》，法律出版社 2015 年版，第 302 页。

或酌定刑罚量刑情节事实、排除行为违法性、可罚性及刑事责任的事实、被告人的个人情况等；程序法事实涉及程序的运行，是"对解决诉讼程序问题具有法律意义的事实"[1]。刑事诉讼的程序法事实是影响刑事诉讼进程和被追诉人诉讼权利保障的事实，包括有关管辖、回避、强制措施采取、非法取证、审判组织组成、诉讼行为是否超越法定期限、侵犯犯罪嫌疑人、被告人诉讼权利、执行合法性等与程序是否合法进行有关的事实。[2]

在刑事卷证电子化管理下，所生成的刑事电子卷证元数据记录是客观描述各种刑事卷证电子化管理活动的信息，比如卷证材料的制作主体、卷证名称、形成时间、形成位置、保管主体、保管时间、保管位置、保管状态、移转主体、移转时间、使用主体、使用时间等。这些元数据记录映射了公检法机关管理刑事卷证的诉讼活动。因此，元数据作为诉讼证据主要证明的是程序法事实。程序法事实是公检法机关基于权力行使而形成的能够产生诉讼法意义和影响诉讼进程的事实。由于元数据能够对办案机关制作、移交、保管、利用、处理刑事电子卷证等整个过程的变化情况加以全程监控，因此可以追踪刑事卷证管理失范行为的痕迹，以此解决刑事卷证管理活动所引发的程序争议。程序争议是在诉讼活动进程中，参与诉讼的各方主体认为对方没有遵守法律所规定的程序，侵害了己方合法的诉讼利益，从而提出某种程序主

---

〔1〕　陈光中主编：《证据法学》，法律出版社2015年版，第304页。

〔2〕　樊崇义主编：《证据法学》，法律出版社2012年版，第316页。

张。[1] 涉及刑事卷证的程序争议，主要是辩护方认为控诉方没有依照法定程序收集、保管、移送、开示证据，或存在破坏刑事卷证载体完整性和真实性的行为，从而提出对控诉方作出某种程序性制裁和维护己方合法权益的诉讼主张。

例如，一份犯罪嫌疑人、被告人的有罪供述是在侦查人员对其进行连续几天疲劳审讯的情况下获取的。被告人向法庭提出因受到疲劳审讯而申请排除非法证据的诉讼请求。对此，公诉人员应当举证证明讯问的合法性。公诉人员可以责令侦查人员就所争议的是否存在疲劳审讯的问题作出情况说明。侦查人员一般会书面出具一份情况说明或出庭说明情况，以证明对犯罪嫌疑人的讯问保障了其必要的休息时间，没有疲劳审讯。但侦查人员所作出的情况说明，是针对己方所实施的侦查活动的合法性予以补充说明，内容往往会偏重于有利于控方的事实，比较主观和片面。当辩护方对侦查人员所出具的书面情况说明存有疑问时，可以提请法院通知侦查人员出庭予以说明。若侦查人员拒绝出庭，法院应对该份情况说明予以排除。这是因为侦查人员的不出庭会使辩护方丧失当面质问侦查人员的机会和权利，既不利于控辩双方的平等对抗，也不利于法官审查判断所争议的程序事实。但在目前的实践中，由于侦查人员出庭所陈述的内容具有较大的主观性，辩护方对于侦查人员疲劳审讯的否认也无力作出有效质证，法官无法明确判断出侦查人员说明内容的真实性。即使公诉人员向法庭提交看守所的"提押证"，证明侦查人员提

---

〔1〕 王满生："刑事诉讼中程序法事实的证明研究"，西南政法大学 2011 年博士学位论文。

讯犯罪嫌疑人的时间，但由于侦查的单方性和封闭性[1]，纸质"提押证"可能存在被伪造的情况。此外，公诉人员还可以向法庭提交侦查人员就讯问犯罪嫌疑人的过程所制作的录音录像资料。这也是证明侦查活动合法性的重要方式之一。可如何判断录音录像资料是否全程记录了讯问犯罪嫌疑人的过程呢？只有保证记录的全程性才能说明审讯的持续时间，进而判断是否存在疲劳审讯的情况。这就需要借助录音录像资料的元数据。元数据被誉为"关于数据的数据"[2]，可以用于描述和识别录音录像资料。录音录像资料的录制内容，即侦查人员对犯罪嫌疑人讯问的现场过程属于被描述的数据对象。而录音录像资料的题名、主题、来源、唯一标识符、录制主体、录制时间、原始载体类型和型号、视频参数等描述资源属性的数据属于元数据的范畴。通过在计算机系统上查看录音录像资料元数据的录制时间元素，可以获知每份录音录像资料的录制开始时间和结束时间，从而判断审讯时长。尽管录音录像资料具有易被篡改、剪辑的弊端，但可以通过技术手段追踪元数据记录来查明破坏录音录像资料原始性和完整性的行为。随着信息技术的发展，多地看守所已开始积极上线运行审讯管理系统。该数据库系统可以自动捕获审讯

---

〔1〕　我国尚未确立像英美法系国家的讯问时律师在场权制度。该制度要求犯罪嫌疑人主张律师到场的，律师不在场，不得讯问犯罪嫌疑人。虽然我国《刑事诉讼法》第34条规定了"犯罪嫌疑人自被侦查机关第一次讯问或者采取强制措施之日起，有权委托辩护人"，但目前我国仍存在首次讯问律师在场难以实现、每次讯问律师在场会极大提高诉讼成本等问题。参见张润平、孙佳："从检察视角看讯问时律师在场制度"，载《人民法治》2017年第6期。

〔2〕　〔美〕杰弗里·波梅兰茨：《元数据——用数据的数据管理你的世界》，李梁译，中信出版社2017年版，第21页。

人员进入讯问室的开始时间和结束时间，并且通过与录音录像资料的录制时间进行比对，能够判断出是否全程对讯问犯罪嫌疑人的过程录音录像。再者，"元数据一经形成就被封装起来，使其只能被写入和读取，不能被改动和删除"。[1]因此，元数据能够说明录音录像资料或办案系统的完整性和真实性，可以成为证明侦查活动合法性的诉讼证据。辩护方面对侦查人员的情况说明，可以申请法院调取录音录像资料元数据或审讯管理系统元数据。相比于侦查人员的情况说明，元数据更加具有客观性。

三、元数据可以作为何种诉讼证据

"证据种类是基于证据外部形态或信息载体，在法律上所做的划分。"[2]《刑事诉讼法》第50条列举了八种刑事证据。[3] 其中，电子数据是新增加的证据种类。科学技术的迅猛发展带来了电子数据这一新型的证据种类，而且对刑事诉讼活动有着重大影响。电子数据在2012年之前是以其他证据形式在刑事诉讼中发挥作用的，而在2012年，其作为独立的证据种类进入到了刑事诉讼之中。刑事卷证电子化管理之后，所呈现的新形式——刑事电子卷证——属于电子文件，刑事电子卷证信息属于电子数据。描述和监管刑事卷证活动的元

---

〔1〕 王英、蔡盈芳、黄磊主编：《电子文件管理》，清华大学出版社2016年版，第75页。

〔2〕 张保生等：《证据法学》，高等教育出版社2013年版，第38页。

〔3〕《刑事诉讼法》第50条规定："……证据包括：（一）物证；（二）书证；（三）证人证言；（四）被害人陈述；（五）犯罪嫌疑人、被告人供述和辩解；（六）鉴定意见；（七）勘验、检查、辨认、侦查实验等笔录；（八）视听资料、电子数据。……"

数据依附于刑事电子卷证，也应当归为电子数据的证据种类范畴。

电子数据是"以应用现代信息技术而产生的，并以电子表现形式为主的，可以用于证明案件事实的材料"[1]。电子数据的形成、存储、传送、使用、处理都离不开信息技术，而且电子数据内容的展示需要借助电子设备，比如利用显示器显示电子文字、图形、表格，利用播放器播放视频、音频、图像，等等。当然，只有将这些展示的电子数据内容用于证明案件事实，才能作为诉讼证据。将刑事电子卷证元数据与电子数据进行类比，可发现：首先，元数据对刑事电子卷证作用的发挥同样也离不开信息技术。比如，办案人员选择某项元数据元素名，可以通过信息技术快速、准确地识别、定位、访问所需的刑事电子卷证信息。又如，利用信息技术可以自动抽取监管刑事电子卷证的元数据信息，为完整、及时地反映刑事卷证收集、保管、移转、利用等动态变化情况提供了可能。其次，刑事电子卷证元数据内容的显示，同样需要借助显示器。在一般情况下，元数据记录存在于所描述的信息资源对象之中。由于元数据所描述的刑事电子卷证存在于信息系统中，需要借助显示器才能查看其内容，所以，存在于刑事电子卷证之中的元数据亦是如此。最后，刑事电子卷证元数据可以被用于证明案件事实。元数据伴随着公检法机关管理刑事卷证的诉讼活动而产生，可以用于证明该诉讼进程中的程序争议事实。比如，控辩双方对刑事卷证的保管

---

[1] 戴士剑、刘品新主编：《电子证据调查指南》，中国检察出版社2014年版，第6页。

存有争议，通过收集刑事电子卷证的元数据，可以佐证刑事卷证保管链条的完整性，从而对刑事卷证内容的真实可靠性进行司法确认。

电子数据之所以可以成为法律所认可的独立证据种类，是因为具有不同于传统证据的特性：①内在实质上的无形性。一切由计算机处理的信息都要转化为二进制的计算机语言，才能被计算机所读取。只要是计算机输入的信息便都必须要经过这个数字化的过程。计算机作为载体所存储和传输的电子数据实质上都是按一定的编码规则处理后的"0""1"数字组合，它不能像传统证据那样被直观查看和认知，需要借助显示器、播放器、打印机等特定的电子介质才能将内容显示出来，具有内在实质上的无形性。[1]②外在表现形式的多样性。和传统证据的单一性相比，电子数据通过电子设备、磁盘、光盘等电子存储介质可以表现为文字、图像、图形、表格、音频、视频等多媒体形式，甚至为多种形式的组合，因此电子数据的表现形式具有多样性。③数据传递的快速性和多次性。首先，传统证据一般只能由行为主体在物理空间当面移交，费时费力，而电子数据可以在虚拟空间实现快速传递。[2]其次，传统证据移交后，原物或原件就由接收者所占有，与移交者相分离，因此这种传递只能进行一次，而电子数据在载体之间进行传递后，仍然在原载体上存在，因此可以向同一行为主体或不同行为主体多次传递。④具有系统性。电子数据不仅能显示信息的结果状态，还可以在系统中

---

〔1〕 樊崇义主编：《证据法学》，法律出版社 2012 年版，第 238 页。

〔2〕 何家弘主编：《电子证据法研究》，法律出版社 2002 年版，第 14~15 页。

自动记录下信息与之相关的过程状态。对于传统证据来说，一旦原件或原物被毁损，便很难复原证据。电子数据虽然容易被篡改、伪造、删除，并且这种操作在系统某一层无法被人直接地观察到，但这种变动的情况会被系统其他层自动捕捉，在日志中留下记录，可以追踪到被污染的痕迹。[1] 其实，这种记录信息过程状态的电子数据就是元数据。王志刚认为，电子数据根据记载内容的不同，分为内容数据信息和附属数据信息。[2] 内容数据信息是记录案件事实内容的电子数据，显示的是信息的结果状态；而附属数据信息则是记录内容数据信息的相关背景和形成、存储、传输、处理等管理过程的信息，也就是记录信息的过程状态。因此，电子数据的附属数据信息是元数据。刑事电子卷证元数据作为证明刑事卷证管理活动争议事实的证据时，应当属于电子数据。

　　刑事卷证在形成、储存、传输、利用等活动过程中，可能会因为办案人员的不规范操作或者故意篡改而遭到污染。这就需要借助元数据对刑事卷证电子化管理活动的整个流程进行监控。若控辩双方对刑事卷证电子化管理活动中所形成的元数据记录有争议，则需要聘请具备信息技术专门知识的鉴定人员进行分析和判断，形成元数据分析报告。而该元数据分析报告，应当归为鉴定意见的范畴。因为鉴定意见是"公检法机关或者当事人就案件中的专门性问题，指派或聘

---

〔1〕　戴士剑、刘品新主编：《电子证据调查指南》，中国检察出版社 2014 年版，第 17 页。

〔2〕　王志刚："论网络犯罪治理中的电子数据收集程序"，载《检察技术与信息化——电子证据专刊》（2014 年第 2 辑），中国检察出版社 2014 年版，第 50 页。

请具有专门知识的人进行鉴定后作出的判断性意见"[1] 元数据分析报告就是具有元数据专门知识的鉴定人员就元数据对刑事卷证电子化管理活动的监管记录所作出的分析和说明。

第三节　刑事卷证电子化管理下的元数据结构和类型

一、刑事卷证电子化管理下的元数据结构

根据系统论的原理，任何事物都是"由相互联系、相互作用的诸要素所组成的具有特定功能的有机整体"[2]。元数据是对信息资源的一种规范化描述，是由能够准确、完备说明信息资源各种特征的元素按照一定的标准组合而成的有机整体。元数据以一种具有结构化特征的陈述语言记录、描述信息资源，生成一种元数据模式。元数据模式可以被看作是一个规则集，规定允许进行哪些类型的描述以及如何做出这样的描述，或者说规定应当提供什么数据以及应当以什么形式提供数据。元数据模式支配着可以做出的各类陈述，而元数据记录就是用该语言所做出的陈述集合。

在记录刑事卷证电子化管理活动方面，元数据多元化功能的发挥取决于其结构。"所谓结构，是指系统诸要素相互联系、相互作用的方式或秩序，亦即诸要素在时空连续区上相对稳定的排列组合方式。"[3] 元数据的结构，描述了元数

---

〔1〕 陈光中主编：《证据法学》，法律出版社 2015 年版，第 185 页。
〔2〕 曾广容等编著：《系统论控制论信息论与哲学》，中南工业大学出版社 1988 年版，第 8 页。
〔3〕 曾广容等编著：《系统论控制论信息论与哲学》，中南工业大学出版社 1988 年版，第 46 页。

据各元素之间的相互关系，以适应刑事卷证电子化管理不同的功能需求。

在刑事卷证电子化管理下，元数据的结构可以分为宏观结构和微观结构。

（一）元数据的宏观结构

元数据的宏观结构，是元数据元素集及各元数据元素集之间的关系形成的总体框架。元数据元素集，也被称为元数据类组，是由一系列的元数据元素及其元素间的相互关系所构成的。[1] 而元数据元素是构成元数据的主体、核心，是根据元数据模式所做出的关于刑事卷证电子化管理活动某方面特征的陈述，同时也可以用来命名案件的某种属性。

在1996年美国匹兹堡大学的元数据研究项目中，戴维·比尔曼将电子文件管理元数据分为文件元数据、背景元数据和利用元数据三个类组，并分别划分了子类组。[2] 我国国家档案局于2009年发布的档案行业标准《文书类电子文件元数据方案》中，将该类电子文件元数据划分为四个元素集。[3] 元数据四个元素集的划分方法较为常见，但也存在元数据五个元素集的划分情况。比如，国家质量监督检验检疫总局于2009年发布的国家标准《信息与文献　档案元数据管理　第2部分：概念与实施》规定：档案管理元数据分为档案实体、

---

〔1〕　金波、丁华东主编：《电子文件管理学》，上海大学出版社2015年版，第315页。

〔2〕　金波、丁华东主编：《电子文件管理学》，上海大学出版社2015年版，第315页。

〔3〕　《文书类电子文件元数据方案》将文书类电子文件元数据从概念层次上区分为文件实体元数据、机构人员实体元数据、业务实体元数据、实体关系元数据四个域。

责任者实体（业务环境中的人员或组织结构）、业务实体（已办理的业务）、法规实体（业务规则及程序文件）及其关系实体。笔者认为，元数据主要由卷证实体、业务实体、责任者实体、法律法规实体和关系实体等五个元素集所构成。该元数据宏观结构为刑事卷证本体内容、相关诉讼活动、诉讼主体与卷证活动相关法律法规提供了较为完整的描述体系。

1. 卷证实体元素集

卷证实体元素集用于描述案件的基本情况，包含了卷证所固有的各种元素信息，如案件元素、文书元素、涉案证据元素等信息。其中，案件元素主要包括案件名称、案件类别、案件编号、案件受理时间、立案时间、案发地址、案件状态、涉案人员等子元素；文书元素主要包括责任者、文号、标题、日期、页号、备注等子元素[1]；涉案证据元素主要包括证据的编号、类别、来源、名称、数量、价值、性质、特征、状态、持有人、存放位置、登记时间等子元素。

2. 业务实体元素集

业务实体元素集是描述刑事卷证电子化管理业务过程中产生的各种行为信息的元素集，主要包括行为分类、行为名称、行为描述、行为状态、行为时间等元素。其中，行为分类按照刑事诉讼阶段记录各节点的卷证管理活动以及对卷证信息的要求；行为名称标明具体刑事卷证电子化管理行为的名称，主要有卷宗文书的制作、保管、移交、接收、检索、查询、处理和证据的提取、保全、入库登记、保管、鉴定、

---

〔1〕 参见孙茂利主编：《公安机关刑事案件示范案卷指南（2015 版）》，中国长安出版社 2015 年版，第 8 页。

出库登记、移送、利用、销毁等行为;行为描述记载的是刑事卷证电子化管理活动的行为属性和职能;行为状态跟踪记录的是对刑事卷证操作的相关信息;行为时间可以捕获到各项刑事卷证电子化管理活动的开始和结束时间。这些元素可以完整地呈现刑事卷证电子化管理活动的全程信息。

3. 责任者实体元素集

责任者实体元素集是描述刑事卷证电子化管理活动所涉责任者的各项信息元素集。主要包括责任者姓名、责任者所属部门、责任者的职责范围、责任者使用和查看卷证的权限、行为内容及日期等信息。刑事卷证电子化管理活动的责任者主要有各刑事诉讼阶段的案件承办人、办案组成员、办案人员所在部门负责人、赃证物保管人员、各机关负责案件流程的监控人员(如检察机关案件管理部门人员)及系统管理员等。

4. 法律法规实体元素集

法律法规实体元素集,主要用于记录和反映刑事卷证电子化管理活动所需遵循的法律法规和业务规则,包括刑事卷证电子化管理活动所应遵循的法律法规和规章制度及刑事卷证电子化管理过程中的元数据创建、管理、利用的法律法规和规章制度。

5. 关系实体元素集

用于描述卷证本体、业务、责任者和法律法规实体之间及实体内部的关系。责任者执行业务活动,执行过程与结果被记录于卷证中,卷证是由执行业务的责任者制作和使用的,法律法规规制具体的业务活动,并赋予责任者执行业务的职责,卷证内容反映了责任者职责执行的情况。刑事卷证电子化管理下，元数据各元素集之间的关系如图 4 所示：

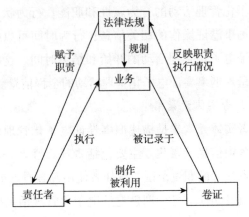

图4 刑事卷证电子化管理下元数据各元素集及其元素集之间的关系

（二）元数据的微观结构

元数据的微观结构，是元数据元素的具体构成，主要明确的是元素的语义结构。[1] 在刑事卷证电子化管理下，元数据元素描述的是某条刑事卷证电子化管理活动记录的特征，是元数据最基本的构成部分。根据需要，元数据元素还可以再下设子元素。从元数据的微观结构来看，元数据元素主要由元素名与元素值两部分所构成。元素名是刑事卷证电子化管理人员和使用人员用以识别元数据元素的属性所命名的名称。元素值是说明某个元素的具体数据。而查询和获取某条

---

〔1〕 金波、丁华东主编：《电子文件管理学》，上海大学出版社 2015 年版，第 317 页。还有很多学者将元数据的结构划分为内容结构、语法结构、语义结构。其中，内容结构定义了元数据的构成要素，如描述性元素、管理性要素等。语法结构定义的是元数据的格式结构及其描述方式。语义结构定义元数据元素的具体描述方法。语义通过元素表达，供人类和计算机双重理解。参见萨蕾：《数字图书馆元数据基础》，中央编译出版社 2015 年版，第 5 页；赵豪迈：《数字档案长期保存研究》，陕西师范大学出版社 2015 年版，第 144 页。

元数据记录所描述的电子卷证材料信息，就是通过元素－值配对实现的。元素－值配对是元数据不可简化的粒子。[1] 假如系统中某条记录的形成时间为 2017 年 12 月 10 日，按照国际标准 ISO 8601 的日期和时间表示方法采用 "YYYY－MM－DD" 的格式[2]，显示为 "2017－12－10"，则 "形成时间" 为元素名，"2017－12－10" 为元素值。

　　源自美国俄亥俄州都柏林市的核心元数据元素集，是世界上运用得最广泛的元数据格式，可支持任何类型资源的描述。经过多年的发展，该核心元数据元素集形成了 15 个核心元素。[3] 每个元素都是元数据描述资源某种属性特征的陈述。比如 "主题" 属于对信息资源基本内容的描述，"日期" 属于对信息资源管理信息的描述。对相同的元素名会被赋予不同的元素值，以描述不同的信息资源对象。

　　笔者曾在 B 市 X 区人民检察院调研时了解到，电子卷宗制作中涉及的元数据元素名有：部门受案号、案件名称、案件类别名称、受理日期、承办单位、承办部门、承办人、当前阶段、制作状态等。以某案件为例，相应的元素值依次为：部门受案号：××区院起诉受［2017］××××××××

---

〔1〕 参见［美〕杰弗里·波梅兰茨：《元数据——用数据的数据管理你的世界》，李梁译，中信出版社 2017 年版，第 78～79 页。

〔2〕 参见《数据存储和交换形式·信息交换·日期和时间的表示方法》（ISO 8601：2004）。目前，日期和时间表示方法的国际标准采用第 3 版 ISO 8601：2004，替代第 1 版 ISO 8601：1988 与第 2 版 ISO 8601：2000。

〔3〕 15 个核心元素为创建者、覆盖范围、日期、描述、格式、标识符、语言、出版者、其他责任者、关联、权限、来源、主题、题名和类型。参见刘家真等：《电子文件管理——电子文件与证据保留》，科学出版社 2009 年版，第 138 页；［美〕杰弗里·波梅兰茨：《元数据——用数据的数据管理你的世界》，李梁译，中信出版社 2017 年版，第 72～73 页。

××号；案件名称：××案；案件类别名称：一审公诉案件；受理日期：2017 - 08 - 03；承办单位：××区院；承办部门：公诉一处；承办人：×××；当前阶段：审查起诉；制作状态：已制作。

笔者还走访了一家涉案财物信息化管理发展较快的检察机关，浏览了该机关的涉案财物管理系统。该机关所使用的涉案财物管理系统包括九大模块，分别为：登录界面、首页界面、涉案物管理、涉案款管理、涉案物图像管理、存储柜列、办案支持、综合查询、统计分析。其中，涉案物管理模块包括案件登记、涉案物登记、涉案款项登记、涉案款物流程处理登记等功能。进入涉案物管理界面时，点击"直接收案"按钮，便可以进入案件登记界面，系统会自动生成最新年度序号的空记录。该界面包括的元数据元素名有：自侦案号、公诉案号、登记人、嫌疑人、接收方式、承办人、送物单位、办案部门、案由、备注等。自行输入元素值后，点击"物证登记"按钮进行保存。之后，系统自动进入涉案物登记界面。在此界面涉及的元数据元素名有序号、物证名称、物证品牌、规格型号、物证特征、数量、存放位置、备注和照片视频等。系统还可以追踪涉案款物流程处理的登记情况。点击相关案件的"案件处理"按钮，便进入案件流程处理界面，可以对涉案物进行借出登记、承办人处理、拿单确认、实际处理、法院退回、中止、终止、打印回执单等操作。其中，"借出登记"界面所呈现的元数据元素名有借出人、借出日期、提醒归还日期、归还日期、借出理由、物证选择等；"承办人处理"界面所呈现的元数据元素名有序号、物证名称、物证品牌、规格型号、物证特征、数量、存储位置、承办人、承办时间、承办方式等。在存储柜列模块中，点击柜列图中的柜格号便可进入柜格信息界面，双击柜格号可以打开柜门，单击柜格号可以查看到该柜格号涉案物存放信息，所呈现的元数据元素名有物证名称、物证品牌、规格、物品特征、数量、所处阶段等。比如，某案某物的柜号是 A–010，单击 A–010，显示物证名称为"人民币"，物品特征为"面值一百元、二十张"，数量为"20"，所处阶段为"未处理"。在综合查询模块中，物证案件查询页面的元数据元素名有：序号、物证编号、自侦案号、公诉案号、登记人、嫌疑人、案由、接收方式、物证数量等。以某案件为例，相应的元素值依次为：序号：×；物证编号：××检涉案物［2017］×××号；自侦案号：××检反贪侦字［2017］第××××号；公诉案号：××检刑字［2017］第×××××号；登记人：×××；嫌疑人：×××；案由：×××案；接收方式：侦查机关移送；物证数量：×件。

由于元数据应用于网络环境，元数据的元素名和元素值不仅仅应便于管理者和使用者的浏览，还要保证计算机能够识别，因此可以设定元素值的数据类型。元素值的数据类型可以设定为字符型和数值型。比如，责任者（如信息登记人、案件承办人）、资源内容的描述应当采用字符型，而日期的描述则应当采用数值型。元素值数据类型的设定，有利于实现元数据的规范性和可控性，从而保证元数据对刑事卷证电子化管理活动发挥充分的作用。[1]

---

〔1〕 参见张正强："电子文件管理元数据元素名和元素值'控制'的原理与方法"，载《中国档案》2014 年第 12 期。

二、刑事卷证电子化管理下的元数据类型

（一）根据功能的分类

元数据根据功能分为管理型、描述型、保存型、技术型、使用型等五种元数据。[1]

（1）管理型元数据是用来管理与控制刑事卷证电子化管理活动信息的元数据，支持在刑事卷证电子化管理过程中的控制机制描述，主要包括卷证录入、卷证权限控制、卷证使用管理等信息。诸如权限元数据所提供的信息，可以用于控制谁有权使用卷证、在何种条件下使用卷证、出于何种目的使用卷证，也可以用于控制谁有权改动及删除卷证等。这种权限控制属于一种管理形式。[2] 管理型元数据将刑事卷证的全程电子化管理活动记录下来，这样可以用于对刑事卷证电子化管理活动信息的完整性和真实性作出评价。

（2）描述型元数据是用来描述与识别刑事卷证电子化管理活动信息的元数据，可以提供刑事卷证基本内容和位置的描述性信息。它支持系统上刑事卷证的查询和浏览，诸如查找刑事案件中某个证据的借出和归还信息、查询同步录音录像的录制开始和结束时间等。元数据都有描述的属性，但其中直接描述卷证固有属性的一些元素，如主题、题目、责任

---

〔1〕 Gilliland–Swetland and Anne J. Defining, "Metadata", In: Murtha Baca (ed.), *Introduction to Metadata: Pathways to Digital Information*, U.S.A.: Getty Institute, 1998.3, 转引自刘嘉：《元数据导论》，华艺出版社 2002 年版，第 53 ~ 54 页。

〔2〕 参见 [美] 杰弗里·波梅兰茨：《元数据——用数据的数据管理你的世界》，李梁译，中信出版社 2017 年版，第 94 页。

者、日期等，都可被称为描述型元数据。[1] 描述型元数据，不仅用于帮助诉讼各方迅速搜索到所需要的卷证材料，还可以用于对证据材料进行审查和评价。比如，通过日期元素值就可以发现类似"宋金恒案"中血样 DNA 数据录入日期与其被抓日期出现倒挂的情况，从而对该证据的证据能力和证明力作出相应的判定。[2]

（3）保存型元数据是侧重对刑事卷证电子化管理材料长期保存的有关属性进行描述的元数据，[3] 即对刑事卷证电子化管理材料的形成信息、保存格式、迁移方式、保存条件、保存责任等内容进行详细描述。一方面，保存型元数据用以保证刑事卷证电子化管理内容的可读性、可用性，也就是需要确保刑事卷证电子化管理内容被现有或将来的软硬件系统所识别和读取，并使刑事卷证电子化管理材料在计算机系统中得到安全存储和有效利用。另一方面，保存型元数据用以维护刑事卷证电子化管理活动内容的完整性、真实性及同一性。它不仅跟踪记录刑事卷证电子化管理材料保存流程中的信息，以防卷证的内容发生缺失，也能够支持刑事卷证材料在不同计算机载体之间的顺利移转。刑事电子卷证不同于传统纸质卷证，其内容的存储位置是变化的，并不固定依附于某个特定的载体。保存型元数据可以确保元数据与刑事卷证

---

〔1〕　刘家真等：《电子文件管理——电子文件与证据保留》，科学出版社2009 年版，第136 页。

〔2〕　参见李蒙："权威专家质疑宋金恒案 DNA 鉴定"，载《民主与法制周刊》2017 年第 3 期。

〔3〕　参见刘家真等：《电子文件管理——电子文件与证据保留》，科学出版社2009 年版，第136 页。

电子化管理材料的相互关联不变，以防刑事卷证电子化管理材料在传送中发生变更和损毁。

（4）"技术型元数据是与系统怎样运行有关的元数据，如硬件与软件、数字化信息的格式、压缩比率、定标例程、系统响应跟踪、数据验证与安全（如加密键、密码）等。"[1] 技术型元数据嵌入到刑事电子卷宗系统中，不需要使用刑事卷证电子化管理材料的人进行任何操作，就会在生成或删改刑事卷证时自动生成。即使该种元数据没有嵌入到刑事电子卷宗系统中，也可以在计算机操作系统中显现出来，诸如创建刑事卷证的日期、修改并保存刑事卷证的日期、编辑刑事卷证的次数等技术型元数据。技术型元数据不需要人为判断即可识别，具有较强的客观性。[2]

（5）使用型元数据，又称为操作元数据、日志元数据、动态元数据，它描述刑事卷证电子化管理材料的利用条件，并追踪刑事卷证电子化管理材料的利用过程，是随着刑事卷证的使用、操作所产生的元数据，包括刑事卷证电子化管理材料内容的复制、发送、接收、处理、审核等。[3] 比如，跟踪辨认律师使用、拷贝刑事卷证电子化管理材料的信息或该材料再利用的信息，等等。

---

〔1〕 吕琼芳："元数据与网络信息资源的组织开发"，载《图书馆研究与工作》2005 年第 3 期。

〔2〕 参见［美］杰弗里·波梅兰茨：《元数据——用数据的数据管理你的世界》，李梁译，中信出版社 2017 年版，第 95～98 页。

〔3〕 王芳："我国电子政务元数据的构建及其基于 Web 服务的共享实现"，载《情报学报》2007 年第 1 期。

（二）根据实体[1]的分类

元数据根据实体分为卷证实体、业务实体、责任者实体、法律法规实体和关系实体等五种元数据。

（1）卷证实体元数据是对刑事卷证电子化管理材料的内容、结构、背景等进行描述的元数据。内容元数据主要描述刑事卷证电子化管理活动材料的内容，包括案件名称、案件提要、文书题名、证据题名、证据数量、证据性状等信息；结构元数据指出刑事卷证电子化管理材料的物理结构，以利于信息检索和查询，包括案件列表、卷宗目录、数据库索引、系统组成、系统架构、搜索条件等信息；背景元数据主要描述刑事卷证电子化管理材料的形成环境、形成过程、存在状态等背景信息，包括制作人、承办人、发送人、接收人、文件类型、日期、卷证来源、卷证生成的软硬件环境、卷证状态改变的说明等信息。

（2）业务实体元数据是记录有关刑事卷证电子化管理活动的元数据，贯穿于刑事卷证电子化管理活动全过程。刑事卷证电子化管理活动主要包括电子卷宗文书的制作、保管、移交、接收、检索、查询、处理和证据的提取、保全、入库登记、保管、鉴定、出库登记、移送、利用、销毁等行为。业务实体元数据描述了刑事卷证电子化管理活动的行为属性和职能，并跟踪记录有关刑事卷证电子化管理活动的操作信息。

（3）责任者实体元数据是与刑事卷证电子化管理活动相关的责任者元数据。所涉责任者主要包括各刑事诉讼阶段案

---

[1] "实体"意为用元数据元素集所描述的概念。

件承办人、案件管理人员、部门负责人、赃证物保管人员及系统管理员等。责任者实体元数据描述了责任者姓名、责任者所属部门、责任者的职责范围、责任者使用和查看卷证的权限、实施行为及日期等信息。

（4）法律法规实体元数据主要用于记录和反映刑事卷证电子化管理活动所需遵循的法律法规和业务规则，包括电子卷宗、赃证物管理、涉案财物管理等法律法规及其元数据创建、管理、利用的法律法规和规章制度。

（5）关系实体元数据是用于描述卷证本体、业务、责任者和法律法规实体内部及实体之间关系的元数据。涉及卷证文件与背景之间关系、卷证文件与元素集之间关系、各元素集之间关系、卷证文件之间关系的元数据等。[1] 其中，各元素集之间的关系，如前文元数据的宏观关系中图 4 所示。

（三）根据状态的分类

元数据根据状态可分为稳定的、动态的、长期的、短期的等四种元数据。

（1）稳定的元数据。所谓稳定的元数据是一旦生成，就保持稳定不变的元数据。[2] 比如，刑事卷证在系统生成时的卷宗名称、案件编号、文书编号、来源和日期等。

（2）动态的元数据。所谓动态的元数据是随着对系统中的刑事卷证操作而随之产生的元数据，"这类元数据会在原

---

〔1〕 金波、丁华东主编：《电子文件管理学》，上海大学出版社 2015 年版，第 302 页。

〔2〕 刘家真等：《电子文件管理——电子文件与证据保留》，科学出版社 2009 年版，第 131 页。

有元数据基础上进行追加和变更"。[1] 比如，刑事电子卷宗的查看和使用日志、赃证物的入库和出库日志等。这些元数据会随着系统中刑事卷证的使用或操作而发生变化，可以实时反映刑事卷证的电子化管理过程。

（3）长期的元数据。长期的元数据是用来保证刑事卷证电子化管理材料能够长期使用的元数据，比如技术格式、操作信息等。[2]

（4）短期的元数据。[3] 短期的元数据是相对于长期元数据而言的，无需保证刑事卷证电子化管理材料能够长期使用和获取，比如对刑事卷证电子化管理材料临时保存的记录信息。

（四）根据位置的分类

元数据根据所处信息对象的位置，分为内部元数据和外部元数据。针对某一个单独的信息资源对象，对其描述的元数据记录存在于该信息资源对象之中的是内部元数据，而独立于该信息资源对象的是外部元数据。[4] 在多数情况下，元数据记录存在于所描述的刑事卷证电子化管理活动的系统之

---

〔1〕 刘家真等：《电子文件管理——电子文件与证据保留》，科学出版社2009年版，第131页。

〔2〕 Gilliland – Swetland and Anne J. Defining, "Metadata", In：Murtha Baca (ed.), *Introduction to Metadata：Pathways to Digital Information*, U. S. A.：Getty Institute, 1998.3，转引自刘嘉：《元数据导论》，华艺出版社2002年版，第55～56页。

〔3〕 Gilliland – Swetland and Anne J. Defining, "Metadata", In：Murtha Baca (ed.), *Introduction to Metadata：Pathways to Digital Information*, U. S. A.：Getty Institute, 1998.3，转引自刘嘉：《元数据导论》，华艺出版社2002年版，第55～56页。

〔4〕 参见［美］杰弗里·波梅兰茨：《元数据——用数据的数据管理你的世界》，李梁译，中信出版社2017年版，第55～56页。

中。如果元数据记录存在于系统之外，那么如何判断二者存在一定的关联呢？存在于刑事卷证电子化管理系统内部的元数据记录，所描述的对象必然就是刑事卷证的电子化管理活动。而对于存在于系统外部的元数据记录，则需判断其内容对于该描述对象是否具有唯一识别性。比如，某证物封装袋上的二维码，独立于刑事卷证电子化管理系统，就属于外部元数据。该二维码以电子标签的形式贴在证物上，并采用具有唯一标识的单独元素识别此证物，与刑事卷证电子化管理系统中有关此证物的元数据多个元素形成对应关系。因此，外部元数据记录要发挥作用，就必须依赖刑事卷证电子化管理理系统内部元数据的存在。很多人可能会问，既然存在内部元数据，为什么还要设置外部元数据？其实，通过扫码获得外部元数据更能快速从赃证物保管室的存储柜中查获到所需的证物，从而节约办案时间。[1]

第四节　元数据在刑事卷证电子化管理中的应用

一、元数据对刑事卷证电子化管理内容的全面描述

任何信息资源都可以用元数据进行描述，尤其是电子文件。元数据可以从电子文件中抽取能够说明其特征和内容的结构化数据，是电子文件管理不可或缺的重要工具和技术。而刑事卷证电子化管理材料是有关刑事诉讼活动的电子文件，因此，元数据在刑事卷证电子化管理中同样起到至关重要的

---

〔1〕　参见〔美〕杰弗里·波梅兰茨：《元数据——用数据的数据管理你的世界》，李梁译，中信出版社 2017 年版，第 59～60 页。

作用。

杰弗里·波梅兰茨将元数据记录比喻成"数据容器"[1]，它装载了刑事卷证的有关数据。元数据是描述系统中刑事卷证内容、结构、背景信息及其管理过程的数据。通过元数据对刑事卷证的描述，可以深度挖掘出刑事卷证的很多信息。

（1）标识层面的描述。标识类的元数据包括编号、名称等元素，主要用来确认刑事卷证。[2]①编号。编号是卷证代号，具有唯一性，由数字、字母、汉字等构成，包括案件编号、文号、赃证物二维码等。比如，笔者在 B 市 K 区人民法院调研时查阅到某司法鉴定中心出具的某份理化检验鉴定报告文号为"（某）公（理化）鉴字［2016］244 号"。②名称。名称是电子文件的名称，是计算机用来识别卷证材料的标识，包括卷宗名称、文书名称、证据材料名称等。比如"刑事侦查卷宗""起诉意见书""道路交通事故照片"等。

（2）内容层面的描述。内容类的元数据可以描述刑事卷证的内容特征，涉及了刑事案情内容的主要信息。主要包括四个元素：①题名。题名是表达卷证中心内容所命名的名称。根据案件名称，就可以知晓该案是什么类型的犯罪案件。比如，案件名称为"王某某故意杀人案"，那么这份卷证材料就是涉嫌故意杀人犯罪内容的。根据文书题名，就可以知晓文书所涉及的诉讼活动内容。比如，文书题名为"批准逮捕

〔1〕［美］杰弗里·波梅兰茨：《元数据——用数据的数据管理你的世界》，李梁译，中信出版社 2017 年版，第 24 页。

〔2〕冯惠玲主编：《政府电子文件管理》，中国人民大学出版社 2004 年版，第 151 页。

决定书"，那么这份文书反映出检察机关认定犯罪嫌疑人符合逮捕条件，并对其作出批准逮捕决定的内容。根据证据材料的题名，就可以知晓该案收集的证据类型。比如，证据题名为"现场照片"，那么说明侦查人员对该案进行了现场勘验，并拍摄了现场照片，收集的证据类型为勘验笔录。②主题。主题使用规范语言揭示刑事卷证的主要内容，包括主题词、关键词。③说明或摘要，是对刑事卷证主要内容的概要性阐述。比如，根据案件提要，就可以知晓某个案件的案情概况。根据录音录像的摘要描述，就可以知晓录音录像所录制的主要内容等。④语种。语种是刑事卷证使用的语言种类[1]。

（3）结构层面的描述。结构类元数据涉及刑事卷证的逻辑结构和物理结构。其中，逻辑结构是刑事卷证内容的逻辑关系，比如卷证的著录层次包括文书、卷宗、卷宗系列、全宗及全宗群。物理结构是卷证内容在载体上的位置安排，包括案件列表、卷宗目录、数据库索引、系统组成、系统架构、搜索条件等信息。通过捕获结构元数据，可以了解卷证的数据结构、卷证类型和卷证级别，还可以揭示刑事卷证各部分之间的关系。

（4）背景层面的描述。背景类元数据描述了刑事卷证在系统中的形成环境、形成过程、存在状态等背景信息。具体包括：①行政背景。包括卷证形成的时间、卷证制作和使用主体、卷证有关的职能活动和职能机关等。通过对该类元数据的捕获，可以充分了解到与卷证相关的诉讼活动。比如，

---

[1] 冯惠玲主编：《政府电子文件管理》，中国人民大学出版社2004年版，第153页。

根据承办单位，可以知晓某个案件的现行所处阶段；②法律背景。卷证制作和使用的法律依据；③技术背景。比如卷证形成的软硬件环境等；④卷证间的联系背景。通过对该类元数据的捕获，可以保障刑事卷证电子化管理处于正常的业务活动中。比如根据电子卷宗系统中的证据信息录入时间和案件受理时间的比对，可以寻找数据中的暗含信息。[1]

（5）管理层面的描述。管理过程包括刑事卷证的制作或提取、保存、移交、使用、销毁等整个过程。通过元数据的描述，可以了解到刑事卷证电子化管理活动的实施人员、时间、内容等信息，为保障刑事卷证的有效监管奠定基础。

可以说，描述是元数据对刑事卷证电子化管理最基本的作用。元数据是从刑事卷证电子化管理系统中抽取出来的结构化数据，可以对刑事卷证的特征、属性、内容、位置、管理过程等信息进行全面描述，从而为刑事卷证的电子化管理活动奠定必要的基础。

二、元数据对刑事卷证电子化管理材料的定位与检索

由于刑事卷证电子化管理材料没有具体的实体存在，确定所需材料的位置至关重要。元数据中包含了刑事卷证在电子卷宗管理系统中的位置信息，以结构化的方式实现刑事卷证内容与其背景信息之间的关联。而且，"元数据可以捕获和形成相关著录信息，产生目录体系和检索系统"[2] 元数

---

〔1〕 比如宋金恒案中出现证据录入日期与犯罪嫌疑人被抓获日期倒挂情况，可以据此判断办案程序存在瑕疵或办案人员存在伪造证据的嫌疑。

〔2〕 金波、丁华东主编：《电子文件管理学》，上海大学出版社 2015 年版，第 306 页。

据在著录的过程中将电子卷宗中的重要信息抽出并加以组织，赋予语意建立起与刑事卷证内容的一定关系，使检索结果更加准确，以利于卷证使用者发现其真正需要的资源信息。因此，在计算机系统的技术环境下，借助元数据更能够准确地识别、定位和访问电子卷宗系统，从而检索和查询到所需的刑事卷证电子化管理信息。其实，早在信息技术应用之前，传统卷宗就包含有元数据，比如卷宗封皮、目录、页码等。只是传统刑事卷宗的元数据大多比较分散，结构化和标准化程度不高，利用目录、页码等元数据检索文件的效率较低。[1] 而刑事卷证电子化管理之后，借助计算机系统的搜索引擎工具，从多种元数据中选取某个元素名，并输入元数据的元素值，可以实现快速定位和高效检索出所需的卷证信息。比如，在电子卷宗管理系统中查询案件的基本情况，点击"案件基本情况查询"的模块名称，系统进入案件查询界面，查询条件包括部门、案件类别、案件名称、移送单位、移送案由、受理日期、完成日期等。输入相应的查询条件，点击"查询"按钮，其查询结果就会在系统中显示出来。

三、元数据对刑事卷证电子化管理活动的记录和监控

一切信息资源都可以用元数据来记录和监控。在电子卷宗管理系统中，元数据是一种动态的、过程性的卷证记录方式，可以跟踪记录卷证信息的产生、修改、使用、处理等各种情况，并且将每种情况的重要信息记录到系统日志中。据

---

[1] 参见冯惠玲等：《电子文件管理教程》，中国人民大学出版社 2017 年版，第 366 页。

此，元数据可以对刑事卷证信息生成、移交、保管、利用等整个生命周期中的变化发展过程加以全程监控，是刑事卷证电子化管理不可缺少的重要工具。正是由于元数据的形成和管理与刑事卷证的电子化管理是同步的，所以它并不是只监管刑事卷证的某个时间点或者时间段，而是伴随着刑事卷证电子化管理的整个生命周期对全程活动加以监控。[1]

没有元数据，刑事卷证的电子化管理如同一盘散沙，且在信息系统环境下极易被毁损、删改。反之，借助元数据，可以追踪刑事卷证管理失范行为的痕迹，以此保证刑事卷证信息的原始性和真实性。在正常情况下，元数据是在系统上对刑事卷证操作时实时产生的，卷证的变化情况也会被实时记录在元数据中。元数据对刑事卷证的记录，不是卷证制作人根据个人意志随意赋予的信息，是刑事卷证在电子化管理中动态变化的真实反映。一旦刑事卷证在系统上发生任何变化，计算机就能够自动捕获相应的元数据。无论载体、设备、技术如何更新换代，无论使用者是谁、使用人数有多少，也无论对刑事卷证实施了何种行为，全都作为历史数据跟踪记录下来，并且长期留存。[2]"元数据一经形成，就被封装起来，使其只能被写入和读取，不能被改动和删除。"[3] 因此，所获取的有关刑事卷证电子化管理内容的元数据信息，可以

---

〔1〕 冯惠玲等：《电子文件管理教程》，中国人民大学出版社 2017 年版，第 368 页。

〔2〕 李双文："论元数据的概念、层次和作用"，载《云南档案》2009 年第 9 期。

〔3〕 王英、蔡盈芳、黄磊主编：《电子文件管理》，清华大学出版社 2016 年版，第 75 页。

客观地记录刑事卷证电子化管理活动的原始状态。

　　通过元数据的记录和监管，还可以提高刑事卷证电子化管理的安全性，对刑事卷证管理失范行为加以约束和作出应对。比如，通过设置访问权限元数据来控制系统上刑事卷证材料的存取和使用。[1] 一旦有未授予权限的人或未按访问权限范围访问卷证，系统可以自动记录并予以警示，保证刑事卷证的安全操作和规范管理。而有访问权限的人员如果未经授权修改、删除刑事卷证材料，元数据可以自动捕获到该行为信息，从而判断该刑事卷证的完整性是否遭到破坏。这样，元数据就可以成为刑事卷证动态变化的凭证，以便有效地对刑事卷证进行电子化管理。

---

〔1〕 刘鹤："论电子文件元数据管理"，载《兰台世界》2009 年第 1 期。

第三章　元数据应用于刑事卷证电子化管理中的诉讼功能审视

第一节　建立证据保管链

一、证据保管链制度的理论介说

（一）证据保管链制度的基本概念和构建基础

1. 证据保管链制度的基本概念

证据对案件事实争议的解决至关重要。在刑事诉讼活动启动之前，案件事实已然发生，事实裁判者如何在没有目睹事实发生过程的情况之下还原和认定案件事实？最适当的途径无疑是凭借案件事实发生所遗留的证据。但并非所有收集的证据材料都能够成为事实裁判者认定事实的根据。事实裁判者需要对证据的相关性、可采性和证明力进行审查判断。[1]负有刑事诉讼证明责任的控诉主体为了使事实裁判者采纳其所提供的证据，需要先证明有关证据就是控诉主体所主张的

---

〔1〕 参见张保生主编：《证据法学》，中国政法大学出版社 2014 年版，第 17 页。

证据，这被称作"为证明奠定基础"或"证据铺垫"，是英美证据法的普遍要求。[1] 根据证据的表现形式不同，证据铺垫的方法有所差别：证人提供证言的铺垫要求是证人具有作证资格和亲身知识，且通过宣誓或郑重声明保证如实作证；而物证、书证、视听资料、电子数据、示意证据等展示性证据的铺垫要求是通过鉴真、辨认、鉴定等方法保障证据的真实性、同一性及其与案件的相关性。[2] 其中，鉴真是确定展示性证据真实性的证明活动；辨认是确定展示性证据同一性的证明活动；鉴定是法定鉴定机构或鉴定人根据其所具有的专门知识或科学技术，确认证据的真实性和同一性而提供专家意见的活动。一般而言，鉴定活动是鉴真和辨认活动的补充方式。鉴真和辨认活动启动在前，如果仍然无法解决证据的真实性和同一性争议，才启用鉴定方式进行确认。[3] 那么，如何进行鉴真和辨认？提供证据保管链就是对实物证据进行鉴真和辨认的重要方式之一。

所谓证据保管链，是指"从获取证据时起至将证据提交法庭时止，关于实物证据的流转和安置的基本情况，以及保管证据的人员的沿革情况"。[4] 从此概念可知，证据保管链

---

〔1〕 ［美］罗纳德·J. 艾伦、理查德·B. 库恩斯、埃莉诺·斯威夫特：《证据法——文本、问题和案例》，张保生、王进喜、赵滢译，高等教育出版社2006年版，第205页。

〔2〕 参见［美］罗纳德·J. 艾伦、理查德·B. 库恩斯、埃莉诺·斯威夫特：《证据法——文本、问题和案例》，张保生、王进喜、赵滢译，高等教育出版社2006年版，第205~236页。

〔3〕 张保生主编：《证据法学》，中国政法大学出版社2014年版，第194~195页。

〔4〕 Bryan A. Garner（ed.），*Black's Law Dictionary*，9th ed.，Minnesota：West，a Thomson Business，2009，p. 260.

的主体是参与证据收集、保管、移送、鉴定、使用等人员。这些主体在掌控证据期间，不仅承担记录证据基本信息及发生变化情况的义务，还应当承担证据的安全保障职责，并就围绕证据的同一性和真实性争议承担出庭作证的义务，以此说明其所参与的证据有关活动；证据保管链的载体是掌控证据各主体分别记载证据保管链各环节情况的书面或电子材料。这些材料可以用于辨认法庭上所出示的证据是否就是案发现场所收集的证据，也可以用于证明证据的状况是否发生改变，还可以用于印证或弹劾出庭作证人员就证据保管链情况所作出的陈述；证据保管链的环节是"从获取证据时起至将证据提交法庭时止"[1]，是按诉讼进程发展而形成的线性链条，具体包括证据的发现和提取、证据的保管、证据的移送、证据的鉴定、证据的开示等多个环节。每一个环节的办案人员都应当规范管理证据，并形成自证据收集时起至提交法庭时止各环节无缝对接的完整记录体系。

通过证据保管链，既可以证明控诉人员在法庭上所出示的证据是否为案发现场所提取的证据，还可以证明控诉人员所出示证据的状况是否为案发时证据所存在的状况。为此，控诉人员应当建立起证据从获取到提交法庭各环节完整而连贯的记录体系。如果某个实物证据的证据保管链发生断裂，那么该证据的真实性、同一性及与案件的相关性就无法得到确认，也无法成为该案的定案根据。例如，在"美国合众国

---

〔1〕　Bryan A. Garner（ed.），*Black's Law Dictionary*，9th ed.，Minnesota：West，a Thomson Business，2009，p. 260.

诉拉德案"[1] 中，拉德被指控在晚上聚会时分发海洛因。侦查人员为了确定毒品的存在，从梅西（Massey）尸体中抽取了血液和尿液样本，并将样品送往州实验室和一家私立实验室（CSL）进行检验分析，然而样品识别码却出现差异。州实验室收到梅西的血液样本后，将其编号为 T87 - 1938 - BBO。之后，州实验室又派了一名人员将梅西的血液样本送往 CSL 做进一步关键的检验。但根据 CSL 的登记记录，所收到的样本编号为 T87 - 1936 - BBO。对"1938"与"1936"的数字差异，CSL 登记记录上从未进行过说明，后来该记录上的"6"被改为像"8"，但却未记录数字修改的时间、地点、人员、原因等内容。对样品识别码的差异，控诉人员并没有提供接触识别码各工作人员的证言，也没有提供任何证据证明 CSL 登记中的"T87 - 1936 - BBO"识别码是属于实验室的其他样本，还是属于梅西尸体的血液样本。由于证据保管链存在断裂环节，无法说明案发现场提取的梅西尸体血液样本和 CSL 检验的样本具有同一性，因此，CSL 的检验结果被排除了。当然，此案控诉方还提供了被告人承认提供海洛因的供述、目击证人波林的证言、专家证人根据包装、管理方法等提出是海洛因的意见等其他证据，用以证明被告人拉德当晚分发的物质就是海洛因。断裂的死者血样保管链条仅影响该证据的可采性。我国也存在类似问题。比如，在"快播案"中，针对四台服务器及其查出的视频，控辩双方展开了较大争论。因电子证据存在取证和保管问题，证据保管

---

〔1〕 United States v. Ladd, 885 F. 2d 954 (1989).

链发生了断裂，被告方对电子证据的真实性产生了质疑。[1]

2. 证据保管链制度的构建基础

一般而言，实物证据从被发现或收集到提交法庭要辗转多人之手、历经多个环节。任何一个环节出现疏漏，都可能会影响到证据的可采性和证明力。证据保管链制度的构建，旨在举证主体通过完整而连贯的证据保管链条，证明法庭上所提交的证据就是举证主体所主张的证据。[2] 因此，为了保障证据的同一性和真实性，举证主体建立证据保管链，正是其履行证明责任的必然要求。可见，证据保管链制度的构建基础是证明责任。

证明责任是证明活动的起点，"指的是当事人承担的向法院提出证据支持自己的诉讼主张以期得到法院作出有利于自己的裁判、避免对自己不利的诉讼后果的责任"。[3] 从性质上看，证明责任是一种风险负担，意味着不履行带来的是败诉的不利后果。它不同于权利，可以自由选择行使或放弃；也不同于义务，不履行会受到法定的处罚。此处的败诉风险负担并非属于法律明确规定的处罚，而是没有实现预期的诉讼主张。但由于刑事公诉案件证明责任的主体是检察机关，维护的是国家利益和社会公共利益。因此，控诉方未予证明或证明不能的败诉后果，除了指检察机关提出的追究被告人刑事责任的诉讼主张没有获得法院支持之外，还指法院审理

---

〔1〕 史炜："快播案给互联网企业的启示"，载《企业家信息》2017 年第 12 期。

〔2〕 柴鹏："证据保管链条制度的诉讼功能分析"，载《铁道警察学院学报》2016 年第 2 期。

〔3〕 张建伟：《刑事诉讼法通义》，北京大学出版社 2016 年版，第 329 页。

的案件处于真伪不明的状态。

从构成来看，英美法系国家将证明责任分为提出证据的责任和说服责任两个层次，[1] 大陆法系国家将证明责任分为主观责任（行为责任）和客观责任（结果责任）。[2] 虽然大陆法系国家与英美法系国家的证明责任构成理论有相似之处，但我国的证明责任构成受英美法系的影响较深，学者普遍接受英美法系国家的提法，并且在英美法系证明责任的双层次理论基础上，衍变出了四个方面的内容：①提出诉讼主张的责任。诉讼主张是引起诉讼的前提。证明责任主体在诉讼活动中围绕诉讼主张开展一系列的证明活动。②提出证据的责任。证明责任主体向法庭提交支持自己诉讼主张的证据。③说服责任。证明责任主体通过提交的证据论证己方诉讼主张的真实性，说服法官采纳己方的诉讼主张。④不利后果的承担责任。如果证明责任主体未履行或未充分履行提交证据并说服法官相信己方诉讼主张为真的责任，则应当承受法官不支持己方诉讼主张的败诉结果。[3]

我国刑事诉讼证明责任主要由控诉主体（公诉案件的检察人员或自诉案件的自诉人）承担，被告人除了在特定情况下，否则不承担证明自己有罪或无罪的责任。这种证明责任的分配方法体现了国际上通行的无罪推定原则。无罪推定原则

---

〔1〕 Peter Murphy, *Murphy on Evidence*, 7th ed., Blackstone Press Limited, 2000, pp. 102 ~ 103.

〔2〕 ［德］普维庭：《现代证明责任问题》，吴越译，法律出版社 2000 年版，第 36 页。

〔3〕 参见张保生主编：《证据法学》，中国政法大学出版社 2014 年版，第 315 ~ 316 页。

要求"在法官判决之前，一个人是不能被称为罪犯的"[1] 被告人在法官作出判决之前，被推定为无罪，因此无需再提供证据证明自己无罪。这样，提出证据并说服事实认定者裁判被告人有罪的责任就由控诉一方来承担。控诉方提出的证据应当具备相关性、可采性和证明力。而实物证据的相关性、可采性与证明力在审查之前，应当先行确定控方提交法庭的实物证据是否是案发现场所收集的实物证据。如果实物证据需要专家出具鉴定意见，那么实物证据的同一性问题对鉴定意见的准确性便更加重要。如前文所述，证据保管链是保障实物证据真实性和同一性的重要方式之一。王兆鹏教授认为："提出物证之人，有举证责任证明保管链条。"[2] 控诉方通过制作完整而连贯的证据保管链记录，得以证明提交法庭的实物证据就是其所主张的证据，且实物证据从被收集到提交法庭的整个过程中，一直都有相关人员对其进行妥善保管，既未发生性状改变，也不存在被毁损、伪造或替换等情况。实物证据的真实性和同一性直接影响到其证明作用的发挥。当辩护方对实物证据的真实性和同一性提出异议或法官存有疑问时，控诉方可以向法庭提交证据保管链记录予以证明，必要时可以要求相关人员出庭作证。如果控诉方未建立证据保管链或证据保管链发生断裂，显然无法证明庭审提交的证据就是其所主张的证据，也无法证明该证据与案件事实存在一定的相关性，那么，该实物证据就不应当被法庭所采纳。

---

〔1〕〔意〕贝卡里亚：《论犯罪与刑罚》，黄风译，中国大百科全书出版社1993年版，第31页。

〔2〕王兆鹏：《刑事诉讼讲义》，元照出版社2005年版，第566页。

可见，建立证据保管链是控诉方履行证明责任的保障机制。

（二）证据保管链制度的适用范围

1. 证据保管链的跨度范围

"证据保管链制度要求建立自侦查阶段收集证据至审判阶段将证据提交法庭的完整记录体系。"[1] 可见，证据保管链的跨度范围为自侦查机关收集证据时起至控诉机关向法庭提交证据时止，证据保管链期间缺失任何环节都会影响到证据的可采性和证明力。一般情况下，证据保管链条包含证据的收集、保管、移送、鉴定等环节，对此并没有异议，但对链条起点和终点的确定却存在着不同的看法。

（1）证据保管链的起点。犯罪行为是过去发生的事实，案件事实一旦发生，总会留下某种痕迹或信息，以证据的形式表现出来。因此，对既成犯罪事实的判断只能依靠已实施行为所遗留的证据。但案件的情况千差万别，并非所有刑事案件一发生，侦查人员就能够即时发现和收集证据。尽管证据随着时间推移而发生毁损或变化可能性的概率会变大，侦查人员应当尽快收集和固定、保全证据，但由于案件的复杂程度不同，侦查人员侦破案件的能力也不同，从案件事实发生到侦查人员收集证据总会间隔一定的时间，可能数小时，也可能数天，甚至可能数几个月。比如，警察在第一次到案发现场勘验时，未发现某一证据，之后过了数天才将其与犯罪行为联系起来。再如，在"吴某涉嫌故意杀人案"[2] 中，

---

〔1〕 陈永生："证据保管链制度研究"，载《法学研究》2014 年第 5 期。

〔2〕 王峥、许静文：《命案证据收集》，中国人民公安大学出版社 2012 年版，第 244~245 页。

犯罪嫌疑人在被传唤时供述了作案时所穿的衣服和鞋子，但侦查人员在一星期之后才对这些物证予以提取。又如，案发现场一名旁观者发现步枪，在暗杀后数小时才将步枪转交给警察。[1] 那么，对证据保管链的起点如何作出判断？是从案件事实发生之时起算？还是从侦查人员收集证据之时起算？多数学者的观点是始于证据被侦查机关收集之时。美国印第安纳州高等法院曾提出："在执法人员掌握证据之前，不需要建立证据保管链。"[2] 这个规则的理论基础是"政府不应当对没有掌控的证据负责"[3]。但确立该规则的最终目的并非是让控诉机关承担责任，而是确保证据的同一性、真实性及与犯罪事实之间的相关性。因此，笔者认为将证据保管链的起点设为案件发生时更为适宜。

控诉机关不仅要证明证据收集之后没有发生毁损，还要证明证据收集之前的性状没有发生变化和所获取的证据来源于案发现场，否则证据的真实性、相关性都无法确定，如何保障事实认定的准确性？比如，在"杰米·佩妮克案"中，警方在现场勘验时在尸体旁边提取到一件物证黑色夹克，以现场照片为证，但却有三名证人都指出发现被害人尸体时被害人佩妮克的脸部被那件黑色夹克盖住了。[4] 这说明物证黑色夹克在案发之后到被侦查人员发现之前，被人出于某种目

---

〔1〕　State v. Lagasse, 410 A. 2d 537, 540～541 (1980).

〔2〕　Williams v. State, 379 N. E. 2d 981, 984 (1978).

〔3〕　Paul C. Giannelli, "Chain of Custody and Handling of Real Evidence", Am. Crim. L. Rev, 1983, 20, p. 539.

〔4〕　［美］W. 杰瑞·奇泽姆、布伦特·E. 特维编著：《犯罪重建》，刘静坤译，中国人民公安大学出版社 2010 年版，第 192 页。

的改变了案发时的现场位置。因此，侦查人员在发现证据之后，应当先查验证据的性状在案件发生之后是否发生过改变，记录证据保管链时，需说明此情况，以验证该物证的真实性和关联性。

（2）证据保管链的终点。一般而言，证据保管链的跨度范围止于控诉机关向法庭提交证据之时，但有些实物证据需要移交实验室进行鉴定，学者们对其证据保管链终点的确定存有不同的看法。对于不需要鉴定的实物证据，将证据保管链的终点确定为提交法庭时，主要是在于证据相关性的确定，可以采取由当事人或证人在法庭上对证据进行辨认的方式；[1] 对于需要提交实验室鉴定的实物证据，证据的相关性取决于专家出具的意见。很多学者认为，证据保管链止于交付实验室分析时即可。理由为：一是实物证据经过实验室鉴定后，一般向法庭提交的是专家的鉴定意见，法官直接对鉴定意见进行审查。专家在对实物证据进行鉴定之前，应当审查检材的真实性和同一性，因此证据保管链只要对鉴定之前的实物证据加以证明即可。二是当辩护方对鉴定意见有异议时，法庭一般是要求鉴定人出庭作证，而不是要求控诉机关出示实物证据。[2] 笔者认为证据保管链的终点确定为庭审阶段更加适宜。因为如果将证据保管链的终点设为交付实验室分析，那么控诉方在实验室分析之后就可能不再妥善保管证据。虽然专家出具的鉴定意见被誉为科学证据，但受到检材的客观性、鉴定技术与方法的可靠性、鉴定人的资格与能力

---

〔1〕 陈永生："证据保管链制度研究"，载《法学研究》2014 年第 5 期。

〔2〕 陈永生："证据保管链制度研究"，载《法学研究》2014 年第 5 期。

及所处立场等各种因素的影响，并非绝对准确。一旦辩护方在庭审阶段申请重新鉴定，就可能由于控诉机关没有保管证据而无法开展，造成辩护方丧失了平等对抗的权利和机会。例如，警察在案发现场收集到被切下的被害人指尖，并送往实验室分析，但随后就将指尖丢弃了。最终，法官裁定排除了与指尖相关的多个证据，这是因为指尖的毁弃导致辩护方所聘请的专家无法对指尖进行检验分析，侵犯了被告人的正当程序权。[1]

2. 证据保管链适用的证据范围

证据保管链的建立有利于确认证据与犯罪事实的相关性，有利于确保证据的真实性和同一性。但证据保管链并非是对实物证据鉴真的唯一方式。如果实物证据具有易于辨认、独一无二的特征（譬如绿色荧光笔书写的纸条，且纸条是从某份报纸上撕下来的），就可以直接采用证人辨认的方式，而不必通过审查证据保管链记录的方式进行鉴真，毕竟后者需要耗费大量的时间和精力。因此，需要明确证据保管链适用的证据范围。在通常情况下，控诉机关主要对以下三类证据的证据保管链予以证明，从而为证据的采纳进行铺垫。

（1）属于种类物的证据。种类物与特定物相对而称，是在品种、规格等方面具有共同特征，可以被替代的同类物。[2]既然种类物可以被替代且与同类物不易区分，那如何判断该物就是控诉方所主张的与案件事实相关的证据呢？其实，证

---

〔1〕 People v. Morgan, 606 P. 2d 1296, 1300 (1980).
〔2〕 聂德林主编：《法律常用辞典》，北京工业学院出版社 1988 年版，第 181 页。

据因其特征不明显而难以被辨识时，可以通过证据保管链条证明证据的同一性。[1] 连贯而完整的证据保管链可以消除人们对证据毁损、隐匿、伪造、篡改等情况的质疑。

（2）需要进行实验室分析的证据。对于需要进行实验室分析的证据，即使属于特定物，证人能够在法庭上根据其特点加以辨认，控诉方也仍然需要对证据保管链予以证明。[2]因为案件事实涉及专业知识的问题，法院需要根据专家做出的实验室分析报告进行判断。而证人在法庭上对特定物的辨认，仅能证明该物是否属于案发现场提取之物，却无法证明实验室所分析的检材也是案发现场收集的证据。只有建立证据保管链并据此审查送往实验室分析的检材来源以及检材有无受到污染，才能确保实验室所出具的鉴定意见与案件事实之间的相关性。[3] 譬如，在"罗宾逊诉英联邦案"[4] 中，由于送往实验室做 DNA 鉴定的衬衫和内裤欠缺证据保管链验证检材的来源，因此无法判明该衬衫和内裤就是取自案发现场的被害人，也就无法确定该检材与强奸犯罪的相关性，最终法院推翻了强奸罪的认定。

（3）性状可能发生改变且会影响与案件关联的证据。若某类证据的性状会影响到与案件事实的相关性，那么，就应当建立证据保管链以证明证据在提交法庭之前未改变性状。比如，对汗水、唾液、尿液等体液提取时，应当使用空针或

〔1〕 Paul C. Giannelli, "Chain of Custody and Handling of Real Evidence", 20 Am. Crim. L. Rev, p. 527.

〔2〕 陈永生："证据保管链制度研究"，载《法学研究》2014 年第 5 期。

〔3〕 陈永生："证据保管链制度研究"，载《法学研究》2014 年第 5 期。

〔4〕 Robinson v. Commonwealth, 212 Va. 136, 183 S. E. 2d 179 (1971).

吸管将体液的液状样品吸进洁净的容器中，封缄并标注，然后放入冰箱冷藏室保存。[1] 由于这类证据的性状易于发生改变或受到污染，且不容易被识别，需要建立证据保管链对其性状加以记录。一旦证据保管链发生断裂，也就意味着断裂期间的证据保管情况处于未知状态，无法确定证据仍然具有与案发现场提取时的同一性和相关性。

（三）证据保管链制度的基本要求

证据保管链制度的基本要求主要包括两个方面，即对证据的记录要求和链条相关人员的出庭作证要求。

（1）对证据的记录要求。证据保管链的环节是"从获取证据时起至将证据提交法庭时止"[2]，具体包括证据的发现和提取、证据的保管、证据的移送、证据的鉴定、证据的开示等多个环节。证据在任何一个环节出现毁损、丢失、被伪造或被污染等情况，都会影响到证据的同一性和真实性认定。每一个环节都应当确定专人对证据进行规范管理，并形成无缝对接的、依时间顺序的完整记录体系。侦查人员在犯罪现场发现证据并确定与犯罪活动的关联性后，应当先查验证据的性状在案件事实发生之后是否发生过改变（如血液变干涸），需对可能影响证据性状的现场环境、天气因素或人为因素加以记载，之后再记录证据的现场位置、种类、数量、性状、提取时间、提取人员、提取方式、现场保全措施等基本信息。证据保管链建立之后，证据从离开犯罪现场运输至

---

〔1〕 陈晓铭主编：《证据保全理论与实务》，中国检察出版社 2005 年版，第 162～163 页。

〔2〕 Bryan A. Garner（ed.），*Black's Law Dictionary*，9th ed.，Minnesota：West，a Thomson Business，2009，p. 260.

侦查机关保管，再从保管之处转移到实验室鉴定，鉴定结束再送回至侦查机关证据保管处，再随着诉讼流程向下一机关移转、保管、使用。期间，证据的流向可能随着诉讼活动的开展出现倒流、反复，证据保管链整个过程必须形成不间断地严密记录体系，尤其需重视证据的交接记录，对交接双方人员及机构、交接时间、证据流向、交接时证据的基本形态等信息予以记载，防范证据保管链的中断。如果侦控机关对证据保管链的断裂无法作出合理解释，则证据的来源和真实状态就会面临质疑，那么，法官将不能采纳该证据作为定案根据。

（2）链条相关人员的出庭作证要求。"保管链中所有参与证据的收集、运输、保管等工作的人员，除非符合法定的例外条件，都必须出席法庭并接受控辩双方的交叉询问。"[1]证据保管链记录是证据从获取到提交法庭期间的经手人员对证据管理状况所作的书面记录。该记录由于是证据保管链条相关人员庭外的一种陈述，应当归属为传闻证据。而且，链条的相关人员一般为侦控机关工作人员，基于追诉犯罪的目的，与犯罪嫌疑人、被告人处于天然的对立面，因此对控方证据所作的记录不如政府工作人员对日常事务所作的公共记录更加可靠，不适用传闻证据的例外规则。这就需要链条所有相关人员出庭作证并接受对方的质证，才可以辨明证据保管链记录的真伪。但考虑到所有证据经手人员都出庭作证会严重影响到庭审效率，可以只要求辩护方对证据保管链存有

---

〔1〕 陈永生："证据保管链制度研究"，载《法学研究》2014 年第 5 期。

异议或事实认定者存在疑问的那个环节相关人员出庭作证。[1]这样，通过辩护方的质证和法官的询问，可以查明证据是否存在毁损、伪造、替换、污染等影响证据同一性和真实性的情况。比如对于血液样本的存放条件存在异议，可以要求样本保管人员出庭说明血液样本是否得到妥善保管，否则受到污染的样本会直接影响到实验室所作鉴定意见的准确性。而对于不存在质疑的记录，事实认定者可以对此产生确信，无需链条相关人员再出席法庭。

二、证据保管链制度在我国的缺位

（一）我国立法尚未建立系统的证据保管链制度

我国《刑事诉讼法》并没有对证据保管链制度作出系统的规定。虽然最高人民法院《刑事诉讼法解释》第 73 条[2]涉及证据保管链的些许内容，但仅规定了控方对物证或书证的来源、收集程序负有证明责任，并没有要求控方对涉及物证、书证的证据保管链的整个过程予以证明。勘验、检查、搜查、提取、扣押实物证据过程中制作的笔录和清单所记录的都是证据的收集、提取情况，没有包含证据的移送、保管等内容，更没有从物证、书证提取到当庭开示形成完整而连

---

〔1〕　陈永生："证据保管链制度研究"，载《法学研究》2014 年第 5 期。
〔2〕　本书此处的《刑事诉讼法解释》是《最高人民法院关于适用〈中华人民共和国刑事诉讼法〉的解释》的简称，下文同。《刑事诉讼法解释》第 73 条规定："在勘验、检查、搜查过程中提取、扣押的物证、书证，未附笔录或者清单，不能证明物证、书证来源的，不得作为定案的根据……对物证、书证的来源、收集程序有疑问，不能作出合理解释的，该物证、书证不得作为定案的根据。"

贯的过程记录。再如该法第 92 条、第 94 条[1]对视听资料的规定亦同，也仅要求控方对视听资料的制作、收集情况进行证明，没有涉及视听资料后续的保管、移送、使用等其他保管链条，未要求提交所有接触和经手视听资料的完整记录。法官审查视听资料的真实性时，立法只规定审查视听资料的制作过程有无任何剪辑、伪造、变造、删改等情形，忽视了对视听资料保管、移送、使用等环节的审查。然而视听资料在保管过程中也会遭受剪辑或删改，在移交过程中也可能被替换，同样会影响到对视听资料的同一性和真实性之认定。

在证据提交给法官之前的任何环节中，都有可能发生证据的毁损、替换或改变，证据的来源和收集情况只是证据保管链的起点问题。虽然《刑事诉讼法解释》第 69 条[2]规定了法官对物证、书证性状的审查义务，但法官如何审查物证、书证有没有受损或发生改变呢？实践中法官往往习惯于选择安排被告人对物证、书证进行辨认，以确认该物证、书证的同一性和真实性，而对物证、书证的保管链并不进行实质审查。如果被告人认同物证、书证的同一性和真实性，法官就会直接认定控方所开示的证据就是案发时所收集的证据；如果被告人对物证、书证的同一性和真实性提出质疑，法官一

---

　　〔1〕《刑事诉讼法解释》第 92 条规定："对视听资料应当着重审查以下内容：（一）是否附有提取过程的说明，来源是否合法；……（四）是否写明制作人、持有人的身份，制作的时间、地点、条件和方法；（五）内容和制作过程是否真实，有无剪辑、增加、删改等情形……"第 94 条规定："视听资料、电子数据具有下列情形之一的，不得作为定案的根据：……（二）制作、取得的时间、地点、方式等有疑问，不能提供必要证明或者作出合理解释的。"

　　〔2〕《刑事诉讼法解释》第 69 条规定："对物证、书证应当着重审查以下内容：……（三）物证、书证在收集、保管及鉴定过程中是否受损或者改变，……"

般会通过各种笔录类证据的印证进行审查。然而如前文所述，控方所提交的笔录或清单仅仅显示了物证、书证的来源和收集、提取情况，缺乏对实物证据的保管、移送、开示等环节的记录，这样据此作出的判断很容易出现事实偏差。视听资料、电子数据也同样存在这样的问题，缺乏各环节的监管链条记录，致使法官不易发现证据接触人员的不端行为。[1] 因此，建立证据保管链制度，要求控方向法庭提交证据保管链的完整记录，法官可以据此审查记录体系是否完整和记录内容是否真实，从而准确判断出实物证据的同一性和真实性。

总之，我国立法的某些规定虽然体现了证据保管链制度的些许内容，但并不能说明我国已建立了证据保管链制度。目前，我国除了证据收集之外，其他环节尚未要求制作严密的、连贯的记录体系，遑论要求接触证据的人员出庭作证。因此，与证据保管链制度的基本要求相比还存在很大差距，对证据管理活动的规制明显不足。

（二）实践部门对证据保管链信息缺乏重视

立法的缺位导致公检法机关对证据保管链信息缺乏重视。实践中，有些侦控人员为了追求胜诉或因收受当事人的贿赂等缘由而蓄意毁损、伪造、替换、隐匿证据，或者因疏于管理而使证据灭失、被污染等。各种影响证据完整性和真实性的管理失范情况不断发生，却缺失证据保管链信息，导致无法予以查询，最终影响到案件事实的准确查明和认定。第一种欠缺证据保管链信息的情况是基于侦控人员的主观故意。

----

〔1〕 史炜："电子证据在刑事诉讼中的运用——以微信为例"，载《山西省政法管理干部学院学报》2017 年第 2 期。

比如念斌案的警察为了掩盖鱿鱼里没有氟乙酸盐毒物的事实，隐匿了现场遗留食物的照片，且没有在现场勘验笔录中对吃剩下的鱿鱼等食物作任何记载。其实，警方并没有从死者的"胃内容"检验出氟乙酸盐，却用来历不明的含氟乙酸盐物品，伪造了两张质谱图，一张标明为死者的呕吐物，一张标明为死者的心血。[1] 该含氟乙酸盐的物品欠缺物证来源记录，无法说明其与案件事实的相关性，显然不能作为定案根据，却被司法机关忽视，最终导致冤案发生。再如，云南杜培武案中，侦查人员虚构了车内现场"刹车踏板""油门踏板"上有足迹附着的泥土证据，并提取了杜培武身上的泥土，送交侦查机关技术部门进行同一性鉴定，但却没有在勘验、检查笔录中记载泥土来源于这两个踏板和对泥土的提取经过，证据保管链信息并不完整。[2] 第二种欠缺证据保管链信息的情况是由于侦控人员对证据管理存有主观过失。比如陈满案中的工作证、带血的白衬衣等重要物证在案件移交审查前已经遗失，作案工具无法认定。[3] 再如，笔者调研时了解到一起马某故意杀害案，现场勘查笔录被侦查人员丢失，无法说明作案工具的来源，且该案的证人证言内容前后不一，而原始证言笔录材料也在侦查机关发生丢失，无法判定证人前后证言的真实性。正是由于该案证据的丢失，证据保管链

〔1〕 参见张燕生："念斌案，令人震惊的真相"，载 http://blog.sina.com.cn/s/blog_52f113450102uxu8.html，最后访问时间：2017 年 12 月 14 日。
〔2〕 江国华主编：《错案追踪（2000 – 2003）》，中国政法大学出版社 2016 年版，第 64 ~ 65 页。
〔3〕 参见刘彦谷："陈满案庭审现场探访：检方辩方一致认为无罪"，载《华西都市报》2015 年 12 月 30 日。

信息发生了断裂。法院最终判定该案证据没有形成完整链条，事实不清、证据不足，对马某作出无罪判决。由于没有建立起严密的证据保管链体系，这种证据管理不善的状况，会随着办案人员的更换而更易出现证据丢失、毁损、污染等情况。比如，笔者调研时，一名 S 省的基层公安人员陈述："证据基本是由办案人员自己来管理，但办案人员的工作一旦变动，证据就很容易发生丢失、混淆等情况。在一起故意杀人的案件中，侦查人员到现场勘验提取了作案工具一把刀子，但后来侦查人员的工作变更了，随着犯罪嫌疑人被抓获归案，需要对该案移送审查起诉，但接手的侦查人员找不到案件的原作案刀具，只好找另一把刀具来替换。但庭审时辩护律师却对该刀具的型号提出了异议，认为不是案发时的作案工具，使得该证据最终被法院所排除。"

"证据的收集提取与法庭审理会有一个时间间隔，而经过这一间隔，实物证据的真实性可能会发生变化，实物证据的同一性可能会引起合理的怀疑。"[1] 从侦查人员在侦查阶段收集证据到法院开庭审理案件，往往会经过几个月甚至更长的时间间隔，不能理所当然地就认为法庭提交的证据就是当时案发现场所提取和收集的证据。在这个时间间隔里，证据被伪造、篡改、毁损等任何破坏证据同一性和真实性的情况都可能发生。如果公诉方忽视证据保管链信息的记录，无法说明证据的同一性和真实性，就会影响到该证据对案件事实的证明作用。

---

〔1〕 陈瑞华："实物证据的鉴真问题"，载《法学研究》2011 年第 5 期；另参见陈瑞华：《刑事证据法的理论问题》，法律出版社 2015 年版，第 215 页。

三、借助元数据建立证据保管链

证据保管链的建立，要求办案机关对证据进行完整而连贯的记录，且要求链条相关人员出庭作证。[1] 法官一般认为安排所有接触过实物证据的人员出庭作证的方式，会导致庭审效率低下，尤其是在案多人少的状况之下，这并不是一个优选的制度设计，会给控辩审各方都带来庭审负担。因此，很多国家一般仅要求存有争议环节的链接者出庭作证。即便如此，在实际奉行书面审理和间接审理原则的情况下，要求所有证据保管链相关人员以出庭作证的方式证明证据保管链的情况，存在较大难度。[2] 由于链接者主要是来自侦控机关的办案人员，受长期官本位思想的影响，内心对出庭接受控辩双方的质询和盘问非常抵触，再加上存在大量待办案件的压力，一般也不愿出庭浪费时间。面对此种情况，实践中通常的做法是控诉方通过宣读侦查人员庭前所做的勘验、检查、搜查等各种笔录类证据的方式，来完成对证据同一性的证明。可这些笔录类证据只是涉及实物证据的来源和收集情况，无法证明证据保管链的后续环节，因此使用笔录类证据会导致证据保管链的中断，无法完全证明实物证据的同一性和真实性。再者，对于实物证据能否作为涉诉案件的定案依据，法官一般拥有较大的自由裁量权。当控辩双方对证据保管链发生争议时，基于我国目前存在实物证据接触主体很难出庭和笔录类证据难以对证据保管链起到充分的证明作用这两种障

〔1〕 陈永生："证据保管链制度研究"，载《法学研究》2014 年第 5 期。
〔2〕 陈瑞华：《刑事证据法的理论问题》，法律出版社 2015 年版，第 213 页。

碍，"法官不论是予以采纳还是将其排除，都缺乏一个令人信服的标准"。[1]

笔者认为，借助元数据建立证据保管链，不仅可以确保链条的完整连贯性，而且可以缓解证据接触人员出庭作证难的问题。相比那些主要来自侦控机关的证据接触主体所陈述的内容而言，元数据更具有客观性，能够反映出证据保管链的原始状况。

《美国联邦证据规则》第 901 条[2]规定了证据验真的方法。据此，计算机记录、录像等用以证明证据收集、保管、移送、使用等过程的证据，都可以用来对该证据进行验真。目前，我国赃证物管理系统（或者涉案财物管理系统）和电子卷宗管理系统是分离的，而且大部分的赃证物管理系统（或者涉案财物管理系统）和电子卷宗管理系统都由公检法机关根据本机关的业务活动需要自行设立和运行使用，既没有实现公检法机关之间的共享，也没有体现出证据管理的历时性，因此，国内系统无法完全对证据的全程动态管理情况进行跟踪审查。[3] 在我国刑事诉讼的司法实践中，实际上是由刑事诉讼各阶段的负责机关对证据进行管理，再由该机关根据需要向下一阶段的负责机关移送证据。以一般的刑事案件为例，公安机关在侦查过程中收集并管理各种涉案证据，

---

〔1〕　陈瑞华：《刑事证据法的理论问题》，法律出版社 2015 年版，第 223 页。

〔2〕　《美国联邦证据规则》第 901 条规定："描述用于产生某种结果的过程或者系统，并表明该过程或者系统产生了准确的结果的证据，足以用来对在审判时提出的结果进行验真。"王进喜：《美国〈联邦证据规则〉（2011 年重塑版）条解》，中国法制出版社 2012 年版，第 314 页。

〔3〕　我国实践中的赃证物管理系统只记录了证据在保管室里被保管的情况及出入保管室的交接情况，系统中并不包含保管室之外的证据保管状况。

并于侦查终结之时向检察机关移送案卷材料和涉案证据；检察机关则是根据公安机关移送的案卷材料和涉案证据审查起诉，对于符合提起公诉条件的案件，再向法院移送案卷材料和涉案证据；法院则是组织控辩双方在庭前开示证据，并在庭审中依据涉案证据进行裁判。在整个刑事诉讼过程中，各阶段负责机关对于证据的管理各行其是，赃证物管理系统（或者涉案财物管理系统）上的证据信息也是各自独立的，相互之间并无直接的联系，使得各机关的证据管理信息成为信息孤岛。那么，如何判断提交法庭的证据就是公安机关在侦查活动中所收集的证据呢？对此，往往除了公安机关根据自己的证据管理记录出具证明之外，没有其他更有效的办法进行审查和监督。但在这种证据管理体系严重脱节的情况下，由于各种原因所导致的证据管理失范现象时有发生，严重影响司法公正，甚至直接造成冤假错案的发生。面对此种情况，笔者建议将赃证物管理系统（或者涉案财物管理系统）作为电子卷宗管理系统的子系统，且实现电子卷宗管理系统在公检法机关之间的一并共享。各证据接触者将证据信息上传至电子卷宗管理系统后，就可以将该证据的相关信息和连续运行状态真实地记录下来，以此获取刑事诉讼中不同主体接触、使用证据的痕迹，这就是所形成的证据保管链电子记录，能够证明或审查最终提交法庭的证据与侦查机关收集的证据是否具有同一性。而刑事卷证的电子化管理活动内容，又会同时在电子卷宗管理系统中留下元数据记录，这就为满足证据保管链制度的基本要求提供了条件。

那么，如何借助元数据来建立证据保管链并满足该制度的基本要求呢？

首先，证据保管链制度要求建立完整而连贯的记录体系。[1]

当侦查人员在犯罪现场发现证据并确定与犯罪活动的关联性后，应当查验证据的性状在被发现之前是否发生过改变（如血液变干涸），之后对证据的性状、现场位置、提取时间、提取人员、现场保全措施加以电子记录，[2] 并对证据进行封装和粘贴电子标签标记。每张电子标签配置一个独一无二的标识符，以便日后鉴别之用。该标识符就属于被标识证据材料在系统中所对应电子信息的元数据元素名。加贴电子标签后，该证据就具有了唯一的、不可替换的身份，可以在电子卷宗系统中建立一个记录证据动态活动的电子日志。通过扫描电子标签的标识码，就可以查验到该证据的基本信息和提取情况。整个证据提取过程，也可以进行同步录音录像，这样有利于将电子记录元数据与录音录像的元数据进行比对。

在证据移转过程中，需对证据的运输工具、运输人员、运输时间、运输方式、运输工作是否对证据产生影响及产生哪些影响等内容在系统中记载描述。其中，通过查看证据的开始运输时间和到达证据保管室或者鉴定机关的时间，可以据此元数据信息判断出证据是否得到及时运输。有些证据的存放需要特定的环境和温度，如果没有被及时运输，很有可能在路途中发生污染。

在证据保管过程中，需对证据保管人员、存放位置、存

---

〔1〕　陈永生："证据保管链制度研究"，载《法学研究》2014 年第 5 期。

〔2〕　有条件的办案机关，可以使用专用手机的移动警务侦查系统 APP 对证据的提取、封装、运输等情况加以记载。没有使用手机办案系统 APP 的机关，可以由办案人员先在现场做好纸质记录，回到办案机关后再将证据的提取、封装、运输等情况录入到电脑办案系统中。

放条件、存放方式及证据保管中的性状情况等内容进行电子记录。如前文所述,证据的保管非常重要,如果不妥善保管,就可能造成证据变质、被污染,甚至丢失的情况,从而影响到事实的认定。比如现场遗留手印因保管不当而导致纹线特征模糊不清,造成该手印无法与犯罪嫌疑人的手印进行同一性认定,最终无法证明犯罪嫌疑人到过案发现场。公检法机关可以将证据交由专人在专门的证据保管室根据证据的属性和特点而分类保管。根据笔者在 B 市的调研情况,并不是每家公检法机关都设置了证据保管室,而且设有证据保管室的各家保管条件也是参差不齐。随着信息化技术的发展,可以利用物联网无线射频技术管理证物,不仅实时监控证据的状况,还可以对证物出入进行自动识别,形成完整的管理链条。如需借调证据,需记录借出的事由、借出时间,提醒归还时间、证据借调人员的姓名、机构等信息,并生成借调物品清单。证据归还时,案件管理监督员、借调人、证据保管员三方核对归还物品与借出物品是否相符,有无损坏、缺失等情况后,须在借调物品清单上填写归还日期,三方人员签字,并加盖证物室公章。每一次交接证据时,都需扫描电子标签,自动生成证据出入库时间,上传证据的交接图像,并形成该证据交接情况的电子记录。如需移交证据,移交和接收人员都需要通过扫描电子标签,在各自单位系统中对证据交接时间、交接人员、交接时的证据性状和数量等内容加以电子记录。这种无缝对接的记录制度意味着,一旦保管证据的人员对证据进行了毁损或伪造,那么,在其将证据移交给下一位保管人员时,运用元数据信息对比,就会发现下一位保管人员对证据基本情况的记录与上一位保管人员的记录不一致,从而追查出证据到底是在哪个环节、哪个部门工作人员保管时发生了变化。

对于需要鉴定的证据，实验室在接收之前，应当扫描电子标签，核对送检证据的外观性状和包装状况是否与电子记录一致，如有毁损、污染、变质等情况发生，需由送检人写明原因。[1] 实验室接收人员应当在系统中对该送检证据接收时的性状特征、包装方式、接收机构和人员、接收时间、送检目的与要求及实验室存放位置、环境等基本情况予以记录。实验室人员在进行鉴定之前，也应当注意送检证据的妥善保管，否则被污染的检材会影响到鉴定意见的准确性。在鉴定过程中，也需尽量选择对检材没有损害或损害较小的鉴定方式。鉴定人员在鉴定之后，需要把鉴定人员、鉴定方式、鉴定时间加以电子记录，并上传鉴定意见书。

在从证据获取到提交法庭的证据保管链建立过程中，根据案情调查需要和诉讼活动的发展进程，证据可能从证据保管室到鉴定实验室经历多次往返检测，抑或证据由于案件退回补充侦查等原因在侦控机关之间发生多次移交，但对每一次的证据流动，都应当形成无缝对接的证据记录。办案系统的元数据可以描述该证据记录的形成背景、内容及其管理过程。无论电子卷证发生什么变化，元数据都会忠实地记录下来，实时反映刑事卷证的动态变化状况。此外，通过查看系统日志记录的时间信息，就可以知晓刑事卷证电子化管理活动中所形成的证据保管链是否完整而连贯。

---

[1] 陈晓铭主编：《证据保全理论与实务》，中国检察出版社 2005 年版，第 336 页。

　　其次，借助元数据对证据保管链信息进行有效监督和管理。

　　"证据保管链记录文件的常态化使用是保障链条不发生断裂的最可靠方法。"[1] 相比传统的证据保管链书面记录，若采用证据保管链的电子记录，就可以借助系统中的元数据对证据保管链信息加以有效监督和管理。如果侦控机关已经对证据进行了严密而连贯的记录，且有元数据对证据保管链内容的真实性加以证明，就无需证据保管链中每个环节的链接者出庭对证据信息的真实性予以说明。证据保管链记录主要是由侦控机关单方独立制作而成，其制作过程通常缺少辩护律师或法院的监督，而侦控机关基于追求胜诉的目的，存在篡改或删除记录的可能性。那如何知晓证据保管链记录的内容是真实、完整的呢？由于元数据是电子文件管理不可或缺的重要工具，可以记录证据保管链电子文件在生成、保存、流转、使用中的全程状况，并可以据此判断证据保管链链条是否存在断裂之处，因此，元数据可以成为有序组织和管理证据保管链的电子信息，起到保障证据保管链记录真实、完整的作用。比如，借助电子标签的标识码，能够准确地识别、定位和快速查找该对应证物的基本信息、存放位置、使用人和证物状态，并可追溯其出入库记录，对证物历史调取和归还等过程进行查验；又如，通过某条记录的创建时间，可以判断出该证据信息是案发时录入还是事后补录，是证据的原始记录还是修改记录；再如，办案人员在每一次交接证据时，就会在赃证物管理系统中自动留下出入库的交接时间。该交

────────────

〔1〕　Paul Giannelli，"Forensic Science：Chain of Custody"，*Criminal Law Bulletin*，1996，Vol. 32，No. 5，p. 455.

接时间属于系统的元数据信息，利用此信息就可以判断所形成的证据保管链记录是否是"无缝对接"的。如果系统显示时间出现倒置或衔接不上，则可以判断证据保管链记录发生断裂。再根据此时段所形成的系统日志元数据记录，查看证据信息的变化，"追踪潜在的证据转移、证据污染以及证据遗失等情况"[1]。而该证据保管链断裂链条的链接者不能对此作出合理解释或说明的，所提出的庭审时所提交的证据就是案发现场所收集到的证据的主张或二者具有相同状态的主张就无法得到支持，证据的真实性及与案件的相关性就会受到质疑，从而应当对该证据予以排除。此外，对于办案人员隐匿证据且在系统中不做记录的情况，一般较难发现。比如某个犯罪嫌疑人时供时翻，侦查人员为了指控内容的一致性，隐匿了翻供的讯问笔录，这恰恰容易导致冤假错案的发生。对此情况，可以通过看守所管理信息系统记录的讯问时间、次数与讯问笔录制作时间进行比对，从而发现缺失的讯问笔录。侦查人员隐匿证据的行为，不仅妨害了被告人辩护权的行使，也影响到法官对案件事实的审查与认定。

第二节　弹劾言词证据的可信性

一、弹劾证据规则的概述

（一）弹劾证据的概念

根据证据所起作用的不同，可以将证据划分为实质证据

---

〔1〕〔美〕W. 杰瑞·奇泽姆、布伦特·E. 特维编著：《犯罪重建》，刘静坤译，中国人民公安大学出版社 2010 年版，第 191 页。

和弹劾证据。[1] 其中，实质证据是直接证明案件事实的证据；而弹劾证据的作用不同于实质证据，主要用于质疑言词证据的可信性，影响的是言词证据的证明力，不涉及证据可采性问题。"弹劾（Impeachment）"一词在《元照英美法词典》中被解释为：①"解除达不到任职条件的官员公职的一种法律程序"；②"提出质疑"[2]。弹劾证据规则发端于英美法系，依托于对抗制的诉讼制度发展而来。由此，该规则中的"弹劾"具有对抗性的因素，词义采用第二种含义"提出质疑"[3]。具体而言，弹劾就是在庭审中质疑证人证言可信性的行为。而证人的概念又有广义和狭义之分。一般，大陆法系国家采用狭义范畴，将"证人"界定为"根据自己的经历向法院叙述自己所知道的事实"[4] 的人，是独立于当事人、鉴定人之外的诉讼第三者；英美法系国家则采用证人的广义范畴。"广义证人通常是指经过宣誓之后在庭审过程中对案件有关事实作证的人"，"既包括通常意义的证人，也包

---

〔1〕 黄维智、邹德光："刑事诉讼弃证问题实证研究"，载《社会科学研究》2015 年第 4 期。

〔2〕 薛波主编：《元照英美法词典》，北京大学出版社 2013 年版，第 664 ~ 665 页。

〔3〕《布莱克法律词典》也将"impeachment"解释为多种含义：①"立法机关通过对官员的违法失职行为提出书面指控的方式，要求免除该官员公职的行为"；②"质疑证人的行为，如通过揭示证人说谎或证人曾经被判有罪来质疑其可信性"；③"质疑证据准确性或真实性的行为。"其中，第二种词义与此处《元照英美法词典》的第二种含义大致相同。Bryan A. Garner（ed.），*Black's Law Dictionary*, 8th ed., West, a Thomson Business, 2004, p. 2197.

〔4〕 ［日］田口守一：《刑事诉讼法》，张凌、于秀峰译，中国政法大学出版社 2010 年版，第 277 页。

括当事人和鉴定人"[1]。由于本部分论述的弹劾证据源自英美法系国家，所弹劾的证人适用广义范畴。

言词证据相比实物证据，主观性更强，虽能直接反映案件事实，但言词内容具有极大的不稳定性。证人可能会故意说谎，可能对观察或了解的事实感知不准确，可能在向司法机关作出陈述时对部分案件事实或情节已经记忆模糊，也可能记忆虽然尚还清晰但却向司法机关作出了错误表达。比如一起故意杀人案中，证人王某声称看见被告人往被害人杯中多次放了不明物体，之后的几天被害人身体出现不舒服症状直至死亡。但本案辩护人向法官举出证人王某上级主管人员及其王某同事的证言，证明王某曾向上级主管人员诬告过被告人，与被告人存在工作矛盾的事实，由此怀疑王某证言内容的真实度。"若没有对证据的弹劾，证人所说的东西就可能更不准确。"[2] 此处所弹劾的是言词证据的可信性。可信性是"使某些事情（如证人或证据）值得相信的特性"[3]。言词证据的可信性主要包括"诚实性、客观性和观察灵敏度"[4] 几个方面。一个人是可信的，就是说这个人值得信赖，具有说真话的品质。可见，弹劾言词证据的可信性十分必要。通过揭示证言可能存在的错误之处，可以为查明事实

---

〔1〕 王进喜：《刑事证人证言论》，中国人民公安大学出版社 2002 年版，第 1 页。

〔2〕 ［美］罗纳德·J. 艾伦、理查德·库恩斯、埃莉诺·斯威夫特：《证据法：文本、问题和判例》，张保生、王进喜、赵滢译，高等教育出版社 2006 年版，第 388 页。

〔3〕 Bryan A. Garner（ed.），*Black's Law Dictionary*，8th ed.，West，a Thomson Business，2004，p. 396.

〔4〕 张保生主编：《证据法学》，中国政法大学出版社 2014 年版，第 34 页。

真相提供重要的保障。

（二）弹劾言词证据可信性的方式

弹劾言词证据的可信性，主要是通过对证人交叉询问和提出外部证据两种方式来完成的。其中，前者属于内源性弹劾，即在交叉询问中通过提问——回答的方式来弹劾；而后者属于外源性弹劾，即提出证明案件事实之外的独立证据（如其他证人证言、其他物证、其他书证等）攻击证人的可信性。[1]

1. 交叉询问

交叉询问是"发现事实真相的'最伟大的法律引擎'"[2]。《布莱克法律词典》将其解释为："在审判或听审中，由与传唤证人出庭作证的一方相对立的一方，对该证人进行的询问。交叉询问的目的，是在事实认定者面前通过指出证人先前证词的矛盾或不可能性，对证人的怀疑，以及使证人陷入削弱其证词的承认等各种方式弹劾证人的信誉。允许交叉询问者提出诱导性问题，但传统上只限于直接询问所涵盖的事项以及可信性问题。"[3] 直接询问是当事人对己方传唤的证人进行询问。与直接询问所不同的是，交叉询问是由反对方当事人及其律师对该证人进行发问，旨在揭露该证

---

〔1〕 汪诸豪、樊传明、强卉："美国法中基于品性证据的证人弹劾"，载《证据理论与科学：第四届国际研讨会论文集》，中国政法大学出版社 2014 年版，第 348 页。

〔2〕 John H. Wigmore, "Evidence in Trials at Common Law", 1 *Tillers Review*, 18 at 608（Boston, 1983），转引自张保生主编：《证据法学》，中国政法大学出版社 2014 年版，第 379 页。

〔3〕 Bryan A. Garner（ed.），*Black's Law Dictionary*, 8th ed., Minnesota：West, a Thomson Business, 2004, p. 405.

言中的不真实或不准确成分，抵消其对案件事实认定的影响。反对方当事人在交叉询问阶段证明被询问证人或者其证言不可信的事实应当从该证人的回答内容中获得，也就是限制在交叉询问中弹劾证人的可信性，这属于"内源性弹劾"。

2. 提出外部证据

这种弹劾方式不是由交叉询问导出证据（证人回答中提供的证言）来攻击证人，而是针对被询问证人的可信性提出独立的证据质疑、反驳该证人证言，比如提交其他的物证、书证（如该名证人先前被判伪证罪的法院判决书或证人对先前作过的不一致陈述予以否认的询问笔录等），抑或提请另一个证人出庭弹劾第一个被询问证人的证言（如证明证人一贯喜欢撒谎）。如果禁止交叉询问者使用外部证据来弹劾证人，那么证人就可以对所弹劾的事实一律否认，也就无法判明该证人的可信度。但如果过度使用外部证据，又会在证人可信性问题上浪费大量时间和分散案件争议的核心问题，因此对外部证据的使用需要加以一定限制。①外部证据不得用来对"附属事项"[1] 进行弹劾。比如证人先前陈述在目睹案发时身穿白色裙子，但庭上却陈述自己那天身穿花色裙子。证人衣服的样式和颜色与本案的争议焦点是无关的，属于附属事项，外部证据的使用应受到规制。但附属事项的判断有时并不清晰，而且有的事实对证人可信性的调查有重要价值，

---

〔1〕"附属事项"是与案件争点完全无关的事项。参见［美］罗纳德·J.艾伦、理查德·库恩斯、埃莉诺·斯威夫特：《证据法：文本、问题和判例》，张保生、王进喜、赵滢译，高等教育出版社 2006 年版，第 429 页。

为了便于操作，应限定受附属事项规则约束的弹劾情形。[1]
②证人在交叉询问中否认或不完全承认弹劾事项，当事人才
可以使用外部证据证明这些事项。[2] 比如证明证人存有偏
见，先采用交叉询问弹劾，如果证人承认该弹劾事项，则不必
提出外部证据；反之，则可以提出其他证人、其他物证或书证
予以证明。③使用外部证据弹劾证人，应当遵循《美国联邦证
据规则》第 613 条（b）的规定。[3] 假设证明证人对抢劫者
特征的庭前描述与庭上陈述不一致，应当给证人解释的机会，
并且允许对方当事人与该证人就此不一致的内容进行探讨。
但如果当事人"在证人退庭并且不再出庭后，才意识到先前
不一致的陈述"[4]，不可能给予证人对该不一致内容任何说
明的机会，那么可以提出外部证据用以促进事实的查明。

（三）弹劾言词证据可信性的方法

1. 证明证人有不诚实的品格

"品格特性是一个人具有道德意味的（如诚实或不诚实）

---

〔1〕《麦考密克论证据》中限定了三种受附属事项规则约束的弹劾情形，
即"证明证人实施过未构成犯罪的不诚实行为，证明证人在庭审前做过不一致
的陈述，以及某种具体的相互矛盾。"［美］约翰·W. 斯特龙主编：《麦考密克
论证据》，汤维建等译，中国政法大学出版社 2004 年版，第 100 页。

〔2〕［美］约翰·W. 斯特龙主编：《麦考密克论证据》，汤维建等译，中
国政法大学出版社 2004 年版，第 79 页。

〔3〕《美国联邦证据规则》第 613 条规定："只有在为证人提供了对先前
不一致陈述予以解释或者予以否定的机会，并且为对方当事人提供了就此询问
该证人的机会的情况下，或者为正义所要求的情况下，证人先前不一致陈述的
外部证据才可采。"王进喜：《美国〈联邦证据规则〉（2011 年重塑版）条解》，
中国法制出版社 2012 年版，第 195 页。

〔4〕［美］罗纳德·J. 艾伦、理查德·库恩斯、埃莉诺·斯威夫特：《证
据法：文本、问题和判例》，张保生、王进喜、赵滢译，高等教育出版社 2006
年版，第 426 页。

品质或方面，因此，具有固有的偏见。"[1] 一般而言，品性证据在案件事实证明方面不可采。因为品性证据并不可靠，与案件事实之间的逻辑关系非常微弱。"一个一贯诚实的人，偶尔也有不诚实的情况发生；一个脾气暴虐的人，在许多场合下针对不利局面却做出了平和的反应。"[2] 但是品性证据排除规则的适用也存在例外情形。比如，品性证据会影响到证言的可信性，可以据此用来弹劾证人。《美国联邦证据规则》第 404 条规定："……（3）关于证人的品性的证据，可以根据规则 607、608 和 609 采纳。"[3] 规则第 607 条规定了弹劾证人的主体，而规则第 608 条和第 609 条规定了证人被弹劾的内容和方式。品性证据的使用只能被限定于攻击证人的诚实品性，不能扩展至其他的不良道德品性方面，其目的是为了突显证据的相关性，将争议焦点集中在证人可信性问题上。如果对证人被弹劾的内容不加以限制，必定会远离案件事实本身的处理，降低诉讼的效率。

2. 证明证人不具有作证能力

《美国联邦证据规则》第 601 条对证人作证能力做出了一般性的推定，即"每个人都有作为证人的能力，除非本证据规则另有规定"[4]。尽管该规则对证人的感官或精神上的缺陷没有作出限制性规定，没有排除这类证据的可采性，但

---

〔1〕　Ronald J. Allen, Richard B. Kuhns and Eleanor Swift, *Evidence：Text, Cases and Problems*, 3rd ed, Aspen Publishers, 2002, p. 269.

〔2〕　王进喜：《美国〈联邦证据规则〉（2011 年重塑版）条解》，中国法制出版社 2012 年版，第 80 页。

〔3〕　王进喜：《美国〈联邦证据规则〉（2011 年重塑版）条解》，中国法制出版社 2012 年版，第 79 页。

〔4〕　《美国联邦证据规则》第 601 条。

通常认为感官或精神上的缺陷会影响证人的可信性，会削弱证人证言的证明力。

证人作证的前提是对事物具有感知能力，感知到了案件事实的发生，感知的过程其实也就是对信息的输入过程，之后将信息在大脑内进行编码储存。感官缺陷会抑制证人对事实的精确感知能力。比如一个色盲证人对犯罪嫌疑人着装颜色的描述，可能会误导侦查活动的开展。通常，侦查人员询问证人时，证人需对之前一段时间发生的事情进行回忆。如果不具有良好的记忆能力或作证时记忆力已然严重衰退，就会影响到大脑对信息储存内容的准确性。此外，证人在向办案机关提供证言时，还需要将案件信息通过语言能力准确表达出来。如果证人被询问时处于醉酒状态，可能就会表达混乱，对事实的陈述存在一定的偏差。而人的精神状态是人的思想意识在特定时刻的临时定位，人的表达、思维、记忆能力也会受到精神状态的影响。[1] 如果证人具有某种精神疾病，对案件事实陈述的准确性就值得怀疑，对证人精神疾病的病情和治疗情况进行发问就是恰当的。因此，提问者可以以证人存在感官或精神上的缺陷为由，弹劾证人证言的可信性。

3. 证明证言与事实之间存在矛盾和冲突

该种方式是"提供使证人所说的某些事实陷入自相矛盾的证据"[2]，攻击证人的可信性。如果能够证实案件某事实

---

〔1〕〔日〕高木光太郎：《证言的心理学——相信记忆、怀疑记忆》，片成男译，中国政法大学出版社 2013 年版，第 56 页。

〔2〕〔美〕罗纳德·J. 艾伦、理查德·库恩斯、埃莉诺·斯威夫特：《证据法：文本、问题和判例》，张保生、王进喜、赵滢译，高等教育出版社 2006 年版，第 445 页。

与该证人的证言内容不一致，也就是说明证人在某一个问题上作过错误陈述，那么可以推断出该证人在其他问题上也有作出错误陈述的可能。假设证人甲出庭作证时提出，案发那天天气晴朗，他可以清楚地看到街头发生的案件事实，指认被告人就是作案者。但提问者查到那天的天气预报为"大雨"，质疑证人甲看见街头场景的清晰度，而且传唤证人乙对甲陈述的事实进行反驳，因为案发那天就是乙的生日，案发时间段正在下大雨，乙没有能够如约与朋友一起出门逛街、聚餐，由此推断证人甲在说谎。一般而言，只有涉及案件的重要事实，才可以提出外部证据弹劾证人。如果证言与案件无关紧要的事实（如证人在案发当天是否穿羊毛衫[1]）存在矛盾和冲突，则对外部证据的提出加以限制，否则会避免浪费庭审时间和混淆、分散案件争议焦点。

4. 证明证言前后存在自相矛盾

证人出庭作证时，提问者可以就证人先前与庭上证言不一致的陈述询问证人，以此弹劾证人的可信性。至于如何询问证人，《美国联邦证据规则》第 613 条[2]作出了明确规定。出于提高诉讼效率和集中争议焦点的考虑，通常情况下提出外部证据证明证言前后存在自相矛盾是不可采的，但也存在

---

〔1〕 ［美］约翰·W. 斯特龙主编：《麦考密克论证据》，汤维建等译，中国政法大学出版社 2004 年版，第 92 页。

〔2〕《美国联邦证据规则》第 613 条规定："当事人无需向证人出示该陈述或者向其披露该陈述的内容。但是根据请求，该当事人必须向对方当事人的律师出示该陈述或者披露该陈述的内容。"

例外之处[1]。

证人的先前陈述属于传闻证据，在案件事实证明方面不具有可采性，但可以利用证人的先前陈述来印证证人的庭上证言，如果发现二者内容存在不一致之处，则可以推断证人所作的陈述必有其一是虚假的或者是陈述不准确的，据此可以对证人陈述内容的真实性产生怀疑。换言之，通过证明证言前后存在自相矛盾来弹劾证人，并非要证明当庭陈述和先前陈述到底何为真实，何为虚假，而只是为了说明证人对案件事实存在不真实的或因记忆模糊而不准确的陈述行为。

至于证言前后的矛盾达到什么程度，才可以使证人的可信性受到质疑？《美国联邦证据规则》没有明确具体的标准。"根据广泛接受的观点，在证人的庭上证言和以前的陈述之间只要存在任何的实体性不一致就足够了。"[2] "如果以前的陈述是模棱两可的并且其中某个意思是与庭上证言不一致的，该证言应当交由陪审团来评议。"[3] 比如证人先前陈述并没有看清交通肇事的司机是男是女，只看清了车辆的型号、颜色和车牌号尾数，但庭上作证时却表明是一名男性司机撞了人，则可以由事实认定者对证言进行评议。对于证据的不一致程度，不宜限制过于严苛的条件，而是交由事实认定者

---

〔1〕《美国联邦证据规则》第 613 条规定："只有在为证人提供了对先前不一致陈述予以解释或者予以否定的机会，并且为对方当事人提供了就此询问该证人的机会的情况下，或者为正义所要求的情况下，证人先前不一致陈述的外部证据才可采。"

〔2〕［美］约翰·W. 斯特龙主编：《麦考密克论证据》，汤维建等译，中国政法大学出版社 2004 年版，第 69 页。

〔3〕［美］约翰·W. 斯特龙主编：《麦考密克论证据》，汤维建等译，中国政法大学出版社 2004 年版，第 69 页。

来评价，这样有利于事实认定者对庭上证言进行评判。

5. 证明证人对当事人存有偏见

偏见是对人或事物脱离客观立场所形成的偏于好的或坏的某种倾向的一种认知和态度。"证人对一方当事人的感情或者与案件结果存在利害关系会使其证言产生偏向性。"[1]当事人弹劾证人的可信性，主要通过证明该证人与对方当事人之间存在有偏见的关系、证人曾做过对对方当事人存有偏见的行为或具有对对方当事人产生偏见的动机等方法实现。[2]偏见产生的原因多种多样。比如，证人与当事人之间是亲属关系、恋人或情敌关系；又如，证人和当事人曾发生过矛盾，证人对当事人一直怀恨在心；再如，证人和当事人之间存在债权债务纠纷，当事人尚未偿还证人金钱的；甚或证人是警方的线人，急求立功而获得减刑，等等。

在美国很多州，对方当事人需要就偏见事实先在交叉询问中向证人询问。如果证人承认了偏见事实，法官可以行使自由裁量权直接评判，毕竟弹劾的是证人可信性，不是直接针对案件事实；如果证人对偏见事实全部否认或部分否认，则当事人可以提出外部证据（如传唤其他证人）予以证明，但事实认定者允许提出外部证据所证明的偏见事实不是可有可无的事实，而是对证人的可信性有较大的审查价值，进而影响到案件重要事实的判断。

---

〔1〕丛珊："论弹劾证据规则在我国刑事诉讼中的应用"，中国政法大学2016 年硕士学位论文。

〔2〕〔美〕约翰·W. 斯特龙主编：《麦考密克论证据》，汤维建等译，中国政法大学出版社 2004 年版，第 77 页。

（四）弹劾证据规则对我国落实庭审中心主义理念的意义

因我国法律对证据概念的界定尚不包括弹劾证据，我国诉讼实务中虽然在对证人质证方面对弹劾证据规则有一些实际运用，但并没有引起足够的重视，我国当前理论界对此规则也未展开广泛的研究。随着庭审中心主义理念的强调，证人接受庭审质证和审查，对于法官准确判断案件事实起到了至关重要的作用，研究和应用弹劾证据规则就具备了十分重要的现实意义。

1. 弹劾证据规则的应用有利于推进庭审实质化

"所谓刑事庭审实质化，是指应通过庭审的方式认定案件事实并在此基础上决定被告人的定罪量刑，其基本要求包括两个方面：一是审判应成为诉讼中心阶段，被告人的刑事责任应在审判阶段而不是在侦查、审查起诉或其他环节解决；另一个是庭审活动是决定被告人命运的关键环节，即'审判案件应当以庭审为中心。事实证据调查在法庭，定罪量刑辩护在法庭，裁判结果形成于法庭'[1]。"[2] 庭审实质化是当前庭审中心主义改革的关键所在。"以庭审为中心的本质要求是通过法庭审理发现疑点、理清事实、查明真相，因此必须力戒形式主义，保证庭审在查明事实、认定证据、保护诉权、公正裁判中发挥决定性作用。"[3] 长期以来，庭审被虚置化的现象严重，证人出庭率低，法官作出裁判不是依据当

---

〔1〕《最高人民法院关于建立健全防范刑事冤假错案工作机制的意见》，第 11 条。

〔2〕 汪海燕："论刑事庭审实质化"，载《中国社会科学》2015 年第 2 期。

〔3〕 沈德咏："论以审判为中心的诉讼制度改革"，载《中国法学》2015年第 3 期。

庭对证据的审查判断，而主要是依据公诉机关移送的卷宗，造成判决有罪倾向化，庭审未能发挥实质的作用。弹劾证据规则基于对抗式的诉讼模式所产生，是一种技术性的质证规则。在英美法系国家，双方当事人积极对抗，主导着证据的提出、质证，而法官处于中立地位消极裁判。当事人及其律师为了最大限度地实现己方权益，希望能够在质证时通过弹劾对方证人的可信性，获得事实认定者对己方的支持和认同。在弹劾证据规则不断发展的过程中，律师出于胜诉的心理，也在不断地提高交叉询问的技巧。"以言辞方式，通过法庭上的交叉询问展开对辩，展示的是对抗式庭审的要义，这也是人类刑事司法文明共通的规律。"[1] 尽管我国的诉讼模式与英美法系对抗制的诉讼模式并不完全相同，法官在庭审中依然起主导作用，但对抗制的因素随着我国司法改革的推进，日益增加。为了实现控辩平等对抗，我国当前正在积极推进律师有效辩护制度的实施，而如何交叉询问和弹劾证人的可信性是律师有效辩护不可忽视的一个方面，应当作为辩护律师培训的重点内容。当然，弹劾证据规则在我国的应用，必须有相关配套制度的保障才能真正地发挥作用。比如继续强化证人、鉴定人出庭作证制度的实施，促进庭审的实质化。这是弹劾证据规则得以有效运行的前提基础和必要保障。

2. 弹劾证据规则的应用有助于查明事实真相

弹劾证据规则不仅给控辩双方提供了实质对抗的机会，还可以通过对言词证据可信性的质疑，最大程度上暴露出言词证据中可能存在的虚假或错误风险，更有助于事实认定者

---

〔1〕　胡铭："对抗式诉讼与刑事庭审实质化"，载《法学》2016 年第 8 期。

对证人证言内容的真实性和准确性进行判断，从而为查明事实真相提供一定的程序保障。由于证人证言受到多种因素的影响，失真的可能性较大，对其进行质证的最有效手段就是交叉询问。交叉询问是"发现事实真相的'最伟大的法律引擎'"[1]。通过对方当事人从证人的感知、记忆、表达等作证能力、证人的品性、证人的前后陈述、证人与当事人及案件的利害关系等方面对证人的发问，揭露出证言扭曲或失真的信息，可以保证事实认定者所采纳的证人证言更准确。

弹劾证据规则的引入和应用，有助于提高案件的审理质量。但由于弹劾证据规则涉及的是证人的可信性，而证人的可信性并非案件的争议焦点，如不对弹劾证据的应用加以规制，就会带来一定的风险。[2] 因此，在使用弹劾证据的同时，又需要设定条件对其加以规制，从而将风险控制在最小的范围内，达到发现事实真相与其他价值考量的利益平衡。

长期以来，我国司法实践中证人的出庭率低，法官对书面证言或者直接采纳，或者与其他证据形成印证而采纳，在一定程度上忽视了对证人证言证明力的审查判断。我国当前所推行的庭审中心主义理念和改革，有利于落实直接言词原则，促进庭审实质化和对抗性，可以为弹劾证据规则的应用提供制度保证和必要条件。设计公正的程序能够保障裁判结

---

〔1〕 John H. Wigmore, "Evidence in Trials at Common Law", 1 *Tillers Review*, 18 at 608 (Boston, 1983), 转引自张保生主编：《证据法学》, 中国政法大学出版社 2014 年版, 第 379 页。

〔2〕 此处的风险主要有诉讼效率的拖延、案件争议焦点的偏离以及事实认定者被误导等。参见丛珊："论弹劾证据规则在我国刑事诉讼中的应用"，中国政法大学 2016 年硕士学位论文。

果的准确性。弹劾证据规则是揭示证人是否存在虚假、错误陈述的"试金石",是避免错案发生的"防护栏"。

二、元数据在弹劾言词证据可信性中的运用

元数据可以作为外部证据,运用于弹劾言词证据的可信性。基于元数据的客观属性,用此攻击证人的不实陈述更具有说服力。下面笔者从辩方对控方出庭作证的证据保管链相关人员和侦查人员的弹劾角度,探讨如何在弹劾言词证据可信性中运用元数据。

(一)对控方出庭作证的证据保管链相关人员的弹劾

由于卷宗的生成具有单方封闭性,法官、辩护律师阅卷时看不到侦控机关证据管理的情况,无法确信侦控机关向辩护方和法庭所开示的证据就是案发时所收集的证据。因此,需要通过证据保管链的建立判明证据的同一性和真实性问题。证据保管链是证据从收集、保管、移送、鉴定到提交法庭期间的经手人员对证据管理状况所作的连续书面记录。这些证据保管链相关人员在掌控证据期间,不仅承担记录证据基本信息及发生变化情况的义务,还应当承担证据的安全保障职责。

前文所述,英美法系国家的证据保管链制度有两个基本要求,而要求之一就是"保管链中所有参与证据的收集、运输、保管等工作的人员,除非符合法定的例外条件,都必须出席法庭并接受控辩双方的交叉询问"[1] 之所以要求证据保管链整个链条的工作人员都出庭作证,是由于证据保管链

---

〔1〕　陈永生:"证据保管链制度研究",载《法学研究》2014 年第 5 期。

记录其实只是证据保管链条相关人员庭外的一种陈述，属于传闻证据，如果不经质证，无法判明记录内容是否完整、真实。加之，链条的相关人员一般为侦控机关工作人员，基于追诉犯罪的目的，与犯罪嫌疑人、被告人处于天然的对立面，因此记录内容可能并非完全客观、可靠。这就需要链条记录人员出庭作证并接受对方的质证，才可以辨明证据保管链记录的真伪。但考虑到所有证据经手人员都出庭作证会严重影响到庭审效率，可以只要求证据保管链有争议环节的证据保管人员出庭作证。[1] 该名链条记录人员出庭作证后，对所负责的证据保管情况予以说明，由辩护人针对所质疑的证据可能被污染、替换、损坏或者证据保管链发生断裂的情况进行询问。如果该名链条记录人员对辩方所质疑的事实予以承认，法官可以据此评判所涉及证据的证明力问题；如果该名链条记录人员对辩方所质疑的事实予以否认，则辩护人可以提出元数据（如辩护人出示了电子卷宗管理系统中证据保管人员删除过证据保管记录的系统日志），对链条记录人员的可信性进行弹劾，由该名链条记录人员对元数据记录反映的事实进行解释。如不能进行合理解释，该证据的来源及真实性就将面临质疑，辩护律师可以主张此证据无效。

例如，辩护律师发现某案卷宗中鉴定意见书所附检材 U 盘的外观照片与公诉人员庭审中出示的 U 盘外观并不一致。鉴定意见书所附照片中的 U 盘外表有磨损痕迹，而 U 盘实物的外观却是崭新的。辩护律师怀疑公诉机关庭审中出示的 U 盘不是侦查机关案发时所收集并送检鉴定的 U 盘，U 盘在移

---

〔1〕 陈永生："证据保管链制度研究"，载《法学研究》2014 年第 5 期。

送和保管过程中发生了丢失、替换情况。[1] 辩护律师可以向法院申请检察机关的U盘保管人员出庭说明情况。如果U盘保管人员否认证据曾发生过替换情况，且对U盘的新旧问题无法作出合理说明的，辩护律师可以向法院申请调取检察机关赃证物管理系统中对该物证U盘的记录情况，将U盘在赃证物管理系统中的创建时间与其他物证在系统中所记录的被移送到检察机关的时间进行比对，如果二者时间不一致，则可以用此元数据对比信息对证据保管人员的可信性进行弹劾，由该名证据保管人员对不一致的证据记录时间进行解释。

当然该设想的实施更为便捷的是将赃证物管理系统（或者涉案财物管理系统）作为电子卷宗管理系统的子系统，且实现电子卷宗管理系统在公检法机关之间的共享。这样有利于在电子卷宗管理系统中建立起无缝对接的证据记录。由于元数据可以描述该证据记录在电子卷宗管理系统中的形成背景、内容及其管理过程。无论刑事卷证发生什么变化，元数据都会忠实地记录下来，实时反映刑事卷证的动态变化状况。因此，当证据保管链相关人员实施证据管理失范行为时，并对辩护方的质疑予以否认，辩护方就可以利用元数据反映的客观信息弹劾证据保管链相关人员情况说明的可信性。

（二）对出庭作证侦查人员的弹劾

侦查人员出庭作证有三种情况："一是就犯罪事实本身充当目击证人，对犯罪事实提供证言；二是就特定量刑情节

---

〔1〕"电子数据真假"，载 https://blog.csdn.net/xCnhYKoHj3eK/article/details/81323037，最后访问时间：2018年3月5日。

提供证言；三是就案件存在争议的程序性事实提供证言。"[1]
其中，第一种情况的侦查人员是以普通证人的身份作证，适
用普通证人的出庭作证规定；第二种和第三种情况的侦查人
员都是对侦查工作中的事实提供证言，而第三种的程序争议
事实主要涉及取证行为是否合法。当辩护方对取证合法性问
题存有争议时，可以申请启动非法证据排除程序。对于经法
院审查后决定启动非法证据排除程序的，由控方对取证合法
性问题承担证明责任。而控方证明的主要方式为提请侦查人
员出庭作证、出示讯问录音录像、提交入所体检表、提押证
等。其中，侦查人员出庭作证对取证程序所作出的"情况说
明"证明力非常有限。这是因为由侦查人员对自己办案活动
的合法性进行证明，就是一种自证清白的活动，侦查人员必
然会作出有利于己方的说明，一般出庭后都会对辩护方的质
疑予以否认。实践中，很多侦查人员甚至认为出庭只是为了
说明取证情况，"是一个单向度的行为"[2]，不接受辩护方
的质证。可是，"证据的取证合法性的证明若仍然固守侦查
人员出庭仅说明情况的举证方式，在'释明'的层面上去澄
清争点恐难达到理想的证明效果，法官也难以产生足够心
证"[3]。正如陈瑞华教授所说："这种由侦查人员单方面就
某一办案过程所做的书面说明，剥夺了被告人及其辩护人进

---

〔1〕 陈瑞华："论刑事诉讼中的过程证据"，载《法商研究》2015 年第
1 期。

〔2〕 董坤："侦查人员出庭说明情况问题研究"，载《法学》2017 年第
3 期。

〔3〕 董坤："侦查人员出庭说明情况问题研究"，载《法学》2017 年第
3 期。

行有效质证的机会，所发表的'质证意见'，也只能提出一些合理怀疑而已，而根本不足以对其证明力造成颠覆性的否定效果。"[1]

侦查人员出庭说明情况后，如果辩护方对该说明的某些内容存在疑虑，应有权直接向侦查人员质询。若侦查人员的回答，不仅没有澄清辩护方的疑虑，反而引起更大的疑点，则辩护人可以提出外部证据弹劾侦查人员的可信性。元数据作为客观证据，证明力较强，可以用来弹劾侦查人员不符合事实的说明内容。比如侦查人员并没有按要求在讯问活动开始时同步录音录像，而是先对犯罪嫌疑人作出一番威胁之后，确保犯罪嫌疑人会作出有罪供述，才打开录音录像设备对讯问活动进行录制。对此，辩护人可以向法院申请在计算机系统内查看讯问录音录像的录制开始时间元数据，并将其与讯问笔录的制作时间进行比对。如果录音录像录制开始时间晚于讯问笔录的制作时间，则由该名侦查人员予以解释。又如，对于某次存在非法取证的讯问活动，被告人说出这次被提审的时间，但侦查人员予以否认，且这次讯问活动没有按要求同步录音录像，则辩护方可以申请查看看守所管理信息系统中所显示的提审时间地点元数据记录，以证明这次讯问活动的存在。还有，对于讯问笔录时间倒签等一些取证不规范的情况，也可以借助元数据予以查明。辩护方的举证能力往往较弱，通过获取元数据的途径来弹劾侦查人员情况说明的可信性，可以提高辩护方的防御能力，增强庭审的实质对抗性，

---

[1]　陈瑞华："论刑事诉讼中的过程证据"，载《法商研究》2015年第1期。

从而避免冤假错案的发生。

第三节 排除非法证据

一、非法证据排除规则的概念和范围界定

（一）非法证据排除规则的概念

非法证据排除规则的概念界定，最为关键的是对"非法"和"非法证据"作何理解。

根据《牛津法律大辞典》，非法是"指与法律相抵触、没有确切含义和后果的笼统概念。它可能指确实违反法律或是指被禁止的、应受惩罚的或犯罪的行为，或者也可能仅仅指违反法律义务，或与公众政策相悖且无法强制执行的行为"[1]。但由于非法证据排除规则旨在限制国家权力滥用和保护公民权利不受侵犯，此处的"非法"意为违反宪法和法律保障公民权益不受侵犯有关的权限、方式和程序等规定。比如，违反了联合国颁布的《世界人权宣言》第5条[2]规定。如果侦查人员在提取证据时采用了给犯罪嫌疑人造成精神上痛苦、肉体上疼痛的酷刑手段，则为取证的非法方式。再如，违反了美国联邦宪法第四修正案[3]规定。如果侦查人员无证搜查和扣押，对犯罪嫌疑人的人身、财产和隐私造成

---

〔1〕 〔英〕戴维·M.沃克：《牛津法律大辞典》，李双元等译，法律出版社2003年版，第545页。

〔2〕 联合国颁布的《世界人权宣言》第5条规定："任何人不得加以酷刑，或施以残忍的、不人道的或侮辱性的待遇或刑罚。"

〔3〕 美国联邦宪法第四修正案规定："人民的人身、住宅、文件和财产不受无理搜查和扣押的权利，不得侵犯。"

了不合理的侵扰，则为取证的非法方式。

　　那么，又如何界定"非法证据"呢？《诉讼法大词典》解释为"不符合法定来源和形式的或者违反诉讼程序取得的证据资料"[1]。此含义属于广义说，既包括证据的内容、形式不符合法律规定，也包括证据的提取主体、手段和程序违反法律规定。而狭义的"非法证据"仅为后者范畴。《布莱克法律词典》对"非法证据"的解释为："侵犯被告人权利取得的证据，原因是警察没有逮捕证或可能的理由而执行逮捕，或者是令状有缺陷且不存在有效理由而进行无证扣押。"[2] 该词典所阐释的"非法证据"概念蕴含了保障人权的精神。根据我国《刑事诉讼法》第56条的规定，"非法证据"是采用刑讯逼供、暴力、威胁等非法方法或违反法定程序严重影响司法公正所收集的证据。[3] 我国从2012年《刑事诉讼法》开始也把保障人权作为基本任务纳入其中，这最大程度的说明非法证据排除规则须对侦查机关取证方式和活动予以严格管制，保障犯罪嫌疑人、被告人所应享有的基本人权。笔者此处研究的"非法证据"，采用狭义说，认为"非法证据"是侦查人员通过侵犯公民正当权益的非法手段或违反法定程序所获得的一系列证据。

---

　　〔1〕 柴发邦：《诉讼法大词典》，四川人民出版社1989年版，第505页。

　　〔2〕 Henry Campbell Black, *Black's Law Dictionary*, 5 Edition, West Publishing Co. 1979, p.314.

　　〔3〕 参见《刑事诉讼法》第56条第1款规定："采用刑讯逼供等非法方法收集的犯罪嫌疑人、被告人供述和采用暴力、威胁等非法方法收集的证人证言、被害人陈述，应当予以排除。收集物证、书证不符合法定程序，可能严重影响司法公正的，应当予以补正或者作出合理解释；不能补正或者作出合理解释的，对该证据应当予以排除。"

学者对非法证据排除规则的概念界定，大体相似。比如田口守一认为非法证据排除规则也叫非法收集证据排除规则，是对以非法方法收集的证据的证据能力予以否定的原则。[1] 陈光中、郭志媛认为："非法证据排除规则是指在刑事诉讼中，以非法方法取得的证据，依法不具有证据能力，不得被采纳作为认定案件事实的根据。"[2] 陈瑞华认为："'非法证据排除规则'所要规范的不是证据的证明力问题，而是证据能力问题……对于侦查人员以违反法律程序的方式所收集的证据，检察官一旦将其作为指控的依据提交给法庭，法院即将其排除于法庭之外，使其不得为法官、陪审员所接触，更不得转化为法院对被告人加以定罪的根据。"[3] 因此，非法证据排除规则所规制的证据原本可能具有相关性和证明力，但由于该证据所获取的手段或程序违法导致丧失了证据能力，不被法院所采纳作为被告人定罪的根据。

（二）非法证据排除规则的范围

从世界各国来看，非法证据的范围主要包括非法言词证据、非法实物证据和"毒树之果"。各国对待非法言词证据的态度大体一致，认为对犯罪嫌疑人、被告人采用酷刑的方式所获取的供述，是对被追诉者人权的严重侵犯，应当严格排除，但对非法实物证据和"毒树之果"是否排除的做法却

---

〔1〕 〔日〕田口守一：《刑事诉讼法》，张凌、于秀峰译，中国政法大学出版社 2010 年版，第 290 页。

〔2〕 陈光中、郭志媛："非法证据排除规则实施问题调研报告"，载陈光中主编：《非法证据排除规则实施问题研究》，北京大学出版社 2014 年版，第 3 页。

〔3〕 陈瑞华："非法证据排除规则的中国模式"，载《中国法学》2010 年第 6 期。

不尽相同。

在美国，非法证据排除规则适用于以下三类证据：①违反美国联邦宪法第四修正案禁止使用的那些通过非法搜查、扣押取得的实物证据，但在具有"善意的例外"情形时则不排除适用；[1] ②违反美国联邦宪法第五、六、十四修正案的规定所获取的被告人有罪供述；③"毒树之果"，即通过非法搜查、非法逮捕、非法讯问、非法辨认等宪法性侵权行为所获得的证据，又获取的其他派生证据。[2] "毒树之果"原则上应当被排除，但也存在"微弱联系的例外""独立来源的例外"和"不可避免的发现"三种例外情形。[3]

同为英美法系的英国，非法证据排除规则的适用范围却不同于美国。英国法庭对非法获取的被告人供述采用了较为严格的排除标准，但认为非法实物证据一般具有可采性，除非采用该实物证据会对被告人产生偏见或不公正的看法，且该实物证据的证明力不高，才可以行使自由裁量权排除该非

---

〔1〕 "善意的例外"是警察"善意地"认为法官签发的搜查令是合法的，且他的搜查行为也没有违反宪法，则该搜查所获取的证据仍然可以在法庭上使用。参见陈瑞华：《比较刑事诉讼法》，中国人民大学出版社2010年版，第112～115页。

〔2〕 陈瑞华：《比较刑事诉讼法》，中国人民大学出版社2010年版，第107页。

〔3〕 "微弱联系的例外"意指违反宪法的行为与某一证据之间的联系极其微弱，以至于违宪行为对该证据的"污染"基本消除，该证据虽为"毒树之果"，但可以被采纳为证据。"独立来源的例外"意指警察非法搜查发现了某一证据，但没有扣押该证据，事后通过合法方式获取了该证据。该证据是由于没有受到最初非法行为的污染而具有了可采性。"不可避免的发现"意指检控方能够证明警察即使采取合法手段，也最终能够发现该证据，则该证据具有可采性，常适用于非法取得的证据是武器或尸体的案件。参见陈瑞华：《比较刑事诉讼法》，中国人民大学出版社2010年版，第108～111页。

法实物证据。[1] 英国法院原则上也不排除"毒树之果",只是该派生证据由于非法言词证据的排除而难以证明其证据来源,致使其可采性难以获得法庭的认定。[2]

在德国,非法证据排除规则被称为"证据禁止制度",即"禁止特定的收集、取得、提出和使用证据方法的法律规范"[3]。证据禁止分为证据取得和证据使用两种禁止形态,但前者与证据能力并无关系,只是用来规制取证活动,而后者属于证据排除规则,又可分为"自主性证据使用禁止"和"非自主性证据使用禁止"两类。[4] 其中,"自主性证据使用禁止"类型的取证手段不违法,但根据德国联邦宪法法院和最高法院的司法判例,该证据的使用因将会侵犯公民的宪法性权利而须被法庭所排除;"非自主性证据使用禁止"是法官根据《德国刑事诉讼法》第136条 a[5]的规定,将非法讯问所获取的被告人供述排除法庭之外的类型。可见,德国仅对非法取得的被告人供述和使用将侵犯公民宪法性权利的

---

〔1〕 陈瑞华:《比较刑事诉讼法》,中国人民大学出版社2010年版,第37页。

〔2〕 陈瑞华:《比较刑事诉讼法》,中国人民大学出版社2010年版,第45～46页。

〔3〕 陈瑞华:《比较刑事诉讼法》,中国人民大学出版社2010年版,第181页。

〔4〕 陈瑞华:《比较刑事诉讼法》,中国人民大学出版社2010年版,第181～182页。

〔5〕《德国刑事诉讼法》第136条 a 规定:"(一)禁止使用虐待、疲劳战术、伤害身体、服用药物、折磨、欺诈或者催眠等方法损害被指控人意思决定和意思活动之自由。强制只能在刑事诉讼法允许的范围内使用。禁止以刑事诉讼法不准许的措施相威胁,禁止许诺法律未规定的利益。(二)禁止使用损害被指控人记忆力或理解力的措施。(三)不论被指控人同意与否,第一款和第二款的禁止规定一律适用。违反这些禁止获得的陈述,即使被指控人同意,亦不得使用。"参见《德国刑事诉讼法典》,宗玉琨译注,知识产权出版社2013年版,第125～128页。

合法取得证据予以排除，对非法实物证据和"毒树之果"并没有明文规定予以排除。

在日本，非法证据排除规则同美国相似，适用于三类证据：①通过非法搜查、扣押方式所收集的物品。《日本宪法》第35条赋予了公民住所不受搜查和扣押的权利，无视该条规定所收集的物品则因重大违法而不具有证据能力；②通过非法方法所获取的被告人自白。[1] 根据《日本刑事诉讼法》第319条第1款[2]的规定，"强迫、刑讯或胁迫"和"长期不当羁押"等非法方法所获取的被告人自白，之所以不具有证据能力，是因为这些方法侵犯了被告人自白的自愿性，采用该自白极易造成冤假错案；③"毒树之果"。根据非法证据而再次获取的派生证据，一般予以排除。但如果先前违法行为与后续侦查行为所获取的证据之间的关系不密切或派生证据是在独立的侦查活动中所取得，则该派生证据并不被排除。[3] 此外，日本非法证据排除规则的适用，也存在必然发现和善意两种例外情况。[4] 之所以规定这两种例外，是因为在这两种情况下，即使将证据排除也达不到抑制违法侦查的目的。

我国非法证据排除规则的范围，根据《刑事诉讼法》第

---

〔1〕《日本刑事诉讼法》第319条。

〔2〕《日本刑事诉讼法》第319条第1款规定："强制、刑讯或胁迫获得的自白、因长期不当羁押后作出的自白以及其他非自愿的自白，都不能作为证据。"

〔3〕［日］田口守一：《刑事诉讼法》，张凌、于秀峰译，中国政法大学出版社2010年版，第294~295页。

〔4〕必然发现的例外意指即使侦查人员不违法侦查，其他侦查人员通过合法侦查也会获取该证据，则该证据不被排除。善意的例外意指进行违法侦查的人员认为侦查程序合法，则该证据不被排除。参见［日］田口守一：《刑事诉讼法》，张凌、于秀峰译，中国政法大学出版社2010年版，第295页。

56 条的规定，[1] 适用于言词证据和实物证据这两类，不包含"毒树之果"。而这两类非法证据的适用，又分为三种排除规则：①我国非法言词证据如同其他国家一样，由于采用刑讯逼供、暴力、威胁、引诱、欺骗[2]或"冻、饿、晒、烤、疲劳审讯等"[3] 变相刑讯逼供方法严重侵犯公民的合法权益，对其应当适用强制排除规则。但我国非法言词证据的范围，比其他国家更加广泛，除了犯罪嫌疑人、被告人的供述之外，还包括非法获取的证人证言以及被害人陈述。无论是供述人还是陈述人，迫于压力都很难保持清醒、理智和自由意志，从而影响到其言词内容的真实性，既不利于对供述人或陈述人的人权保障，也不利于案件事实的准确查明。②我国立法将非法实物证据界定为不符合法定程序收集的物证、书证，对其采用自由裁量排除规则。[4] 一般而言，由于实物证据的客观性强于言词证据，如果证据都被排除，可能会因证据不足而放纵犯罪。为了能够查明案件真相，立法将是否排除非法实物证据的权力交由法官来自由裁量。法官基于非法手段的违法严重程度、损害的法益、该证据的采纳是否会造成严重不公正的后果、个案具体情况等多个层面，对是否排除非法实物证据进行综合考虑和权衡。此外，笔者认为我

---

〔1〕 参见我国《刑事诉讼法》第 56 条。

〔2〕 2012 年《刑事诉讼法》第 54 条（2018 年《刑事诉讼法》第 56 条）将原先 1996 年《刑事诉讼法》第 43 条的"引诱、欺骗"非法方法删除了，但 2017 年《关于办理刑事案件严格排除非法证据若干问题的规定》第 1 条，又增加了"引诱、欺骗"非法方法。

〔3〕 参见 2013 年最高人民法院印发的《关于建立健全防范刑事冤假错案工作机制的意见》第 8 条规定。

〔4〕 参见我国《刑事诉讼法》第 56 条。

国非法言词证据的范围既然广于其他国家，那么，非法实物证据的范围也不必像其他国家一样只局限于物证、书证。比如，侦查机关若违反法定程序收集视听资料、电子数据，严重影响到司法公正，这种情形对公民合法权益的影响，与物证、书证并无实质区别。因此，随着实践的发展，可以考虑扩展非法实物证据的范围。③我国对于违法情节不严重的"程序瑕疵"证据，实行可补正排除规则。"程序瑕疵"情形主要是指"在侦查行为的步骤、方式、地点、时间、签名等技术性手续方面存在着一些不符合法律程序的问题，而不存在违反基本法律原则的问题，也没有明显侵犯任何一方的利益，更没有造成诸如证据虚假、案件系属错案等严重的后果"[1]。由于调查取证行为只是存在"程序瑕疵"，没有造成侵犯公民合法权益的严重后果，如果也将其强制排除，会影响到侦控机关追诉犯罪的证据体系的建立，因此，对于这类情形，采用可补正排除规则。法官将根据公诉方的证据补正情况，行使自由裁量权而作出是否排除该证据的决定。对于有条件重新收集[2]的证据，侦控人员通过合法方式予以重新收集；对于无条件重新收集的证据，由公诉人员责令侦查人员作出合理解释或说明该程序瑕疵是否属于技术失误。[3]法官对于补正行为进行审查和判断，如果认为公诉方没有进

〔1〕　陈瑞华："非法证据排除规则的中国模式"，载《中国法学》2010年第6期；陈瑞华：《刑事证据法的理论问题》，法律出版社2015年版，第65页。
〔2〕　有条件重新收集的情形，主要指可以重新讯问被告人、重新询问被害人、证人或鉴定人以及重新进行勘验、检查、辨认、搜查、扣押等行为。
〔3〕　陈瑞华："非法证据排除规则的中国模式"，载《中国法学》2010年第6期；陈瑞华：《刑事证据法的理论问题》，法律出版社2015年版，第71~72页。

行有效补正,[1] 则最终作出排除该证据的决定。

二、非法证据排除规则的理论基础

非法证据排除规则源于美国，其理论基础主要存在以下几种观点:"宪法直接命令""司法正洁""吓阻理论"以及真相之发现。[2]

(一)"宪法直接命令"

该种观点认为非法证据排除规则的基础源于美国宪法修正案，主要有两种情况:一种是要求排除违反宪法第四修正案[3]所获取的实物证据。1914 年，Weeks v. United States 一案在美国联邦地区首创了非法证据排除规则。[4] 美国联邦最高法院法官认为，该案警察在未持有搜查证的情况下，搜查、扣押被告人家中的证据材料，违反了联邦宪法对被告人的权益保障，若在审判中采纳这些证据材料，则等于对违反宪法的行为予以认可。1961 年，Mapp v. Ohio 一案开始在各州法院系统适用非法证据排除规则。[5] 美国联邦最高法院认为，

---

〔1〕 此处的"没有进行有效补正"主要指第一种有条件重新收集证据的情形，无法再重新收集证据;第二种无条件重新收集证据的情形，侦控人员的解释和说明无法说服法官相信该程序瑕疵是无意造成或者法官发现侦查人员存在伪造证据的情况。

〔2〕 王兆鹏:《美国刑事诉讼法》，北京大学出版社 2014 年版，第 20 ~ 22 页。

〔3〕 美国宪法第四修正案规定:"人民的人身、住宅、文件和财产不受无理搜查和扣押的权利，不得侵犯。除了依照合理根据，以宣誓或者代誓宣言保证，并具体说明搜查地点和扣押的人或物，不得发出搜查和扣押令。"

〔4〕 232 U. S. 383, 393 (1914).

〔5〕 367 U. S. 643 (1961).

根据宪法第四修正案和第十四修正案[1]，联邦和州地区均应统一适用非法证据排除规则，限制政府权力滥用。但由于宪法修正案条文内容显示的是被告人的权利不受无理或非正当程序的侵犯，并没有明文要求在审判中排除非法程序取得的证据材料，Mapp v. Ohio 案件之后，美国联邦最高法院在其他案件中不再重申非法证据排除规则是宪法修正案的要求，而是提出排除非法证据是被告人权益被侵犯的救济方式;[2]一种是要求排除违反宪法第五修正案[3]和第六修正案[4]获取的言词证据。相比实物证据，非法方法收集的言词证据更加不可靠。在刑事侦查的过程中，办案人员为了尽早结案，对犯罪嫌疑人使用威胁、强迫性或疲劳性讯问方式而导致供述内容失真，影响到案件事实的认定。为此，"联邦最高法院命令联邦法院系统不得使用通过暴力、以暴力相威胁或者类似手段获取的陈述"[5]。但宪法第五、第六修正案的内容也同样没有明确要求排除非法讯问所获得的供述内容。因此，非法证据排除规则是犯罪嫌疑人、被告人宪法性权利受到侵犯的终极救济制度，不仅集中体现了惩罚犯罪和保障人权的融合与冲突，而且也折射出一个国家的司法文明程度，是广

---

〔1〕 美国宪法第十四修正案规定："……任何一州，……未经正当法律程序，不得剥夺任何人的生命、自由或财产……"

〔2〕 王兆鹏：《美国刑事诉讼法》，北京大学出版社 2014 年版，第 20～21 页。

〔3〕 美国宪法第五修正案规定："任何人……不得被强迫在任何刑事案件中作为反对自己的证人……"

〔4〕 美国宪法第六修正案规定："被告有权……取得律师帮助为其辩护。"

〔5〕 〔美〕弗洛伊德·菲尼："证据排除规则：美国的理论与实践"，薛向楠译，载陈光中主编：《非法证据排除规则实施问题研究》，北京大学出版社2014 年版，第 54 页。

为认可的刑事诉讼范畴内的基本规则。

（二）"司法正洁"

该种观点认为，"若法院于审判中使用警察非法取得的证据，等于法院为政府非法行为背书，也等于宽容恕宥政府侵犯人民宪法权利，甚至间接鼓励政府的非法行为"[1]。美国联邦最高法院大法官布兰戴斯（Brandeis）曾在"奥利姆斯泰德诉合众国"[2]。一案中提出："在一个法治的政府中，如果政府不能够谨慎地遵守法律，那么就会威胁到政府本身的存续。犯罪是有传染性的。如果政府成为一个违法者，那么这将播撒下藐视法律的种子；将会导致每个人都自行其是；将会导致无政府状态。"[3] 对于国家制定的法律，官员与民众应当共同尊重和遵守。如果官员都无视法律，那么也会导致那些守法的民众最终放弃法律，从而造成法律秩序的破坏和颓废。在人民心目中，司法机关是公平、正义的化身，是伸张正义的殿堂，是惩恶扬善的独角兽，是保护人民合法权益和解决纠纷的使者。而法院使用政府非法获取的证据认定案件事实，就会成为政府违反正当程序的帮凶，不仅损害了当事人的合法利益，还会引发社会公众对政府和法院的不满，继而对法律失去信心。无论被告人事实上是否实施过某一犯罪行为，法院所认定的案件事实都必须经过合理、合法的证

---

〔1〕 王兆鹏：《美国刑事诉讼法》，北京大学出版社 2014 年版，第 21 页。

〔2〕 Olmstead v. United States, 277 U. S. 438, 48 S. Ct. 564, 72 L. Ed. 944 (1928).

〔3〕 《美国联邦最高法院判例汇编》（第 277 册），1928 年版，第 485 页，转引自［美］约翰·W. 斯特龙主编：《麦考密克论证据》，汤维建译，中国政法大学出版社 2004 年版，第 318 页。

明。排除非法证据，有利于维护法律在民众心中的神圣地位，有利于提高司法的权威性，避免司法程序受到污染。但也有学者认为，排除证据可能因证据不足而无法对原本有罪的人追诉罪责，使得被害人和社会公众怀疑司法正义，从而造成了司法正洁的减损。[1]

（三）吓阻不法理论

侦查人员非法取证的最终目的是法院使用该证据对被追诉人定罪量刑。如果法院对侦查人员的行为进行程序性制裁，审判时排除非法获取的证据，就会消除侦查人员非法取证的积极性，达到限制政府滥用权力的目的。美国联邦最高法院在Weeks案件判决中曾指出："（我国）仍沿袭英国传统旧制，仅课违法搜证之侦查人员以刑事责任，或赋予被害人民事赔偿请求权，作为法律救济方法，而仍容忍不法取得之证据具有证据能力，则不足以有效遏制侦查人员违法取证行为，唯有采取较为激进而务实的手段，也就是从根本上将违法取得的证据予以排除使用，才可彻底消除侦查人员违法搜证之诱因，以真正保障人民的宪法基本权利。"[2] 可见，历史经验表明，当政府人员非法取证时，对其进行惩罚或要求其对当事人进行赔偿等法律制裁方式，都不足以遏制政府滥用权力，最有效的方法就是排除该证据，使其丧失非法取证的动机。[3] 通常情形下侦查人员肩负打击罪犯的重要使命，而侦查人员往往任务

---

〔1〕　王兆鹏：《美国刑事诉讼法》，北京大学出版社2014年版，第21页。

〔2〕　Weeks v. U. S., 232 U. S. 383, 34 S. Ct. 341, 58 L. Ed. 652 (1914).

〔3〕　Potter Steward, "The Road to Mapp v. Ohio and beyond: The Origins, Development and Future of the Exclusionary Rule in Search – and – Seizure Cases", *83 Colum. L. Rev.* 1365, 1383～1389 (1983).

繁重，很有可能为了侦破案件而忽视程序正义。为了规制侦查人员的不法行为，威慑其规范收集证据，应当规定较为严厉的法律制裁后果，即非法提取的证据不具有可采性，应当被排除。证据只有在具有合法性时，才具有证据能力。证据合法性的一般要求是证据的收集主体、收集程序、证据的形式和来源合法。侦查人员考虑到非法取证的法律后果后，为了避免证据不被采纳，就会自愿遵守法律的这些要求。可以说，非法证据排除规则设立的真正目的是吓阻警察非法取证侵犯公民的权利，"从而为侦查人员的强制性侦查行为建立起一个明确的外部法律界限。只有在这种法律界限确立之后，公民才不会因为侦查权的滥用而遭受任意的搜查、扣押、窃听，甚至受到残酷的刑讯逼供，公民的辩护权也才有得到维护的可能"[1]。只有坚持正当程序，才有利于促使当事人自愿接受即使是对他不利的裁判结果，才可以从心理层面上彻底解决纷争。

（四）促进真相之发现

美国联邦最高法院法官曾经在特汉（Tehan v. U. S.）案中切中要害地指出："审判的基本目标是发现真相。"[2] 非法证据排除规则通过遏制警察非法取证，可以保证被追诉人所作的有罪供述是自愿和真实的，进而确保事实认定的准确性。[3] 但也存在相反的观点，如大法官卡多佐认为"证据不

---

〔1〕 陈瑞华：《问题与主义之间——刑事诉讼基本问题研究》，中国人民大学出版社 2008 年版，第 364～365 页。

〔2〕 Tehan v. U. S., 383 U. S. 406, at 416 (1966).

〔3〕 陈光中主编：《刑事诉讼法》，北京大学出版社、高等教育出版社 2016年版，第 193 页。

得任意排除，否则因警察犯了错误而放纵罪犯"[1]，从而影响事实的查明。其实，采用非法手段所提取的证据，往往具有较大的不真实性，以此认定事实反而会阻碍真相的发现。犯罪嫌疑人、被告人被采取刑讯逼供、威胁、引诱等非法手段之后，可能为了免受疼痛或趋利避害而捏造事实，作出虚假供述。而"判决无辜的人有罪，比判决有罪的人无罪，是一个代价更高的错误"[2]。排除非法证据，就可以较大程度地避免因非法证据对案件所作出的错误认定，从而遏制冤假错案的发生。评价一个程序的好坏，主要是看它能否形成正确的裁判结果。美国学者泰勒指出："在一般情况下，公正的程序比不公正的程序能够产生更加公正的结果。"[3] 如果不坚持程序公正的诸项标准，更容易导致法官误罚无辜，使之真相难以查明。

三、非法取证的认定困境

非法证据排除规则是我国诉讼法学领域中的一个理论热点问题，但在实践中一直没有得到很有效的实施，启动非法证据排除程序的案件较少，启动后排除非法证据的案件更为少之甚少。比如，徐建新、方彬微曾对某市法院两年半（2014 年至 2016 年上半年）的非法证据排除情况进行调研，统计结果为：2014 年，该市法院启动排除非法证据程序的案

---

〔1〕 People v. Defore, 242 N. Y. 13, 21150 N. E. 585, 587, cert. denied, 270 U. S. 657 (1926).

〔2〕 ［美］拉里·劳丹:《错案的哲学：刑事诉讼认识论》，李昌盛译，北京大学出版社 2015 年版，第 2 页。

〔3〕 陈瑞华:《刑事审判原理论》，北京大学出版社 2003 年版，第 87 页。

件有 28 件，而排除非法证据的案件只有 3 件；2015 年，该市法院启动排除非法证据程序的案件有 20 件，而排除非法证据的案件只有 2 件；2016 年上半年，该市法院启动排除非法证据程序的案件有 10 件，但没有排除的案件。[1] 左卫民等学者在其调研收集到的 50 件证据合法性调查案件中，法院最终决定排除非法证据的只有 10 件，并将此种现象概况为"热闹话语与冷清实践之间的强烈反差"[2]。那为什么会出现排除非法证据这种"冷清实践"的局面呢？笔者认为，原因是多层面的，但很重要的一个缘由便是法院对非法取证的认定存有一定难度。由于目前司法实践中的排除对象仅局限于非法口供，"排除非法取得的证人证言、被害人陈述的极少，更未收集到排除非法取得的实物证据的案例"[3]，因此，本部分所探讨的非法取证认定困境主要围绕非法口供而展开。

（一）疲劳审讯难以认定

随着我国防范冤假错案司法改革的推进和侦查人员法治意识的提高，直接采用殴打等显性刑讯逼供手段的情形越来越少，实践中更多表现为"冻、饿、晒、烤、疲劳审讯"[4]等隐性刑讯逼供手段（或变相刑讯逼供手段）。其中，疲劳审讯则更为常见。疲劳审讯是指"通过长时间'车轮战'式

〔1〕 徐建新、方彬微："我国刑事非法证据排除规则司法实践实证研究——以 W 市刑事审判实务为视角"，载《证据科学》2016 年第 6 期。
〔2〕 左卫民："'热'与'冷'：非法证据排除规则适用的实证研究"，载《法商研究》2015 年第 3 期。
〔3〕 陈光中、郭志媛："非法证据排除规则实施若干问题研究——以实证调查为视角"，载《法学杂志》2014 年第 9 期。
〔4〕 2013 年最高人民法院印发的《关于建立健全防范刑事冤假错案工作机制的意见》第 8 条规定。

的连续讯问，剥夺被讯问的犯罪嫌疑人、被告人的必要休息和睡眠时间，令其在肉体和精神两方面达到极端痛苦、疲劳以致丧失反抗意志，从而取得供述"[1]。疲劳审讯虽未在肉体上留下表面伤痕，但通过剥夺被讯问者必要休息时间的方式，造成其基本生理需求无法得到满足，对其产生的身体和精神上的折磨不亚于直接采取暴力手段所带来的折磨，从而使其非自愿作出有罪供述。比如江苏东台"98.8.5案"[2]中，被害人李某某在家中遭到强奸（未遂），指控邻居张某泽是犯罪嫌疑人。东台市公安局侦查人员将张某泽抓获，并连续3天对其进行审讯，不准其睡觉。张某泽最终按照被害人陈述的内容交代了"犯罪事实"。之后，张某泽被执行逮捕，并又翻供，拒绝认罪。但侦查人员认为案件证据充分，移送东台市检察院审查起诉。检察人员就证据问题两次退查后移送法院提起公诉。法院对此案开庭审理，认为张某泽作案的证据不足。后因另一案犯罪嫌疑人唐某平主动交代了包括本案在内的多起强奸、盗窃案，并查证属实，检察院才最终对张某泽撤回起诉。再如熊某模受贿一案[3]中，办案人员对熊某模轮流疲劳审讯，四天四夜不准其睡觉。在这样的轮番折磨下，熊某模一度突发心脏病昏迷，最后为了保命被迫按照办案人员的要求，违心地编造了虚假口供。在一审庭审

---

〔1〕 董坤："论疲劳审讯的认定及其所获证据之排除"，载《现代法学》2017年第3期。

〔2〕 "江苏东台'98.8.5'错案"，载 https://max.book118.com/html/2017/0304/94263129.shtm，最后访问时间：2018年2月10日。

〔3〕 "从判刑11年到撤诉——吊诡的县委副书记受贿案"，载《华商报》2014年12月10日。

时，熊某模当庭推翻供述，但仍被一审法院以滥用职权罪和受贿罪判处有期徒刑 11 年。熊某模不服上诉，二审法院撤销一审判决，并发回重审，最终检察院撤回起诉。疲劳审讯是一种变相肉刑，其对公民基本权利所造成的侵犯和对公民身心所带来的伤害程度，与暴力等刑讯逼供基本相当。被讯问者在身心痛苦、精神恍惚的情况下所作出的供述，违背其个人意愿，很难保证其内容的真实性。因此，学者们目前均认为疲劳审讯所获取的供述应当被排除，对此基本无异议。

相比显性刑讯逼供手段而言，对隐性刑讯逼供手段的审查和认定则存在更大的难度。实践中对疲劳审讯的认定和处理，主要存在三种做法。第一，以时间为标准排除，但需考虑特殊情况。比如吴某毅、朱某娅贪污一案中，一审法院认为吴某毅到案初期所作的四次有罪供述，是在"侦查机关采用上下级'倒手''轮流审讯'的方式连续讯问吴某毅长达 30 多个小时，而且没有给予吴某毅必要休息，属于疲劳审讯"[1]。有的法院认为以时间为标准认定疲劳审讯，这样易于实践部门把握，更加高效。看守所安排的讯问不得持续超过 24 小时，且根据人类正常作息生理规律，应当保证在押人员每天 8 小时的睡眠时间。[2] 陈光中、郭志媛在分析变相肉刑时提出："明确规定羁押期间一次讯问持续的时间最长不应超过 24 小时，其间至少应休息 6 小时，而且两次讯问之间的时间间隔也不得少于 24 小时。由于被讯问人的个体差

---

〔1〕 裴显鼎主编：《非法证据排除程序适用指南》，法律出版社 2016 年版，第 69~74 页。

〔2〕 韦宗昆、赖正直："刑事审判中对疲劳审讯的认定"，载《人民法院报》2016 年 8 月 10 日。

异，毫无例外地适用单一的标准也不符合实际。对于老弱病
残的犯罪嫌疑人，应根据入所体检报告或者犯罪嫌疑人的要
求，确定更短的一次最长持续讯问时间、更长的休息时间和
更长的两次讯问时间间隔。对于违反该规定超期限审讯获得
的供述，一律视为非法证据予以排除。"[1] 董坤也认为 24 小
时是讯问的合理期限，必要的休息时间为 6 个小时，但提出
了更多例外情况。[2] 第二，以强度为标准排除。这种标准主
要考虑的是被讯问人是否能够任意自白。如德国讯问所禁止
的疲劳战术方法，意指"利用询问损害意思活动自由，直至
耗尽意志力或者利用这种筋疲力尽的状态进行询问"[3]。我
国有的法院认为，非法取证方法只要达到被讯问人遭受精神
和肉体痛苦而违背自己意愿作出供述的程度，就应当予以排
除，因此，讯问持续时间即使"超过 24 小时，但通过同步
录音录像审查，被告人对持续讯问未提异议，能够清楚表达
所问问题，表情自然也未表露出疲劳神情，期间保证了吃饭、
休息、如厕等正常生活上的方便，可推断认为 24 小时讯问
强度尚未达到与刑讯逼供或者暴力、威胁相当的程度，不属

---

〔1〕　陈光中、郭志媛："非法证据排除规则实施若干问题研究——以实证
调查为视角"，载《法学杂志》2014 年第 9 期。

〔2〕　例外情形分为两类：一类讯问虽没有超过 24 小时，但由于身体原因，
如年老、体弱或疾病等生理或医学原因，讯问时长应当由医嘱确定；一类讯问
超过 24 小时，但不认定为疲劳审讯的情形，如被讯问人同意延长或不延长讯问
时间恐有急迫之情形发生或导致严重后果。参见董坤："论疲劳审讯的认定及其
所获证据之排除"，载《现代法学》2017 年第 3 期。

〔3〕　《德国刑事诉讼法典》，宗玉琨译注，知识产权出版社 2013 年版，第
126 页。

于疲劳审讯"[1]。因此，疲劳审讯的认定需判断在持续讯问中，被讯问人的自由意志是否受到侵害。第三，以未经审批为标准排除。此标准针对的是夜间讯问。有的法院认为："对于在看守所夜间提讯而未履行审批手续的，予以排除。"[2] 按照作息时间，夜间是一天中人补充必要睡眠的重要时段。如果夜间讯问，会给人带来一定的精神伤害。根据最高人民检察院、公安部发布的通知[3]，夜间讯问受到严格限制，即使确有必要，也要求必须履行审批手续。夜间的时段可以确定为当晚 22 点至次日早上 6 点。[4]

这三种做法中，笔者认为第二种强度标准赋予了法官在疲劳审讯认定方面较大的自由裁量权，会造成法官因适用标准不统一而出现"同案不同判"的情况，而第一种和第三种做法较为合理。第一种时间标准通过明确一次讯问的最长持续时间、一天休息的最低保障时间及两次讯问的间隔时间，既可以起到规范办案人员审讯活动的作用，也可以克服第二种标准适用混乱的弊端，便于法官对疲劳审讯的审查和认定。而且，立法机关在规定构成疲劳审讯的一般时间标准之外，还可以根据实践需求设置例外情形，如因被讯问人的身体因素无法达到持续讯问一般标准的，可以根据医嘱确定较低标

---

〔1〕 韦宗昆、赖正直："刑事审判中对疲劳审讯的认定"，载《人民法院报》2016 年 8 月 10 日。

〔2〕 韦宗昆、赖正直："刑事审判中对疲劳审讯的认定"，载《人民法院报》2016 年 8 月 10 日。

〔3〕 2012 年，最高人民检察院、公安部颁布的《关于在看守所设置同步录音录像讯问室的通知》第 6 条规定："一般情况下不得在夜间提讯，确实需要在夜间提讯的应当严格履行审批手续。"

〔4〕 参照《防治噪音污染法》第 63 条规定。

准；如因紧急情况不延长持续讯问时间或缩短必要休息时间，可能发生较严重的后果或无法挽救的损失，可以确定较高标准，等等。例外情形的规定考虑到了复杂多样的实践情况，避免对疲劳审讯的僵化适用，但出于对被讯问人合法权益的保障，应当予以严格限制，不宜规定过多的例外情形。第三种标准专门针对夜间讯问进行规制。夜间讯问一般会对被讯问人造成精神折磨，但考虑到被讯问人刚被关押处于紧张状态，夜间即使不进行讯问也并不能安然入睡，且有些案件具有紧迫性，急需获取口供保障社会或国家安全，因此，对于夜间讯问有必要的，经履行审批手续，不算在疲劳审讯之列。第一种和第三种标准的落实都涉及讯问时间的记录问题，办案人员为了规避被认定为疲劳审讯，可能会对讯问记录时间进行造假，因此，需要进一步思考如何利用技术手段确保讯问记录时间的准确性。

（二）讯问情况说明的真实性难以审查

控辩双方对供述取得的合法性发生异议时，辩护方可以向法院申请排除非法证据。根据《刑事诉讼法》第58、59条的规定，由辩护方提供非法取证的相关线索或材料之后，由控诉方对取证的合法性予以证明。[1] 由于讯问笔录只记录了犯罪嫌疑人、被告人所供述的案件事实内容，没有侦查人员如何取证的信息，无法说明侦查人员的取证过程有无违法

---

〔1〕《刑事诉讼法》第58条规定："……当事人及其辩护人、诉讼代理人有权申请人民法院对以非法方法收集的证据依法予以排除。申请排除以非法方法收集的证据的，应当提供相关线索或者材料。"第59条规定："在对证据收集的合法性进行法庭调查的过程中，人民检察院应当对证据收集的合法性加以证明……"

之处，因此，在法院启动非法证据排除程序之后，公诉人员一般会向法院提供进一步证明讯问过程的证据，比如讯问同步录音录像、看守所提押证、入所身体检查表、同监所在押人员证言、侦查人员书面的情况说明或要求侦查人员出庭作证等。[1] 其中，侦查人员提供的讯问书面说明材料或出庭作证就程序性争议事实的说明，都是证明讯问过程合法性的"情况说明"。"情况说明"是"在刑事司法实践中，侦查机关就刑事案件中存在或者需要解决的问题提供的工作说明"[2]。虽然我国《刑事诉讼法》没有明确界定"情况说明"的证据属性，但"情况说明"在诉讼证明活动中却被广泛使用。"情况说明"的内容既包括实体法事实，也包括程序法事实。[3] 此处讯问情况说明的内容属于程序法事实，旨在证明侦查机关讯问犯罪嫌疑人的过程是否规范、合法，由此所获取的供述是否具有可采性。

但"情况说明"的内容与其制作者（或出庭说明者）存在较大的利害关系，是侦查机关对本机关自己的办案活动合法性所提供的说明性材料（或口头说明），往往具有一定的偏向性，由其自证清白，说服力不够，且律师在侦查阶段的介入有限，侦查机关易于掩盖非法行为，因此，法官对"情况说明"内容的真实性进行审查存在一定的难度。某起强奸案中，被告

---

〔1〕 参见陈瑞华："论刑事诉讼中的过程证据"，载《法商研究》2015年第1期。

〔2〕 李勇、余响铃："侦查机关'情况说明'的证据属性研究"，载《理论与改革》2013年第6期。

〔3〕 李勇、余响铃："侦查机关'情况说明'的证据属性研究"，载《理论与改革》2013年第6期。

人在公安机关曾做有罪供述，但与被害人陈述的事实细节严重不吻合，而且欠缺有关被告人的相关物证。被告人上诉后，在二审中否认犯罪，并提出侦查人员存在刑讯逼供的行为。二审法院通知讯问笔录上签名的两名侦查人员出庭作证，但一名侦查人员说没有参与讯问过程，另一名侦查人员对讯问笔录上的记载时间存有疑问，导致法官难以核查讯问情况。[1]

（三）讯问录音录像的完整性、同步性难以判断

对警察讯问进行录音，最早源自英国，之后各国陆续开始对讯问活动采取录音录像手段，以确保讯问过程的合法性。[2] 由于录音录像属于视听资料，能够以声音、图像直观地再现了办案过程，因而逐渐成为各国证明供述获取过程合法性的重要证据。我国目前实践中还未做到对所有案件犯罪嫌疑人、被告人的讯问，都采用录音录像设备，立法也只限定了部分案件应当进行录音或者录像[3]。但随着技术的进步和录音录像成本的降低，未来将讯问录音录像的使用覆盖于所有刑事案件是大势所趋。讯问录音录像又不同于一般的视听资料。通常，视听资料作为证明案件事实的证据随案移送，但讯问录音录像证明的是侦查人员讯问犯罪嫌疑人的程序性事实，只有在辩护方向法院申请排除非法证据并提供相关线索或材料时，法院经审查决定启动非法证据排除程序后，公

---

〔1〕 陈光中、郭志媛："非法证据排除规则实施问题调研报告"，载陈光中主编：《非法证据排除规则实施问题研究》，北京大学出版社 2014 年版，第 20 页。

〔2〕 陈光中、郭志媛："非法证据排除规则实施问题调研报告"，载陈光中主编：《非法证据排除规则实施问题研究》，北京大学出版社 2014 年版，第 21 页。

〔3〕《刑事诉讼法》第 123 条规定："侦查人员在讯问犯罪嫌疑人的时候，可以对讯问过程进行录音或者录像；对于可能判处无期徒刑、死刑的案件或者其他重大犯罪案件，应当对讯问过程进行录音或者录像……"

诉方才向法院提交讯问录音录像，并当庭播放有争议的部分，[1]以证明取证的合法性。

讯问录音录像能否对讯问过程的合法性起到证明作用及证明作用的大小，关键就在于是否具有完整性、同步性。公安部专门对"讯问犯罪嫌疑人录音录像"[2]的概念进行了界定。讯问录音录像应当是对全程讯问活动进行同步记录。但在实践中，录音录像可能会因设备出现故障而记录不完整，也可能由于人为因素而没有做到同步记录（比如侦查人员在录音录像之前，通过各种方式诱导、逼迫犯罪嫌疑人做有罪供述，之后才打开录音录像设备进行记录；再比如犯罪嫌疑人时供时翻，侦查机关在被讯问人翻供时关闭录音录像设备，进行选择性记录），还有可能在录制完毕后因被剪辑、删改而内容不完整。陈光中教授为首的课题组曾做过的调查问卷结果显示，"公安机关对犯罪嫌疑人的讯问过程进行全程录音录像的比例相对较低"[3]。如果侦查机关不能对讯问过程进行完整、同步地录音录像，那么用这样的录音录像材料证

---

〔1〕 目前，为证明是否存在非法取证的争议焦点，讯问录音录像的当庭播放内容是由控诉方来选择。受制于庭审时限，实践中很少在法庭上对讯问录音录像内容全部播放。但辩护方往往对播放的片段不予认可，以未看到全部播放内容作为抗辩理由否定控方证据的合法性。其实，可以将播放内容的选择权交给辩护一方，这样，更有利于辩护方接受讯问录音录像的当庭播放范围。

〔2〕 2014年公安部印发的《公安机关讯问犯罪嫌疑人录音录像工作规定》第2条规定："讯问犯罪嫌疑人录音录像，是指公安机关讯问犯罪嫌疑人，在文字记录的同时，利用录音录像设备对讯问过程进行全程音视频同步记录。"

〔3〕 该调查问卷结果显示，有54.69%被调查者认为全程录音录像只达到10%以下，仅有12.5%的被调查者认为全程录音录像达到80%以上。见陈光中、郭志媛："非法证据排除规则实施问题调研报告"，载陈光中主编：《非法证据排除规则实施问题研究》，北京大学出版社2014年版，第22页。

明取证的合法性，证明力值得商榷。因此，讯问录音录像的完整性、同步性就成为法官对该证据进行审核的重点和难点，尤其是对设备的录制和侦查机关的讯问是否同步开始和对讯问过程中的录制是否连续不间断地进行这两方面的判断，均存在一定的难度。

（四）入所体检表没有发挥有效作用

看守所新收押人员在入所时需要由医生进行健康检查，由医生根据被羁押人的身体检查情况填写入所体检表。入所体检表，"具有证明嫌疑人、被告人被羁押之前的身体状况的作用"[1]。如果犯罪嫌疑人、被告人身体上有伤痕，就需要确定该伤痕是何时形成的。若入所体检表上对此伤痕没有记载，就证明该伤痕在犯罪嫌疑人、被告人被羁押之前不存在，那么就是在看守所被羁押过程中形成的，由此则推断侦查机关非法取证的嫌疑较大；反之，该伤痕则是在犯罪嫌疑人、被告人被羁押之前所形成。

尽管入所体检表在排除非法证据程序中，具有重要的证明价值，但实践中入所体检表也存在不少问题。①检查被羁押人身体状况的主体缺乏中立性。[2] 检查者不是由看守所聘请的社会医疗机构的医生来完成，而是由看守所自己的医生进行，这样很容易使人质疑医生在检查被羁押人身体或填写入所体检表时是否具有一定的偏向性。比如，刘某某受贿一案中，刘某某被指控受贿的 31.6 万元中有 30 万元系刑讯后

---

〔1〕 陈瑞华：《刑事证据法的理论问题》，法律出版社 2015 年版，第 230 页。

〔2〕 陈光中、郭志媛："非法证据排除规则实施问题调研报告"，载陈光中主编：《非法证据排除规则实施问题研究》，北京大学出版社 2014 年版，第 21 页。

的虚假供述。经查，刘某某的眼角有伤痕，入所体检表上写没有伤，那么就表明伤痕于羁押中所形成，但看守所所长和医生却作证证实伤痕是入所前就存在，只是没有记录，该说法没有客观证据予以支持，很难让人信服。[1] 再如，邓某某诈骗、窝藏和彭某诈骗一案中，讯问活动不仅没有依法进行同步录音录像，被羁押人的入所体检表和巡诊记录还存在很多较明显的复制痕迹，没有得到客观记载。[2] ②入所体检表证明的范围有限。一般，在犯罪嫌疑人、被告人有明显体外伤痕的情况下，可以通过入所体检表的记载对比新旧伤痕，从而判断是否有非法取证的嫌疑。但随着我国防范冤假错案司法改革的推进和侦查人员法治意识的提高，直接采用留有明显体外伤痕的刑讯逼供手段（如殴打）已经越来越少，实践中更多表现为比较隐蔽的变相刑讯逼供手段（如冻、饿、晒、烤、疲劳审讯等）。在这种变相刑讯逼供的情形下，入所体检表对供述合法性所起的证明作用就非常有限了。③入所体检表的填写不规范，影响到对供述合法性的证明作用。在内容上，有的医生在入所体检表上只写"正常，可以收押"几个字[3]，没有对被羁押人的身体状况进行详细、全面的记载，导致无法证明被羁押人的伤痕是在进入看守所之前已形成还是进入看守所之后新产生的。在形式上，"入所体

〔1〕 孙长永、王彪："审判阶段非法证据排除问题实证考察"，载《现代法学》2014 年第 1 期。

〔2〕 孙长永、王彪："审判阶段非法证据排除问题实证考察"，载《现代法学》2014 年第 1 期。

〔3〕 陈光中、郭志媛："非法证据排除规则实施问题调研报告"，载陈光中主编：《非法证据排除规则实施问题研究》，北京大学出版社 2014 年版，第 21 页。

检表一般只有收押干警一个人的签名"[1]，没有明确要求犯罪嫌疑人查看入所体检表的内容并签字，可能会产生事后被羁押人对入所体检表填写内容不予认可的情况，也没有要求驻所检察官审查和签名，使得入所体检表的填写缺乏第三方的有效监督，容易伪造和篡改。

（五）对非法证据的排除标准理解不一

我国《刑事诉讼法》第60条[2]规定了法官排除非法证据的两种情形，即一种情形是法院根据已有证据"确认"存在非法取证事实，一种情形是法院对非法取证事实尚存有合理怀疑，"不能排除"非法取证事实。[3]

对于第一种情形，由于刑事诉讼证明责任分配机制将供述合法性的证明责任分配于控诉一方，控诉主体不可能提供非法取证的证据否定己方的主张，使得非法证据排除的证明逻辑并非是证明证据非法，而是对证据合法性的证明，因此，法院对非法取证事实的确认，主要源自辩方提供的证据和申请法院调取的证据。这种情形下，根据辩方的证据，法院所确认的非法取证事实就已达到"事实清楚，证据确实、充分"的标准。

但由于刑事诉讼法只赋予辩方承担申请启动排除非法证据程序的举证责任，[3] 非法取证的证明责任并不由辩方承

---

〔1〕 陈光中、郭志媛："非法证据排除规则实施问题调研报告"，载陈光中主编：《非法证据排除规则实施问题研究》，北京大学出版社2014年版，第21页。

〔2〕《刑事诉讼法》第60条规定："对于经过法庭审理，确认或者不能排除存在本法第五十六条规定的以非法方法收集证据情形的，对有关证据应当予以排除。"

〔3〕《刑事诉讼法解释》第96条规定："当事人及其辩护人、诉讼代理人申请人民法院排除以非法方法收集的证据的，应当提供涉嫌非法取证的人员、时间、地点、方式、内容等相关线索或者材料。"

担，法院第二种因"不能排除"非法取证事实而排除非法证据的情形更为常见。这种情形下，法院根据控方提供的取证合法性证据，不能排除存在非法取证的怀疑时，所作出的对存在合法性争议证据予以排除的决定。法院对非法证据的排除标准，也就是控诉方提供证据所须达到的证明标准。理论界对取证合法性的证明标准理解不一。陈瑞华教授认为侦查行为合法性的证明标准与定罪标准一样，均需达到"事实清楚，证据确实、充分"的最高程度，二者是局部和整体的关系，既然有罪整体证明要达到排除合理怀疑的程度，取证行为合法性的局部证明也要达到同样的证明标准。[1] 王爱平、许佳却认为，过高的证明标准"与实践的脱节，变成了'乌托邦'式的价值期望"[2]，"证明标准应是一种现实的、可操作的法律标准，而不能是一种所谓的理想状态"[3]，对供述合法性的证明，也采用那么高的标准，不符合实际，应将证明标准降到"优势证据"。以陈光中教授为首的课题组考虑到实务部门对较高证明标准的担忧，提出"采用明显优势证据标准，即控方在某一证据是否合法的问题上，应当向法院证明其合法取证的可能性要明显大于非法取证的可能性"[4]。

笔者认为取证合法性的证明标准不宜规定过低，可以采

---

〔1〕 陈瑞华："非法证据排除程序再讨论"，载《法学研究》2014 年第 2 期。

〔2〕 王爱平、许佳："'非法供述排除规则'的实证研究及理论反思"，载《中国刑事法杂志》2014 年第 2 期。

〔3〕 王爱平、许佳："'非法供述排除规则'的实证研究及理论反思"，载《中国刑事法杂志》2014 年第 2 期。

〔4〕 陈光中、郭志媛："非法证据排除规则实施问题调研报告"，载陈光中主编：《非法证据排除规则实施问题研究》，北京大学出版社 2014 年版，第 27～28 页。

用"排除合理怀疑"的证明标准。如果选择"优势证据"较低标准,那么无辜者被定罪的概率就会增大,不利于保障被告人的合法权益。尽管美国"联邦和大多数州的法院,检控方对被告人供述自愿性的证明标准都是优势证据"[1],但美国规定了被告人沉默权、讯问时辩护律师在场权等较多制度保障被告人供述的自愿性,即使采用此较低证明标准,对被告人的合法权益也影响不大。而我国若在被告人权益保障相关配套措施不完备的情况下,推行较低标准,不仅会损害被告人的权利,也会增加错判的风险。而采用"排除合理怀疑"的证明标准,在不降低控诉方举证要求的基础上,相比"事实清楚、证据确实充分"的提法也能够降低法官认定事实的风险,减轻其心理负担。"排除合理怀疑"标准最初设立的主要功能就是保护事实认定者的灵魂免受诅咒。[2]"'排除合理怀疑'"的证明是指被主张的事实几乎已经达到确定无疑的程度。"[3]"将任何事项证明到绝对确定的程度,是完全不可能的。检控方并不需要证明到如此程度。这样一个证明标准已经高到不可能的程度。"[4]这就意味着,控诉方对供述合法性的证明达到"排除合理怀疑"的程度,就是使事实认定者消除任何合理的疑问即可。尽管目前实践中,控方提交的证明供述合法性的证据还未达到较高证明标准,

---

〔1〕　陈瑞华:《比较刑事诉讼法》,中国人民大学出版社 2010 年版,第 131 页。

〔2〕　James Q. Whitman, *The Origins of Reasonable Doubt*, Yale University Press, 2008, pp. 2~3.

〔3〕　陈瑞华:《比较刑事诉讼法》,中国人民大学出版社 2010 年版,第 126 页。

〔4〕　陈瑞华:《比较刑事诉讼法》,中国人民大学出版社 2010 年版,第 150 页。

如疲劳审讯的认定涉及讯问时间的记录问题，控诉一方提供的看守所"提押证"存在被伪造、篡改的嫌疑；如情况说明是由取证合法性被质疑的一方提供，材料内容的证明力和说服力明显不足，不能仅凭一份"情况说明"就能证明己方主张；如当非法取证地点在看守所外时或对讯问没有完整、连续地进行录音录像，讯问录音录像的证明作用则非常有限；如当刑讯采用变相、隐性的手段时，入所体检表的证明作用就无法发挥。但不能因为实务部门所提交的用以证明供述合法性的证据数量不多和证明力不强，就降低举证主体的证明标准。降低了证明标准，排除非法证据的难度岂不更大？笔者认为，可以考虑增加客观性的证据来补强证据的证明力，以达到"排除合理怀疑"的程度，从而更好地引导办案机关规范取证。对于取证合法性事实的合理怀疑不能排除的，事实认定者应当作出不利于控方的认定，对非法证据予以排除。

四、元数据在排除非法证据中的运用

（一）排除疲劳审讯的供述

疲劳审讯是一种变相、隐性的刑讯逼供。如前文所述，大部分学者认为疲劳审讯的构成以时间为判断标准，这样便于操作和认定。一般，除了特殊情况，"一次讯问持续的时间最长不应超过 24 小时，其间至少应休息 6 小时，而且两次讯问之间的时间间隔也不得少于 24 小时"[1]。办案人员为了规避被认定为疲劳审讯，可能会对讯问时间记录进行

---

[1]　陈光中、郭志媛："非法证据排除规则实施若干问题研究——以实证调查为视角"，载《法学杂志》2014 年第 9 期。

造假，那么如何判断讯问时间记录的准确性和真实性呢？可以考虑调取记录讯问时间的信息资源管理系统元数据进行核查。

元数据是数据管理的工具，可以对信息对象的内容、结构、背景及其整个管理过程进行全面描述[1]。"正因为其全面的描述作用，元数据的功能是全方位的。根据完整的元数据记录，可以回溯电子文件的原貌和变化过程，从而确认电子文件的真实性，这是保障长期真实性的最重要的措施。"[2] 2009 年以来，随着全国看守所信息化建设的深入，都建成了相对完备的看守所管理信息系统，实现对监区和被监管人员的监督和管理[3]。根据 2010 年公安部颁布的《看守所执法细则》，犯罪嫌疑人进入看守所时，看守所工作人员应当"开具收押回执并办理《提讯、提解证》"[4]，且应当根据该细则的规定[5]采集信息并录入系统。因此，办案人员提讯犯罪嫌疑人，不仅需要在纸质《提讯、提解证》上注明提讯开

---

〔1〕 中华人民共和国国家质量监督检验检疫总局、中国国家标准化管理委员会：《信息与文献　文件管理　第 1 部分：通则》，中国标准出版社 2011 年版，第 2 页。

〔2〕 王英玮、陈智为、刘越男：《档案管理学》，中国人民大学出版社 2015 年版，第 346 页。

〔3〕 赵春光："中国特色社会主义看守所管理之创新发展"，载《法制日报》2013 年 3 月 13 日。

〔4〕 2010 年公安部颁布的《看守所执法细则》2-01 中的（六）"开具收押回执并办理《提讯、提解证》"规定："办理收押手续后，收押民警应当向办案机关出具收押回执，并在办案机关的《提讯、提解证》上加盖提讯专用章，注明法定羁押起止时间。"

〔5〕 2010 年公安部颁布的《看守所执法细则》2-01 中的（七）"采集信息"规定："看守所应当按照相关规定采集被收押人员的信息，并录入看守所管理信息系统。"

始时间、提讯结束时间、提讯办案人员的姓名、证件号码及所在单位、监所提出和提回民警的姓名、被提讯人体表伤痕情况等多种信息，还需要将这些信息录入到看守所管理信息系统中。文件的电子化就可以把不能记录、利用的信息记录下来加以利用。电子文件元数据具有传统纸质文件元数据不可比拟的管理优势，可以在信息系统整个的生命周期中自动捕捉到任何操作信息，并将其记录下来。当辩护方提出办案人员存在疲劳审讯的事实主张，并提供相关线索或材料时，控诉方一般会提供提讯证（或提押证）以证明取证程序的合法性，即以提讯证上注明的提讯开始时间和结束时间证明讯问的持续时间是否违反法律规定。若辩护方对提讯证上时间的记录存在质疑，法官可以查看看守所管理信息系统上有关讯问时间的记录及其元数据信息，并与提讯证上的信息进行比对。换言之，把看守所记录的有关犯罪嫌疑人被提审的信息与侦查机关记录的提审犯罪嫌疑人的信息进行比对。正是由于看守所管理信息系统元数据信息可以反映和确认看守所的记录是否真实，因此，法官能够凭借此对控诉方所提交的《提押证》记录的真伪如何作出判断。此外，如前文所述，还应当对夜间讯问进行严格限制，在当晚 22 点至次日早上 6 点这个时段进行讯问的，应执行夜间讯问的要求，履行相应的审批手续。根据系统记录时间及元数据记录，可以判断讯问活动的时段。如果发现讯问活动属于夜间时段的，应该查验审判手续是否缺失或完备。通过元数据信息显示，一旦发现办案机关伪造或篡改讯问时间，确认办案机关存在疲劳审讯行为的，那么就应对被羁押人的供述内容予以排除。

尽管看守所管理信息系统的信息，目前因主要用于内部管理工作而不在诉讼中随案移送，但一旦调取该信息用以审核控方证据内容的真伪，就应当最终也成为刑事卷证的一部分。这些讯问时间记录及其元数据内容在诉讼中所证明的内容不是实体案件事实本身，而是证明办案机关取证合法性的程序性事实。

（二）排除法定讯问场所之外遭受刑讯的供述

根据《刑事诉讼法》的规定，对非羁押犯罪嫌疑人讯问，传唤地点有 3 种，即犯罪嫌疑人所在市、县内的指定地点、住处及现场；[1] 对被羁押犯罪嫌疑人讯问，应当在看守所内进行。[2] 侦查人员拘留或逮捕犯罪嫌疑人后，应当立即将其送往看守所羁押，并在 24 小时内对其进行讯问。但实践中绝大多数情况下，被羁押犯罪嫌疑人是在法定场所之外被讯问时遭受到了刑讯逼供。比如王爱平、许佳所调研的被告人向法官提出遭受刑讯逼供的案件中，被告人提供了相关线索的案件占到 29%，其中，有 47 例案件是关于指控刑讯地点的（占到线索内容的 52%）。[3] 而指控的刑讯地点中，"看守所内仅 2 例，占 4%，派出所、刑警队等地 36 例，占77%。抓获地、外提地也都被提到"[4]。可见，法定讯问场

---

〔1〕《刑事诉讼法》第 119 条："对不需要逮捕、拘留的犯罪嫌疑人，可以传唤到犯罪嫌疑人所在市、县内的指定地点或者到他的住处进行讯问，但是应当出示人民检察院或者公安机关的证明文件。对在现场发现的犯罪嫌疑人，经出示工作证件，可以口头传唤，但应当在讯问笔录中注明。……"

〔2〕《刑事诉讼法》第 118 条第 2 款："犯罪嫌疑人被送交看守所羁押以后，侦查人员对其进行讯问，应当在看守所内进行。"

〔3〕 王爱平、许佳："'非法供述排除规则'的实证研究及理论反思"，载《中国刑事法杂志》2014 年第 2 期。

〔4〕 王爱平、许佳："'非法供述排除规则'的实证研究及理论反思"，载《中国刑事法杂志》2014 年第 2 期。

所之外的供述，易诱发刑讯逼供问题。由于看守所是防范刑讯逼供的重要场所，在对看守所进行规范化建设后，审讯人员和犯罪嫌疑人的位置一般用铁栅栏隔离，很难直接发生身体上的接触，且审讯室有录音录像监控，目前在看守所内已经很少发生刑讯逼供的现象。但在送往看守所羁押之前，办案人员讯问犯罪嫌疑人时采用刑讯逼供手段的情况却常常被忽略，这些讯问场所就成为刑讯监控不到位的易发区，如侦查机关的办公场所。在犯罪嫌疑人被羁押之前，侦查人员可以"延迟送押并利用此期间对未认罪或尚未全面供述的犯罪嫌疑人进行审讯，或者以侦查需要为由将犯罪嫌疑人从看守所提至侦查人员办公室审讯"[1]。"但刑诉法仍然没有对刑拘前的审讯场所做限定，使得侦查人员可以根据犯罪嫌疑人的认罪态度自由选择审讯地点。如果侦查人员通过办公室的审讯迫使犯罪嫌疑人如实供述，刑拘、逮捕后审讯环境的压迫性虽然得到改善，也难以根本上阻断心理强制性在时空上的延续。"[2]

从 2009 年开始，我国公安机关执法办案场所陆续进行规范化改造，到 2017 年全国基本完成。[3] 通过该项改造建设，实现侦查机关办公区域的审讯场所得到规范化管理，并借助电子监控设备和网络系统实现拘留、逮捕之前的审讯得到全程、实时的录音录像。马静华教授调研中所参观的派出所审

---

〔1〕 马静华："供述自愿性的权力保障模式"，载《法学研究》2013 年第 3 期。

〔2〕 马静华："供述自愿性的权力保障模式"，载《法学研究》2013 年第 3 期。

〔3〕 "全国公安机关深化公安执法规范化建设综述"，载 http://www. mps. gov. cn/n2253534/n2253535/n2253537/c5730062/content. html，最后访问时间：2018 年 2 月 15 日。

讯室已实现监控化。"每个派出所审讯室安装的同步录音录像设备都属于自动电子监控系统的一部分，都具有自动开启和关闭的功能，不受侦查人员控制。"[1] 该审讯室的录音录像设备是随着侦查人员的推门而自动启动并开始实时记录，这样在电子监控系统中也相应地形成了元数据记录。通过查看元数据记录，可以知晓这段审讯录音录像的形成时间、形成地点、制作主体等信息。一旦被告人提出羁押之前在侦查机关办公场所遭受到了刑讯逼供，也能够通过调取该场所的录音录像证明是否存在非法讯问行为，并通过电子监控系统的元数据信息，查验录音录像的真实性和录制期间的完整性。可见，扩大电子监控的范围无形中也起到了倒逼执法机关规范执法的作用。

可是，即便扩大了电子监控的范围，毕竟也是有限的，也会出现监管缺失之处，比如在提讯犯罪嫌疑人到达审讯室之前的路途中或者在录音录像设备的某个监控死角，也会存在刑讯逼供的可能性。那么，如何对羁押场所之外对讯问活动进行全程有效监控并能获取证据加以证明呢？笔者认为可以从抓捕到犯罪嫌疑人之时通过为其佩戴电子腕带的方式对犯罪嫌疑人全程定位，以此追踪犯罪嫌疑人的行动轨迹。实践中有的看守所已经成功使用了"监所感应式腕带应用系统"[2]，可以考虑进一步扩大感应式腕带应用系统的实施范围。办案人员在给犯罪嫌疑人佩戴电子腕带时，同时用手机

---

〔1〕 马静华："供述自愿性的权力保障模式"，载《法学研究》2013年第3期。
〔2〕 连横："成功应用：绍兴市看守所的'监所感应式腕带应用系统'"，载 http://news.rfidworld.com.cn/2016_12/28449d590d7a427c.html，最后访问时间：2018年2月23日。

执法 APP 扫描电子腕带，并在手机执法 APP 中录入抓捕人员、犯罪嫌疑人、抓捕时间、抓获地点、电子腕带识别标签等刑事卷证信息，形成数据的自动共享。不仅如此，还可以在腕带应用系统中设置一些健康指数标准。一旦犯罪嫌疑人的身体出现异样，可以在电子腕带中显示出相关信息，并且可以通过元数据信息，查找到身体异样发生时可能遭受刑讯所处的地理位置，从而判断是否在法定场所之外遭到非法讯问。

此外，根据《刑事诉讼法》第 118 条[1]的规定，犯罪嫌疑人被羁押后，侦查人员只能在看守所内讯问，不允许以任何理由将犯罪嫌疑人带离看守所进行讯问。如果羁押时给犯罪嫌疑人佩戴了电子腕带，就可以在系统中追踪到犯罪嫌疑人被带到看守所外所发生的位置变化动态信息，从而留下犯罪嫌疑人羁押期间在法定讯问场所之外被讯问的记录。当犯罪嫌疑人提出看守所外的讯问遭受到刑讯逼供，向法官申请排除该供述内容并提出线索时，如果控诉人员提出相关证据材料以证明讯问所获取的供述内容形成于看守所内，就可以调取腕带应用系统中的元数据，以证明犯罪嫌疑人那个时段所处位置数据的真伪性。

（三）排除未依法同步录音录像的供述

根据最高院的司法解释[2]，讯问录音录像应当是对全

----

〔1〕《刑事诉讼法》第 118 条第 2 款："犯罪嫌疑人被送交看守所羁押以后，侦查人员对其进行讯问，应当在看守所内进行。"

〔2〕2013 年最高人民法院颁布的《关于建立健全防范刑事冤假错案工作机制的意见》第 8 条规定："……未依法对讯问进行全程录音录像取得的供述，以及不能排除以非法方法取得的供述，应当排除。"

程讯问活动进行同步记录，否则，所获取的供述不得作为定案依据。但实践中，在依法同步录音录像方面存在诸多问题：

（1）对讯问活动录音录像时，使用不能显示时间的器材和软件。公安部已对讯问录音录像的制作提出了具体要求。[1]通常情况下，看守所使用的录音录像设备能够显示时间，这样可以知晓讯问活动开始记录的时间。但仍有个别办案机关使用的是不能显示日期和时间的器材和软件，这样就有可能在对犯罪嫌疑人进行非法讯问之后，再对讯问活动予以补录，以达到规避非法讯问记录的目的。其实，讯问录音录像作为记录讯问活动的视听资料也存在元数据，可以自动捕获讯问录制的开始时间、结束时间、持续时间长度等信息，以此就可以在图像即便没有时间显示的情况下，也可以通过元数据查明讯问录音录像录制的准确时间，是否存在补录情况。对于图像有时间显示的录音录像，也可以将其元数据信息与图像显示时间进行比对，查明是否准确、真实。

（2）讯问笔录的形成时间与讯问录音录像的录制时间不同步。侦查人员在录音录像之前，通过各种方式诱导、逼迫犯罪嫌疑人做有罪供述，之后才打开录音录像设备进行记录。比如徐建新、方彬微对当地某市法院2013年至2015年启动非法证据排除程序的案件进行考察，其中有一件案件排除非法证据的理由是"第2份讯问笔录的制作时

---

〔1〕　2014年公安部颁布的《公安机关讯问犯罪嫌疑人录音录像工作规定》第12条规定："讯问录音录像的图像应当清晰稳定，话音应当清楚可辨，能够真实反映讯问现场的原貌，全面记录讯问过程，并同步显示日期和24小时制作时间信息。"

间与录音录像并不同步，明显存在诱导性发问的情况"[1]。对于这种情况，就可以通过录音录像的元数据，查明讯问开始录制的时间，并与讯问笔录制作时间进行比对，以判断二者是否存在明显的时间差。若确实存在不合理的时间差，应当要求侦查人员对此作出合理解释，不能解释的，对此时段的供述予以排除。

（3）讯问录音录像存在中断、剪辑的情况。比如录音录像可能会因设备出现故障而记录不完整；犯罪嫌疑人时供时翻，侦查机关在被讯问人翻供时，可能关闭录音录像设备进行选择性记录；还有可能在录制完毕后，对录音录像进行剪辑、删改而致内容不完整。通过元数据，可以实现对讯问录音录像的监管活动。录音录像的元数据不仅可以说明被描述讯问录音录像的使用环境、生成时间、录制内容及组成结构，还可以以结构化的规范语言如实地记录和追踪录音录像在生成、移送、保管、使用过程中的动态变化。如前文所述，马静华教授调研中所参观的派出所审讯室，从侦查人员推门就开始自动启动电子监控设备并在系统中实时记录，形成了相应的元数据记录。[2] 即使有人破坏、中断监控设备，也可以通过系统元数据发现记录停止或暂停的时间段，从而判断记录审讯过程的录音录像资料是否完整。如果查阅录音录像时发现，"录像中没有正常的开场语，如权利义务告知；犯罪嫌疑人语音未落，明显转移到了下一句；仓促结尾，明显不

---

〔1〕 徐建新、方彬微："我国刑事非法证据排除规则司法实践实证研究——以 W 市刑事审判实务为视角"，载《证据科学》2016 年第 6 期。

〔2〕 马静华："供述自愿性的权力保障模式"，载《法学研究》2013 年第 3 期。

自然不通顺"[1] 等问题，可以就此节点查看元数据信息予以判断录音录像的完整性。

（四）小结

只有依照法定程序收集的证据，才具有一定的证据能力，否则，不得将其作为认定案件事实的依据。目前，控诉方证明取证合法性的证据主要有侦查人员的"情况说明"、讯问录音录像、入所体检表等。如前文所分析，"情况说明"比较主观，很少有否定侦查机关己方行为的情况，且侦查机关办案压力较大，尤其在警力不足的情况下，出庭并不常见，更多情况是提交纸质的"情况说明"。由于电子卷证元数据会如实显示讯问人员、时间、地点等信息，使用元数据证明取证的合法性，相比侦查人员出庭说明情况更加客观，证明力更强，也可以缓解侦查机关的工作压力；讯问录音录像常会存在不同步、不完整的现象，法官对此难以认定。使用元数据对讯问录音录像的录制时间和录制连续性加以判断，将会使录音录像的同步性、完整性认定更为容易；入所体检表的证明范围有限，在主张存在变相刑讯逼供的情况下，对取证合法性的证明价值则不大。使用看守所管理信息系统元数据，可以对疲劳审讯的认定起到一定的作用。因此，在现有这些证据的基础上，提取较为客观的元数据，则更有助于法官对非法取证事实存在与否加以判断。出于对被告人权益的保障，笔者主张将取证合法性的认定标准规定为"排除合理怀疑"。

---

[1] 马成："讯问笔录与同步录音录像的对照审查方法"，载 http://szdc-mc. fabao365. com/article/view_598417_185429. html，最后访问时间：2018 年 2 月 24 日。

如果提取元数据，就可以凭借其特性，对刑事卷证的真实性、完整性加以确认，从而可以实现对取证合法性程序性争议事实的认定达到"排除合理怀疑"的较高标准。

第四节　审查与评价证据

事实认定者对证据的审查与评价，主要围绕证据的属性展开。而理论界对证据属性的认识却存在分歧。[1] 传统观点认为证据具有关联性、客观性、合法性三个属性，但一些学者也提出了不同的看法，质疑其中某一个或某两个属性。比如，张保生教授并不主张客观性作为证据的一个属性，提出了"新四性说"，即"相关性、可采性、证明力和可信性"。近些年，"证明能力和证明力"的提法被主流学术界所接受，认为更加符合我国实际，便于实务部门掌握，也有助于我国证据立法的进一步发展。[2] 因此，"办案人员审查认定证据的内容主要包括两个方面：其一是审查证据能力，确认其是否具有证据资格，是否可以进入诉讼的'大门'；其二是审查证明效力，即审查获准进入诉讼程序的证据是否真实可靠或者其证明是否有效，是否具有充分证明案件事实的证明力，是否足以作为认定案件事实的根据"[3]。证据能力，是对证

---

〔1〕　有"两性说"（客观性和关联性）、"三性说"（客观性、关联性和法律性）和"四性说"（客观性、相关性、合法性、一贯性）。参见张保生主编：《证据法学》，中国政法大学出版社 2014 年版，第 17 页。

〔2〕　陈卫东主编：《刑事诉讼法学》，高等教育出版社 2017 年版，第 149 页。

〔3〕　何家弘："证据的采纳和采信——从两个'证据规定'的语言问题说起"，载《法学研究》2011 年第 3 期。

据的法律要求，"是一个证据被法庭所容许作为证据加以出示的能力和资格"[1]。"证据能力"是大陆法系国家采用的概念，而英美法系国家将证据采纳问题称为证据的"可采性"，二者只是在适用范围、语言表述方面有细微差别。[2]从立法来看，各国更多的是从反面对证据能力作出规定，通过证据排除规则限定适格证据的范围。"证明力"是对证据的事实要求，即"围绕真实性与相关性解决证据与待证事实证明程度的强弱"[3]。一个掺假的证据或与案件关联不大的证据，对案件事实的证明效力必然较弱。证据的审查与评价就是事实认定者依照职权对证据的证据能力和证明力进行分析与判断，从而为准确事实认定提供依据。由于证据能力与证明力的关系是"证据必须先有证据能力，即须先为适格之证据，或可受容许之证据，而后始生证据力之问题"，事实认定者应当先审查证据能力问题，对于不具备证据能力的证据（如非法讯问所获取的供述），不必审查证明力问题，反之，再继续审查证明力的有无和大小问题。

元数据在审查与评价证据方面，可以发挥非常重要的作用。信息技术改变了卷宗的存储方式，使得卷宗的电子化可以把传统卷宗中不能记载或不能有效利用的信息保存下来并加以利用。这为法官利用客观证据来审查与评价证据提供了可能。

---

〔1〕 易延友：《证据法学：原则、规则、案例》，法律出版社 2017 年版，第 19 页。

〔2〕 适用范围方面，可采性没有限制，而证据能力的适用受到一定限制，用于严格证明（严格依据证据法规定进行证明）；语言表述方面，英美法系国将不应当采纳称为"不可采的证据"，大陆法系国家将之称为"缺乏证据能力"。参见张保生主编：《证据法学》，中国政法大学出版社 2014 年版，第 28～29 页。

〔3〕 陈卫东主编：《刑事诉讼法学》，高等教育出版社 2017 年版，第 149 页。

由于信息科学领域的一切都以元数据为基础，元数据可以客观地描述和管理信息，司法活动领域的电子卷宗系统作为信息管理系统，同样也可以利用元数据监管刑事卷证相关活动。在刑事卷证电子化管理中，元数据是反映系统上刑事卷证内容、结构、背景的全面、系统、有序的信息，能够实时记录刑事卷证制作或提取、保管、传递、利用等运转流程中的所有情况，是刑事卷证电子化管理不可或缺的重要工具。因此，法官借助元数据审查与评价证据，有利于保障事实认定的准确性。

本章前三节所论述的内容，是从控、辩、审三方主体的角度探讨如何将刑事电子卷证元数据用于建立证据保管链、弹劾言词证据的可信性、排除非法证据这些诉讼活动中。其中，排除非法证据所解决的是证据能力问题，建立证据保管链和弹劾言词证据的可信性最终所解决的是证据的证明力问题。证据是诉讼的核心和灵魂，是认定案件事实的依据。证据实现向定案根据的转化，就必须具有证据能力和证明力，这也是法院审查与评价证据的标准。本部分主要在前三节诉讼活动的基础上，从法官审查与评价证据的角度阐明元数据在事实认定中的重要作用。

在辩方申请排除非法证据的情况下，法院应当先审查证据能力问题。本章第三节笔者已经从排除疲劳审讯的供述、排除法定讯问场所之外遭受刑讯的供述、排除未依法同步录音录像的供述这几种情况的角度分别论述了法官如何利用元数据审查与评价证据能力问题，此处不再赘述具体做法。控方所提交的证明取证合法性的证据中，"情况说明"较为主观，讯问录音录像不同步、不完整现象较为常见，提讯证（或提押证）也有篡改的可能。由于讯问同步录音录像或看守所管理信息系统的元数据会如实显示讯问人员、时间、地点等信息，法官据此审查控方证据的真实完整性就会相对容易。实践中，有的案件存在讯问笔录造假情况。根据讯问同步录音录像的制作时间显示，讯问时长只有半个小时，可讯问笔录却有十多页。[1] 显然，讯问同步录音录像元数据中的时间要素反映出随案所制作的讯问笔录与实际情况并不相符。通过比对分析侦查人员讯问活动轨迹和看守所提讯情况的数据，也可以从中发现是否存在侦查违法行为，进而作出证据是否被排除的决定。比如笔者调研时曾了解到，某盗窃案的侦查人员在讯问犯罪嫌疑人之前已经制作好该犯罪嫌疑人供述的讯问笔录，并打印出来，在讯问当天让犯罪嫌疑人在打印的那份讯问笔录上签字。但讯问录音录像显示，讯问当天侦查人员并没有携带笔记本电脑，因而不可能当天制作出打印版讯问笔录。辩护人对此提出质疑。法官调取了该名侦查人员的个人笔记本电脑，最终查到了该份讯问笔录的系统制作、打印时间，都早于看守所管理信息系统中所显示的提审犯罪嫌疑人的时间。因此，这份笔录的内容应当无效。

在证据的证明力方面，本章前两节主要从控方的证明活动和辩方的弹劾活动角度，论述了如何运用元数据加强己方证据的证明力和削弱对方证据的证明力，但庭审举证质证活动的最终意义在于法官如何认证。①对证据保管链的审查。当辩方质疑侦控机关存在毁损、伪造、篡改、隐匿证据等证据管理失范行为，影响到证据的真实性、同一性及相关性时，

---

〔1〕　参见李长城：《中国刑事卷宗制度研究》，法律出版社 2016 年版，第 162 页。

控方提供电子卷宗管理系统建立起的证据保管链记录予以证明，与此同时，法官须对证据保管链记录的完整连贯性加以核实，进而判断证据的证明力。证据保管链制度要求对实物证据从收集到最终处理活动不间断地加以记录。相比传统的书面记录，证据保管链的电子记录可以自动获取卷证生成、移转、保管、利用信息的元数据。元数据具有对信息对象的动态跟踪性，能够自动形成电子记录的监控日志，从而实现对证据保管链信息的有效监督和管理。且"元数据一经形成，就被封装起来，使其只能被写入和读取，不能被改动和删除"[1]。因此，元数据是电子卷证动态活动的真实反映。相比来自侦控机关的证据经手人员所陈述的内容而言，元数据更具有客观性，能够反映出证据保管链的原始状况。一旦证据被篡改、删除，可以在信息系统中寻得证据被污染的痕迹。对于电子日志中有证据异动的记录，法官（或者聘请信息专家）可以审查是否存在证据管理失范情况，并将低信噪比的证据[2]加以排除，以此增强事实认定的准确性。②对言词证据可信性的审查。在美国，"法官主要负责证据相关性、可采性的审查以及可采性与证明力的平衡检验，发挥着证据'过滤器'或'守门人'的作用"[3]。"评估证人的可信性是一件只有陪审团才有资格做的事情，而法官的任务是在证言

---

〔1〕 王英、蔡盈芳、黄磊主编：《电子文件管理》，清华大学出版社2016年版，第75页。

〔2〕 See Alex Stein, "Inefficient Evidence", *Alabama Law Review*, 2014, pp. 424～429. "信号"是指可靠性足以使事实认定者确定有关主张的概率的信息，"噪声"正好相反。低信噪比是证据的噪声遮蔽了其信号，不值得事实认定者加以考虑，增加了错判和错误避免的成本。

〔3〕 张保生主编：《证据法学》，中国政法大学出版社2014年版，第33页。

可信的情况下评估证言的证明力。"[1] 当然，陪审团有时也会放弃行使评估证人可信性的权力，交由法官来审查。特文宁教授在《证据分析》中对证据的可信性进行了详细论述，并将"相关性、可信性和证明（推论）力或分量"作为事实认定者对证据审查的三个特征或资格。[2] 尽管特文宁教授将可信性和证明力作为并列的证据属性，但笔者认为二者的关系密不可分，一般可信性较高的证据，证据的证明力较强，而可信性较低的证据，其证明力则较弱。言词证据具有较大的主观性，控方证据保管链相关人员在出庭说明证据保管情况时，往往具有偏向性，而元数据作为客观证据更能真实地反映证据保管链记录情况，可以用来验证出庭人员情况说明内容的真实与否。如有异常情况，由该名链条相关人员进行解释，法官对解释的合理性予以判断，进而对证据的效力作出评价。此外，控方在证明取证合法性时可能会提请侦查人员出庭作证。侦查人员出庭所作的情况说明同样主观性较强，且有一定的偏向性。元数据则有助于法官对侦查人员情况说明真伪的判断。如被告人提出某次讯问存在疲劳审讯，侦查人员予以否认。法官可以通过调取看守所管理信息系统中所显示的提审开始时间和结束时间的元数据记录，判断侦查人员的陈述内容是否可信，进而对所获取供述的证据效力作出评价。因此，元数据可以成为法官审查证据证明力的客观依据。

---

〔1〕 ［美］罗纳德·J. 艾伦、理查德·B. 库恩斯、埃莉诺·斯威夫特：《证据法——文本、问题和案例》，张保生、王进喜、赵滢译，高等教育出版社2006年版，第168页。

〔2〕 ［美］特伦斯·安德森、［美］戴维·舒姆、［英］威廉·特文宁：《证据分析》，张保生等译，中国人民大学出版社2012年版，第79页。

第四章 借助元数据构建刑事卷证的 电子化管理体系

第一节 元数据用于刑事卷证电子化管理的 证据法要求

对于刑事卷证的电子化管理，我国还处于摸索阶段。如何能够通过刑事卷证的电子化管理来确保证据的真实性、可采性和完整性？笔者认为，其中一个重要的方法就是利用元数据进行管理。元数据是电子文件管理的重要工具，在信息管理领域受到广泛重视。刑事卷证的电子化管理材料也属于电子文件，可以考虑利用元数据的优势，为诉讼活动提供服务。而元数据用于刑事卷证电子化管理活动应当符合证据法的要求。笔者对此从应然的角度提出了三项证据法指引性标准，即保障证据的同一性和真实性；保证证据的可采性；维护证据的完整性。通过元数据对案件全程、动态、实时的跟踪管理，最终实现证据活动的规范化和案件处理的公正性。

一、保障证据的同一性和真实性

证据的同一性是指提交法庭的证据就是公安机关在侦查活动中所收集的证据，这就意味着证据从发现、收集、保管、鉴定、移送到开示各环节都具有同一性，期间没有被替换。实践中通常的做法是控诉方通过宣读侦查人员庭前所做的勘验、检查、搜查等各种笔录类证据的方式，来完成对证据同一性的证明。可这些笔录类证据只是涉及实物证据的来源和收集情况，无法证明证据保管链的后续环节，也就无法完全证明实物证据的同一性。因此，需要按照时间顺序建立证据从获取到开示各环节连续的记录体系。一旦中间任何一环记录没有衔接，就会造成证据保管链的断裂，影响到证据的同一性认定。

侦查人员收集的证据材料并非都是真实的，有可能存在物证被掺假、书证被篡改、犯罪嫌疑人作不实供述、被询问的证人说谎等各种证据材料虚假的情况。然而，只有真实的证据材料才能起到证明案件真相的作用。虚假的证据材料不仅不能反映案件事实，反而会误导事实认定者对案件真相的查明。既然证据材料有真有假，就需要通过证据保管链记录辨明证据的真伪。

证据的同一性是决定该证据与案件事实具有相关性的重要因素，证据的真实性是决定该证据证明力大小的关键因素[1]。保障证据的同一性和真实性，有助于促进事实真相的

---

[1] 腾岩："电子证据法律效力的难点及对其管理的启示"，载《辽宁警专学报》2011 年第 1 期。

发现。诉讼认识论认为："诉讼活动也是一种认识活动，是诉讼主体对诉讼客体（已经发生的案件事实）的一种追溯性的特殊认识活动。"[1] 事实形成于一定时间和空间，已然发生就不可逆转、无法再现。事实认定者并没有亲历案件的发生，那么如何对过去的事实加以判定呢？只能依靠证据。事实认定者可以根据控辩双方所开示的证据对案件事实进行推论。"证据就像一面'镜子'，'折射'出事实（客体）。"[2] 什么情况的证据，就会折射出什么情况的事实。伪造或虚假的证据材料不会反映出案件事实的本来面目，只有保障证据的同一性、真实性，才能据此推理出符合真相的事实。可是，法庭上控辩双方提出的事实主张往往是相反的，提交的证据内容存在偏差甚至是完全不同的，事实认定者应该支持哪一方的诉讼主张呢？可以考虑根据元数据记录来判断哪一方的证据具有同一性和真实性。

刑事卷证信息在电子卷宗管理系统中一经录入，就同时被系统识别、分类和标识，与此形成元数据信息被记录到系统日志中。这部分元数据是稳定不变的，与系统上的刑事卷证信息同时捕获，描述了刑事卷证信息生成时的内容、结构、背景信息等全部情况。随着刑事卷证信息后续存储、流转、检索与查询以及流程监管等活动的进行，元数据能够在系统上即时地、动态地获取刑事卷证相关信息，也就是能够在数字化环境中跟踪记录全程的刑事卷证电子化管理信息。根据元数据的时间记录和对应的业务活动，

---

〔1〕 樊崇义："我的刑事诉讼哲理思维"，载《东方法学》2010 年第 6 期。

〔2〕 张保生主编：《证据法学》，中国政法大学出版社 2014 年版，第 13 页。

可以判断刑事卷证信息所发生的变化。如果查找到刑事卷证信息存在被篡改、删除的记录，抑或刑事卷证信息在存储中存在被非法访问或侵入的记录，抑或在移转中存在数据丢失或被非法截获的记录等，就无法保证证明案件事实的证据是真实的，也无法保证法庭提交的证据就是案发现场所提取的证据。由于电子卷宗管理系统易被攻击、篡改，因此利用元数据记录判断证据的同一性和真实性就显得尤为必要。

　　随着区块链技术的成熟应用，也可以尝试在司法领域采用区块链系统。相比传统电子系统的集中性，区块链系统则是分布式的，可以使刑事卷证电子化管理记录有数个备份，而且系统里的所有数据记录都是可追溯的，在系统每个节点上都存在附带时间戳的刑事卷证电子化管理活动记录的完整拷贝，这些操作是系统自动完成的，添加信息需要得到系统的共识，因而系统上的数据不可被篡改，这将更有助于确保刑事卷证信息的真实性。[1] 区块链系统还可以进行严格的权限设置。"在一个共同约定的协议被写入代码之后，系统的Contractual（按照合约执行的）特性使得只有确定权限的用户才能访问加密的数据。"[2] 因此，并非所有人可以随意访问区块链系统，确保了系统数据的安全性。

二、保证证据的可采性

　　证据的可采性（admissibility），亦称证据能力或证据资

---

〔1〕 谭磊、陈刚：《区块链2.0》，电子工业出版社2016年版，第13、38页。

〔2〕 谭磊、陈刚：《区块链2.0》，电子工业出版社2016年版，第13页。

格，是指一个证据被法庭采纳作为证据的能力和资格。[1] 证据具有进入法庭的资格，是该证据最终被采信成为定案根据的前提。"可采性是'容许'和'排除'、激励功能和限制功能的统一，主旨是鼓励采纳证据，排除规则是可采性规则的具体形式。"[2] 可采性包含了证据被事实认定者采纳或排除两个层面。一方面，事实认定者依靠证据来认定事实和解决争端。证据越充足，越能更清晰地勾勒出案件事实的本来面目。因此，鼓励多采纳证据，即只要证据能够证明案件事实，就应当尽可能地采纳该证据；另一方面，证据排除规则限定了证据容许的范围。如英美法系国家规定了非法证据排除规则、品性证据排除规则、传闻证据排除规则、作证特免权规则、不得用以证明过错和责任规则等一系列的证据排除规则。[3] 我国还尚未完全确立如此完整的证据排除规则体系，但为了防范或减少冤假错案，2012 年修改的《刑事诉讼法》重点对非法证据排除规则进行了完善，且于 2017 年专门针对非法证据排除规则出台了详细的司法解释。[4]

非法证据排除规则设立的理论基础是公正价值。"公正性是设立非法证据排除规则的唯一正当理由。"[5] 公正分为实体公正和程序公正。非法证据排除规则体现的是程序公正价值。尽管侦查机关所获取的证据可能会起到证明案件事实

---

〔1〕 张保生主编：《证据法学》，中国政法大学出版社 2014 年版，第 37 页。
〔2〕 张保生主编：《证据法学》，中国政法大学出版社 2014 年版，第 37 页。
〔3〕 张保生主编：《证据法学》，中国政法大学出版社 2014 年版，第 28 页。
〔4〕 2017 年 6 月，最高人民法院、最高人民检察院、公安部、国家安全部、司法部联合发布《关于办理刑事案件严格排除非法证据若干问题的规定》。
〔5〕 张保生："证据规则的价值基础和理论体系"，载《法学研究》2008 年第 2 期。

的作用，但该证据是以非法方法所收集的，就不符合正当法律程序原则，侵犯了被追诉人的健康权、人格尊严等基本人权，应当被排除。非法证据排除规则最早在美国确立，涉及公民的宪法权利。"凡是违反宪法第四修正案、第五修正案及第六修正案而取得的证据，不得在刑事诉讼中被采纳用于证明被告人有罪。"[1] 我国的非法证据排除规则，也是国家尊重和保障人权的重要制度体现。比如对被追诉人采取刑讯逼供手段所获取的口供，因没有给予其人道待遇，该口供应当丧失被法庭采纳的资格。

在实施电子卷宗管理系统之后，元数据有助于对非法取证行为加以审查和判断，从而保证证据的可采性。元数据可以自动捕获系统中有关刑事卷证动态活动的信息，形成系统日志数据记录。由于这些元数据记录具有一定的客观性，因而据此对侦查机关是否存在非法取证行为所得出的结论，要比侦查人员作出的情况说明更易使人信服。相比侦查人员出庭说明情况而言，公诉人员实践中在证明取证合法性问题上，选择向庭审提供讯问录音录像的情况更为常见。[2] "只有侦查人员与嫌疑人双方在场的讯问环境

---

〔1〕　美国宪法第四修正案涉及的是人民的人身、住宅、文件和财产不受无理搜查和扣押，因此，非法搜查、扣押获得的实物证据应当予以排除；第五修正案涉及的是反对强迫自证其罪，因此，侵犯被追诉人沉默权所获取的口供，应当予以排除；第六修正案涉及的是获得律师帮助的权利，侵犯此权利获取的口供，应当予以排除。陈卫东：《刑事诉讼法学》，高等教育出版社 2017 年版，第 176 页。

〔2〕　侦查人员的工作压力大，在警力不足的情况下，往往没有时间出庭作证。而且，很多侦查人员基于官本位意识，心理上对出庭比较抵触。还有些侦查人员因办案数量多和距离案发远，对某个案件的具体情形已记不太清，即使出庭也无法准确说明情况。

中，录音录像可以起到见证整个讯问过程合法性的作用。这对处于弱者地位的嫌疑人构成了一种人身安全的保护，也对作为强者的侦查人员构成了一种制衡机制。"[1] 立法为了遏制侦查人员对犯罪嫌疑人的非法讯问行为，建立了同步录音录像制度。但采取讯问录音录像措施后，实践中又出现了很多问题。比如讯问录音录像的录制时间与讯问时间不同步。如果没有元数据记录，该问题很难得到证明，是否合法取证也难以搞清。即使证明标准从"排除合理怀疑"降低到"优势证据"，也难以对合法取证和非法取证的哪种可能性更大作出判断或作出模糊的判断。同步录音录像的时间范围应当是从被讯问人进入讯问室开始，到离开讯问室结束。[2] 通过查看讯问录音录像的元数据，就可以知晓讯问开始录制的时间，将此与提讯证中记载的登记时间或看守所管理系统中记录的侦查人员提讯时间进行比对。如果扣除讯问录音录像设备打开的正常时间，二者仍具有较大的时间差，则可以判断非法取证的可能性较大。若侦查人员对此不能作出合理解释的，则该次录制的供述内容不具有可采性。其实，实践中已有运用元数据判断非法取证的案例，如

---

〔1〕 陈瑞华："非法证据排除规则的适用对象——以非自愿供述为范例的分析"，载《当代法学》2015 年第 1 期；陈瑞华：《刑事证据法的理论问题》，法律出版社 2015 年版，第 138 页。

〔2〕 参见《人民检察院讯问职务犯罪嫌疑人实行全程同步录音录像的规定》第 5 条第 2 款规定："在看守所、人民检察院的讯问室或者犯罪嫌疑人的住处等地点讯问的，讯问录音、录像应当从犯罪嫌疑人进入讯问室或者讯问人员进入其住处时开始录制，至犯罪嫌疑人在讯问笔录上签字、捺指印，离开讯问室或者讯问人员离开犯罪嫌疑人的住处等地点时结束。"

陈某昊故意杀人案[1]。录音录像的元数据不仅可以说明被描述讯问录音录像的使用环境、生成时间、录制内容及组成结构，还可以如实地记录和追踪录音录像在生成、移送、保管、使用过程中的动态变化。如果侦查人员对讯问录音录像显示的录制时间进行过篡改，也可以通过元数据追踪到时间被篡改的行为信息，并形成日志记录。因此，通过元数据，可以实现对讯问录音录像的监管活动，进而对是否存在非法取证行为加以判断。

三、维护证据的完整性

案件事实的发生具有既成性。已经发生的事实，客观上总会留下很多反映案件内容的信息，并以证据的形式呈现出来。然而，"案发后的自然选择与人为选择，导致了借以认识案件事实的证据的持续衰减"[2]。因此，案件发生后所留下的证据并非全部都会进入到诉讼程序或呈现到法官面前。可是，证据的不完整将会导致所反映的案件内容具有一定的

---

〔1〕 侦查机关对陈某昊讯问的一次录像显示，陈某昊接受审讯的时间是2009年3月2日11点50分起至2009年3月2日12点15分，而该次审讯的提讯证上显示审讯时间是2009年3月2日10点55分起至2009年3月2日12点21分，侦查人员在审讯活动中有40分钟左右的时间呈现空白状态，既无审讯笔录，也无录像记录。而陈某昊提出，侦查人员在录音录像前曾对其进行恐吓。合议庭认定，不排除侦查人员对陈某昊进行恐吓威胁的可能性，因此，认定该审讯录像没有证据能力，属于非法证据，予以排除。见陈文飞："重大杀人嫌犯陈灼昊因非法证据排除而宣告无罪——反思我国非法证据排除规则"，载 http://blog. sina. com. cn/s/blog_151e11e0d0102wm3k. html，最后访问时间：2018年7月24日。
〔2〕 王进喜："论辩护人维护证据完整性权利的运行条件与环境"，载王进喜主编：《刑事证据法的新发展》，法律出版社2013年版，第15页。

片面性，最终影响到案件的公正处理。那么，何谓证据的完整性呢？其实，证据的完整性并非强调证据绝对没有缺失，而是期待其趋向于完整性，即为了在诉讼活动中准确认定事实，侦查机关应当尽可能发现和提取案件发生后留下的所有证据，公诉机关向事实认定者应当尽可能全面移交据以裁判的证据，控辩双方尽可能地开示所有证据，向事实认定者呈现全部案情。[1] 由于刑事诉讼是由控诉方承担证明责任，维护证据的完整性则主要是对侦控机关提出的要求。我国《刑事诉讼法》第52条[2]已规定了侦控机关全面收集证据的义务。而且，《刑事诉讼法》第41条[3]还对侦控机关违反该义务的行为，赋予了辩护人以申请调取证据的方式维护证据完整性的权利。侦控机关应当尽可能地避免证据减损或灭失，无论是有利于被追诉人的证据，还是不利于被追诉人的证据，都应当收集和移送，这样才有利于实现法官对案件事实的全面认识和准确判定。

此外，"证据的完整性原则有不同的层次含义，最微观的层次，应当是每种证据形式的完整性；最宏观的层次，应当是整个案卷的完整性"[4]。比如，讯问录音录像的选择性

---

〔1〕 王进喜："《律师法》的迷途及其证据法进路"，载《中国司法》2010年第10期。

〔2〕 《刑事诉讼法》第52条规定："审判人员、检察人员、侦查人员必须依照法定程序，收集能够证实犯罪嫌疑人、被告人有罪或者无罪、犯罪情节轻重的各种证据……"

〔3〕 《刑事诉讼法》第41条规定："辩护人认为在侦查、审查起诉期间公安机关、人民检察院收集的证明犯罪嫌疑人、被告人无罪或者罪轻的证据材料未提交的，有权申请人民检察院、人民法院调取。"

〔4〕 杜国栋：《论证据的完整性》，中国政法大学出版社2012年版，第298页。

录制、储存、移送或对其内容进行剪辑[1]，违反的是证据完整性最微观的层次。而《刑事诉讼法》第41条和第52条的内容，涉及的是证据完整性最宏观的层次。

刑事卷证完整性主要有三方面的要求：卷证内容具有全面性；卷证流程和形式具有规范性；卷证作用体现控辩双方的对抗性。

（1）从内容来看，侦控机关不仅要收集和移送不利于犯罪嫌疑人、被告人的证据，也要收集和移送有利于犯罪嫌疑人、被告人的证据。当前刑事卷宗在形成上具有封闭性、单方性的特点。侦查机关是决定如何制作、编排卷宗材料的唯一主体，可能会为了与内心预定的侦查方向相一致而人为地任意取舍、组装证据，这样就会呈现出一种"证据偏在"[2]。在这种有罪推定的心理倾向下，极易产生冤假错案。如念斌案存在隐匿证人证言和鱿鱼等关键物证的情况，而且为了卷宗的完美还制作虚假证据，最终酿成冤案。[3] 在何家弘教授为首的"课题组收集的137起错案中，几乎在每一起中都可以看到这种因先入为主而片面取证的情况"[4]。虽然

---

〔1〕　侦查机关在录制、储存和移送讯问录音录像时，会遵循有利于指控的原则，即有罪的供述才录制、存盘和移送，不认罪或反映非法讯问内容的录音录像不予录制、存盘和移送。参见左卫民等：《中国刑事诉讼运行机制实证研究（六）——以新〈刑事诉讼法〉实施中的重点问题为关注点》，法律出版社2015年版，第168~169页。

〔2〕　"证据偏在"主要指制作或移送刑事卷宗时，未依法纳入或全面移交证据，只涉及有罪或罪重证据，不包括无罪或罪轻证据的情况。

〔3〕　张燕生："念斌案，令人震惊的真相"，载 http://blog. sina. com. cn/s/blog_52f113450102uxu8. html，最后访问时间：2018年7月29日。

〔4〕　何家弘："当今我国刑事司法的十大误区"，载《清华法学》2014年第2期。

侦控机关在追究犯罪和保障人权之间寻求平衡点有所难度，但至少不能突破客观公正的底线，不能为了胜诉而隐匿无罪、罪轻证据，甚至提交虚假证据。"公正始于侦查，如果侦查机关在搜集、固定证据时偏离了公正要求，案件就不会有公正的结果。"[1] 在采用电子卷宗管理系统之后，元数据作为数据管理工具，能够对刑事卷证信息的任何操作活动进行全程管控。如果侦控机关对有利于被追诉人的证据材料存在篡改或删除记录等行为，就会被系统元数据捕获到，并以日志文件的方式记录下来，以此加强对破坏证据完整性行为的监管。这样，元数据的客观记录特性无形中也可以倒逼侦控机关活动的规范化，通过履行维护证据完整性的义务[2]，并形成相关电子记录，保障控辩双方平等利用证据的机会。

（2）从流程来看，侦控机关在制作、保管、移送、使用刑事卷证的过程中应当注重规范性，形成完整、连贯的记录。规范是按照一定的规则实施活动以达到既定目标的要求，是人们行为或行动的准则。刑事卷证是体现刑事诉讼活动的信息载体。刑事卷证活动的规范性是程序法定原则的直接体现[3]

---

〔1〕 刘子阳、周斌："中央司改办负责人姜伟就司法体制改革答记者问"，载《法制日报》2018年10月31日。

〔2〕 联合国的《关于检察官作用的准则》第13条规定："检察官在履行职责时，应……保证公众利益，按照客观标准行事，适当考虑到嫌疑犯和受害者的立场，并注意到一切有关的情况，无论是对嫌疑犯有利还是不利……"据此，王进喜教授提出检控方有维护证据完整性义务的观点，并认为该义务主要体现为检控方保存证据的义务和检控方无正当理由不得扣压证据两个方面。参见王进喜："论辩护人维护证据完整性权利的运行条件与环境"，载王进喜主编：《刑事证据法的新发展》，法律出版社2013年版，第16～17页。

〔3〕 刘平、薛潮平："试论检控方隐匿脱罪证据的司法控制"，载http://blog.sina.com.cn/s/blog_459e1abd0102xtad.html，最后访问时间：2018年7月29日。

我国《刑事诉讼法》及相关司法解释、部门规章等[1]都对刑事卷证的制作、保管、移送、使用作出了详细规定，办案机关对刑事卷证的管理活动应当遵循相关法律进行。刑事卷证的规范性主要表现为流程的规范化和客体的规范化。前者要求刑事卷证活动依诉讼流程有序展开，并形成完整、无缝对接的记录体系。按照刑事诉讼进程，刑事卷证分为侦查卷证、起诉卷证和审判卷证。其中，侦查卷证的移送贯穿于整个刑事诉讼过程中，只要案件进入到下一个诉讼阶段，侦查卷证就被移转下去，直至案件终结。而起诉卷证和审判卷证的形成是以侦查卷证的内容为基础的。期间，刑事卷证的移转也会出现反向，如退回补充侦查的情况。随着公检法机关电子卷宗的普及和共享，刑事卷证的各项动态活动都会在系统中被元数据记录和监控。通过查看元数据中的时间记录，可以知晓刑事卷证的电子化管理活动是否得到衔接。建立刑事卷证完整而连贯的记录体系，[2]是其内容真实性的重要保证；后者是对刑事卷证材料形式方面的法律要求。立法规定了卷证材料的形式规范。若违背卷证材料的完整形式要求，则可能影响其所呈现内容的真实性。例如，侦查机关的勘验笔录未按法定要求[3]制作，通过元数

---

　　[1]　如《刑事诉讼法》第52条、第53条、第175条、第176条等；《公安机关刑事案卷立卷规范（2014年版）》《人民检察院制作使用电子卷宗工作规定（试行）》《关于全面推进人民法院电子卷宗随案同步生成和深度应用的指导意见》《北京市高级人民法院、北京市人民检察院、北京市公安局关于赃证物管理、移送办法的通知》等。

　　[2]　陈永生："证据保管链制度研究"，载《法学研究》2014年第5期。

　　[3]　《最高人民法院关于适用〈中华人民共和国刑事诉讼法〉的解释》，第88条规定。

据判断，文字记录填写时间与现场照片或录像的显示时间不一致，且文字记录缺少见证人的签名，则可能存在事后虚假制作勘验笔录的情况。

（3）从所起作用来看，最终形成的审判卷证不仅包括实质证据，还应当包括弹劾证据，体现出控辩双方的对抗性。证据的完整性是实现以庭审为中心的审判方式改革的基础。利用元数据弹劾控方言词证据的可信性，可以加强辩护方的对质权。前文所述，辩方可以对出庭作证的证据保管链相关人员和侦查人员进行弹劾。前者，证据保管链相关人员在掌控证据期间，承担着保障证据安全和记录证据变化状况的义务。当辩护方对证据保管链有争议时，可以要求争议环节的链条相关人员出庭对证据保管情况予以说明。辩护人就所质疑的证据可能被污染、替换、损坏或者证据保管链发生断裂的情况对其进行询问。若其无法说明或对质疑问题予以否认，辩护人可以提出元数据（如证据保管记录被篡改的系统日志），对证据保管链相关人员情况说明的可信性进行弹劾；后者，侦查人员出庭说明取证的合法性，是一种自证清白的活动，"情况说明"的证明力非常有限。而元数据记录作为客观证据，其证明力较强。当辩护方对"情况说明"的某些内容存有疑虑时，应当有权提出元数据来弹劾侦查人员不实的说明内容，以此提高辩护方的防御能力，增强庭审的对抗性。因此，刑事卷证的最终形成应当是多方诉讼活动的结果。

第二节　当前借助元数据进行刑事卷证
电子化管理的制约因素

一、专门技术人员的介入

卷宗的电子化，使得卷证材料及其元数据是以电子数据的形式呈现出来。电子数据是"以电子形式存在的，用作证据使用的一切材料及其派生物"[1]。电子卷宗是办案机关"在案件受理时接收或办理过程中形成的电子文档、图像、音频、视频等电子文件，以及将纸质案卷材料依托数字影像、文字识别等技术制作而成的电子文档、数据等电子文件"[2]。而描述和监管刑事卷证电子化管理活动的元数据依附于电子卷证材料，其形成和使用都离不开信息技术，内容的显示需要借助电子设备。元数据在描述刑事卷证电子化管理材料时，会映射出公检法机关的卷证管理活动，能够对办案机关制作或提取、移交、保管、利用、处理刑事卷证等整个过程的变化情况加以全程监控，追踪到刑事卷证管理失范行为的痕迹。当案件涉及刑事卷证的相关程序争议时，可以将元数据作为诉讼证据证明该程序法事实。比如辩护方提出控诉方没有依照法定程序收集、保管、移送、开示证据，或存在破坏刑事卷证载体完整性和真实性的行为，就可以申请法院调取元数

---

〔1〕　陈光中主编：《刑事诉讼法》，北京大学出版社、高等教育出版社2016年版，第220页。

〔2〕　《关于全面推进人民法院电子卷宗随案同步生成和深度应用的指导意见》，第2条第（一）项的规定。

据予以查明。因此，元数据可以以电子数据的形式证明刑事卷证的程序争议事项。

如同电子数据一样，采用元数据在证明程序法事实时，也需要依法指派或聘请计算机司法鉴定人员对元数据的专门性问题进行分析，并出具鉴定意见。[1] 刑事卷证信息在形成、储存、传输、利用过程中，可能会因为办案人员的不规范操作或者故意篡改而遭到污染，并且这种操作在系统某些层面无法被人直接观察到，但这种变动的情况会被系统其他层自动捕捉，在日志中留下记录，也就是形成元数据记录，可以追踪到被污染的痕迹。元数据与刑事卷证电子化管理材料不可分割地关联在一起，因此，能够真实地反映刑事卷证电子化管理活动的全程信息，能够用于证明程序争议事实。若法官对元数据记录无法作出确认，那就仍需要计算机司法鉴定人员介入到诉讼活动中。鉴定人运用专门知识和技能，对元数据所反映的刑事卷证动态变化情况进行鉴别和判断，制作出元数据分析报告。法官据此可以认定刑事卷证的管理失范行为。

二、信息共享障碍因素

为了优化证据管理体系和加强对案卷管理的监督，需要建立刑事卷证电子化管理的信息共享机制。目前，在我国刑事诉讼活动中，实际上是由各阶段负责机关对卷证进行管理，然后再向下一阶段负责机关移送卷证材料。在这个过程中，

---

〔1〕《刑事诉讼法》，第 192 条；《关于办理刑事案件收集提取和审查判断电子数据若干问题的规定》，第 21 条。

各阶段对于卷证的管理自行其是，各有一套管理体系，相互之间并无直接的联系。法院最终在案卷中看到的证据信息，是不是侦查机关获取的全部信息？在这种卷证管理体系严重脱节的情况下，由于各种原因导致的证据被篡改、隐匿等证据管理失范行为时有发生，严重影响司法公正，甚至直接导致冤假错案的发生。因此，尤为需要建立刑事卷证电子化管理的信息共享机制，实现对刑事卷证电子化管理活动的全程监管。

可在信息技术发展如此迅速的形势下，实践中却仅有少数地区的公检法机关实现了卷证的共享。如山东省寿光市检察院建立案件信息共享平台，"刑事案件受理、卷宗和物证移送、法律文书送达、人员换押、律师阅卷、案件审查、庭审示证、案件评查等工作全部通过平台运行，所有办案人员的全部操作都会被自动记录并生成项目数据在平台留存，操作人员、时间、内容一目了然，任何更改都会在平台上显示，办案活动全程留痕，所有办案部门相互监督制约"[1]。可见，通过共享平台，既可以消除"信息孤岛"，加强对刑事诉讼活动尤其是侦查活动规范化的监督，又可以有效避免刑事卷证电子化管理材料的重复制作，节约大量的人力、财力、物力司法资源，还可以突破传统卷证使用上的时空局限性，实现电子卷证的一次导入、多人多次同时的高效利用。

卷证信息共享的优势如此之多，那为什么还存在共享障碍呢？笔者在调研中了解到主要存在以下几个因素：①从技

---

〔1〕 林嘉中、王全国："证据移送只需数分钟——山东寿光：信息共享平台为办案插上'智慧翅膀'"，载《检察日报》2017年9月1日。

术层面，共享需要各机关的系统兼容，才能够实现数据交换。但由于我国公检法机关在建立电子卷宗系统或涉案财物管理系统时，是由各机关独自联系不同的系统开发商采用不同的系统建设卷证电子化管理平台，因此在系统兼容方面存在一定的难度，这就需要采用统一的卷证管理系统。但一些办案人员从部门利益角度出发，考虑到对电子卷宗和涉案财物管理系统已有前期投入，不愿放弃已经固有使用的平台系统。因此，还需要当地的政法委主持协调公检法各机关使用统一的电子卷宗管理系统，实现电子卷宗内容的共享兼容。涉案财物管理系统也可以先采用此种方式，在将来有条件建立统一的涉案财物管理中心时，再由中心面向公检法机关实现证据管理信息的数据共享。②从认识层面，信息共享意味着诉讼活动处于实时监控之下，这也给一些办案人员造成了工作压力，使得其从心理上抵触信息共享。其实，共享可以倒逼办案人员卷证管理规范化，也是证明其合法行为的一种保护。③从信息安全层面，有些办案人员担心共享会泄密，影响到案件的正常办理。这就需要技术人员定时做好系统维护工作。

　　我国卷宗中的证据材料只记录了生成时的状况，尚未形成建立证据保管链的观念，欠缺对证据管理流程的完整记录。信息共享的实现，有助于建立统一的卷证信息管理系统。在诉讼的每个阶段，公检法机关必须将与卷证管理活动有关的全部信息都录入系统中，形成完整、连贯的证据保管链记录。这样，既有利于保障证据的完整性，同时也加强了审查起诉和审判环节对证据活动的有效监督，尽量杜绝因卷证信息不完整或者信息不准确而造成的司法不公正现象。因此，权衡利弊，建立电子卷宗管理系统的信息共享机制应当是利大于弊。

三、信息安全风险

采用信息技术手段管理刑事卷证信息时，需要注意信息安全问题。信息安全的风险因素主要来自三个方面：①自然因素。如发生特大雨雪天气等自然灾害，导致通信中断。②系统因素。如存在系统漏洞、硬件故障等，影响网络正常使用。③人为因素。一类是人为误操作，如误删除信息或输入错误信息。一类是人为恶意破坏，如使用制造、传播计算机病毒等非法手段侵入系统篡改或删除信息，甚至造成系统瘫痪，抑或未经授权访问系统查看、窃取信息，等等。[1]

面对种种信息安全风险，应当加强对刑事卷证信息的防范和保护。从刑事卷证电子化管理活动的流程来看，不同阶段采用的信息安全防范手段会稍有不同。在刑事卷证信息的生成和移送过程中，由于卷证材料需要在不同计算机之间流转，接触人员较多，主要采用"加密技术、数字签名、安全协议、访问控制和数据备份等"[2] 技术维护刑事电子卷证的

---

〔1〕　冯前进等编著：《信息安全保障实务》，中国政法大学出版社 2014 年版，第 218~219 页。

〔2〕　这几种技术中，数字签名是以电子形式存在于数据信息之中，或作为其附件的或逻辑上与之有联系的数据，可用于辨别数据签署人的身份，并表明签署人对数据信息中包含的信息的认可。使用数字签名可以确认接收卷证方的真实身份；安全协议是在用户之间彼此不见面的情况下，通过加密技术、数字签名技术所设计的安全验证协议，以确保电子文件在传递中的真实性、完整性和保密性，以及保证电子文件发送方和接收方正确收发电子文件；访问控制是为了限制访问主体对访问客体的访问权限，从而使电子文件管理系统在合法范围内使用。张健：《电子文件信息安全管理研究》，世界图书出版公司 2012 年版，第 93、97~108 页。

信息安全，以保证刑事卷证内容的完整性、可用性和可靠性；在刑事卷证信息的保管过程中，由于一般安排由专人负责卷证信息的保管问题，其他主体若需要使用刑事卷证信息，需要得到保管人员的允许。此阶段主要采用"数字水印、访问控制、通用计算机文件格式、特征固化和数据备份等"[1] 技术维护刑事卷证电子化管理材料的信息安全。其中，访问控制需要设置权限管理，防范未经授权的操作和利用，确保信息的安全。如果容许随意修改、删除系统文件内容，不加以限制，就会影响到刑事卷证内容的真实性。不同的权限表示进入系统的各主体在使用时所能访问的数据信息以及所能执行的操作有所不同。而在刑事卷证电子化管理体制中，也需要根据主体身份的不同，对其执行各项操作的职权范围进行划分。合理设计权限分配体系，刑事诉讼流程中各类主体依权限对刑事卷证信息进行操作，是发挥元数据监管优势的关键。对于刑事卷证电子化管理的各种关键操作，如录入、修改、删除等，元数据都会详细记录且长期留存，实现对刑事卷证信息有效而安全的控制。这些信息对于程序的正当性、合法性审查具有至关重要的意义。而且，这种作用不仅仅存在于一审和二审过程中，如果日后提起再审，相关记录依然

---

〔1〕 这几种技术中，数字水印是将标识信息数字水印嵌入数字载体的技术，隐藏电子文件中的某些构成信息，从而达到确认电子文件的信息或判断电子文件内容是否被篡改等目的。数字水印还可以保存元数据以确定电子文件流程信息，确保电子文件的可追溯性；通用格式是通过采用电子文件存储在计算机介质上的通用文件格式，达到文件长久保存的目的，避免文件无法读取；特征固化是采用二维码技术、数据备份技术等提取电子文件的特征信息并将之固化到纸张等载体上保存的方法。张健：《电子文件信息安全管理研究》，世界图书出版公司2012年版，第93、104~122页。

可能发挥重要作用。此外，加强电子卷宗管理系统的安全防护功能，需要定期对信息载体进行检查，做好数据备份，以防刑事卷证电子化管理活动材料被毁损或篡改。

第三节　借助元数据构建刑事卷证电子化管理体系

在刑事卷证电子化管理中，元数据可以描述系统上刑事卷证的内容、结构、背景信息及其管理过程的数据。[1] 在电子卷宗管理系统[2]中，通过捕获元数据，可以了解和监管刑事卷证信息生成、存储、流转、检索与查询以及流程监控等各种活动的情况，以确保构建一个完整的刑事卷证电子化管理体系。

一、刑事卷证动态活动的信息录入

"2011 年 3 月，公安部部署全国公安机关开展了涉案财物管理问题的专项整治工作，建立物证台账、设立物证保管室，对违规现象进行先期整改，并要求各省建立健全涉案财

---

〔1〕　参见中华人民共和国国家质量监督检验检疫总局、中国国家标准化管理委员会：《信息与文献　文件管理　第 1 部分：通则》，中国标准出版社 2011 年版，第 2 页。

〔2〕　此处的电子卷宗管理系统是广义的系统，除了狭义的电子卷宗管理系统，还包括赃证物管理系统（或涉案财物管理系统）。赃证物管理系统（或涉案财物管理系统）随着数据的共享，可以作为电子卷宗管理系统的子系统，这样便于诉讼各主体了解证据保管链信息，为诉讼证明活动奠定基础。而目前的涉案财物管理系统是案件管理平台的子系统，不随案传送，由公检法机关各自独立建设和负责，缺乏证物管理之间的信息沟通，不利于证据保管链的建立。

物管理制度。"[1] 之后，各地公安机关都积极加强涉案财物管理中心[2]的建设。在公安部门改善物证管理条件的同时，各地检察机关也逐步开展物证保管室的建设。不仅如此，随着信息技术的发展，很多办案机关积极探索利用"物联网无线射频技术、信息化技术、数据库技术"[3] 管理证物，以实现涉案物品管理的规范化。鉴于公检法机关各自分别建立物证保管室，会存在建设资源浪费、操作标准不统一、管理链条脱节、管理信息不共享、流转中增加物证丢失风险等诸多弊端，李玉华教授主张："建立独立于公检法机关的证据保管中心，由政府的司法行政部门进行管理，统一保管刑事诉讼中从立案、侦查、审查起诉到审判等整个诉讼过程涉及的证据。"[4] 这样，侦查机关收集到证物之后，交由统一的证据保管中心进行管理，并在系统中录入刑事证据动态活动信息。那么，公检法机关之间在审前阶段不需要再互相传送物证，只要在系统上传送物证信息即可，这样可以降低物证因移转而丢失、毁损的风险，也缓解了公检法机关需要专门安排人员和场所管理物证的压力。实践中，已有地方开始试点建立统一的物证管理中心。比如诸暨市建立了全国首家公检

---

〔1〕 何永军："刑事物证的困境与出路"，载《昆明理工大学学报》2016年第3期。

〔2〕 保管物证场所的名称在实践中有所不同，有的机关称为"涉案财物管理中心"，有的机关称为"物证管理中心"，还有的机关称为"赃证物保管室"等。

〔3〕 解裕涛："内蒙古首家赃证物管理系统投入使用"，载《北方新报》2016年4月20日；李然："南充首个赃、证物管理系统投入运行"，载《南充日报》2016年10月14日；李传敏、郑晓萍、凌志明："琼中检察院强化涉案财物管理——涉案财物物联化可追溯"，载《法制时报》2017年10月24日。

〔4〕 李玉华："论独立统一涉案财物管理中心的建立"，载《法制与社会发展》2016年第3期。

法一体的刑事诉讼涉案财物管理中心，将该中心的证物管理场所设在公安机关，由当地政法委牵头，采取公检法三家联合管理的方式管理证物。[1] 该中心"建立的涉案财物信息共享平台，将检法两院涉案财物数据信息统一录入，实现信息共享和涉案财物电子化移交"[2]。2016年底，深圳市宝安区也建成公安机关、检察机关、法院和财政局等跨部门联合管理的统一涉案财物管理中心，实现"实物不动、凭证流转、责任转移"。[3]

可见，随着刑事卷证采用电子化的管理方式，刑事卷证信息的录入也发生了变化。

（1）卷证录入次数和方式有所不同。由于以往证物需要在公检法机关之间流转，卷宗材料也是在诉讼流程前一机关制作的基础上再重新制作，造成了卷证信息由公检法机关多次重复录入的情况，但未来的发展方向是卷证信息一次录入、多次使用，各机关之间可以实现共享。目前随着最高人民检察院发布了《人民检察院制作使用电子卷宗工作规定（试行）》，我国各地的检察机关基本都已开始运行电子卷宗管理系统，但公安机关还未出台制作电子卷宗的相应规定。左卫民教授认为："在刑事诉讼中，应当自公安阶段就生成与传

---

〔1〕　陈东升、陈伯渠、王雨："首家刑事诉讼涉案财物管理中心落户诸暨——公检法各单位涉案物证统一收纳"，载《法制日报》2015年5月8日。

〔2〕　陈东升、陈伯渠、王雨："首家刑事诉讼涉案财物管理中心落户诸暨——公检法各单位涉案物证统一收纳"，载《法制日报》2015年5月8日。

〔3〕　张瑶："跨部门'财物看守所'试点半年保管近60万件涉案财物"，载《财经》2017年第7期。

递电子化的卷宗包括证据。"〔1〕为了推进电子卷宗在司法办案中规范、高效地传递和资源共享，一些地区在近几年也开始探索从公安机关就开始制作电子卷宗，并上传到检察机关的电子卷宗管理系统或向检察机关同步移送电子卷宗光盘。〔2〕由公安机关制作电子卷宗或生成电子卷宗管理系统，再传送其他机关共同使用，既可以减少卷证信息录入的工作量，也可以加强对卷证信息录入的监督。

（2）至于卷证信息的录入内容，也应由过去随案移送的卷证静态信息向动态信息转变。比如，以往录入的证物材料内容主要包括证物的名称、数量、外观特征等信息，对于未移送实物的，还附有物证照片或其他证明文件。但这种录入方式缺乏对证据保管链情况的记录，无法得知法庭上所开示的证据材料是否是案发现场所收集的证据材料，法庭上所开示证据的状态是否是案发现场证据收集时所具有的状态。未来的发展方向是卷证录入的内容应当体现证据的动态管理过程，以便对该证据的同一性、真实性及相关性加以判断。随着统一的涉案财物管理中心的普及，侦查机关将证物移交中心进行管理。侦查人员在案发现场将提取证据的信息，如案件信息、证据的收集主体、收集时间和地点、证据来源、证

〔1〕 左卫民："信息化与我国司法——基于四川省各级人民法院审判管理创新的解读"，载《清华大学》2011年第4期。

〔2〕 张宏勇："我市检察与公安机关规范电子卷宗制作使用工作"，载《武威日报》2016年3月13日。刘相铧："江西兴国县检察院与公安局建立电子卷宗移送接收机制"，载 http://www.jcrb.com/procuratorate/jcpd/201702/t20170209_1714548.html，最后访问时间：2018年3月23日；"汕头市检察院与公安机关建立刑事案件随案移送电子卷宗工作机制"，载 http://www.stjcy.gov.cn/index.php/info/detail/4634，最后访问时间：2018年3月23日。

据的名称、特征、数量和证明内容及证据照片等，录入到手机 APP 办案系统中，生成电子标签[1]并张贴于证据材料上，确保证据的唯一性，之后将证据移交到涉案财物管理中心扫描电子标签入库，由涉案财物管理中心记录证据的保管、借调、归还、处理等情况。每件涉案物品入库前，保管人员在电子标签原有信息基础上，录入物品存放类别、存放位置（如房间、柜号）、保管人员、存放时间等信息，并对证物进行拍照或录像，上传到涉案财物管理系统。笔者主张涉案财物管理系统作为电子卷宗管理系统的子系统，实现证据管理信息的随案传送。

传统纸质卷宗的元数据，大多是在卷宗文件制作后所制成的，如卷宗目录。而刑事卷证电子化管理活动的整个生命周期都处于数字环境中，数字环境的动态性和数据对信息系统的依赖性，使得元数据对刑事卷证的电子化管理不同于纸质卷宗的元数据，元数据是在刑事卷证信息生成时同时捕获的。[2] 元数据的生成方式主要有两种：一种是人工编制，诸如系统开发时创建的目录信息、标准、方案、规则等是这种方式完成的；一种是计算机自动生成。经计算机处理的文件有些可以自动记录元数据，诸如创建日期、关键词索引、用户处理日志等元数据都是这种方式完成的。[3] 刑事卷证信息

---

〔1〕 电子标签是目前我国最先进的物品管理方式，采用的是非接触式的自动识别技术，即无线射频识别技术（Radio Frequency Identification，简称 RFID 技术），通过无线电讯号来识别特定目标，并读写相关数据，而无需识别系统与特定目标之间建立机械或光学的接触。

〔2〕 刘家真等：《电子文件管理——电子文件与证据保留》，科学出版社 2009 年版，第 131 页。

〔3〕 刘嘉：《元数据导论》，华艺出版社 2002 年版，第 55 页。

在系统中一经录入（创建或导入），就同时被元数据记录下来。这部分元数据是稳定不变的，与刑事卷证信息同时捕获，记录了刑事卷证信息生成时的全部情况，主要包括①与卷证主体有关的背景信息，如卷证制作（包括卷宗制作和证据提取，下同）机构名称、卷证制作人员姓名、卷证制作机构所在地、机构职责等；②与卷证本体有关的背景信息，如卷证种类、法律文书标题、证据名称、案件编号、卷宗文号、证据电子标签标识符、卷证所处位置、文书卷证内容说明（法律文书制作内容和证据从提取到入库时的外观特性描述）等；③与卷证业务活动有关的背景信息，如卷证制作时间、卷证制作行为分类和名称、卷证制作行为描述、卷证制作行为状态（如法律文书制作状态、证据相关行为完成状态）、卷证制作授权、卷证制作意见等。随着诉讼活动的开展，新的元数据在原有元数据基础上被不断添加进去，记录与各种刑事卷证电子化管理活动相关的信息。这部分元数据包含了刑事卷证信息物理结构变化、卷证信息所处环境、卷证业务活动操作日志、卷证与卷证之间及卷证与相应责任主体之间各种关系的记录。[1] 因此，管理过程中的元数据是动态的，能实时反映信息对象的运行过程。

二、刑事卷证信息存储与流转

各种刑事卷证信息录入系统之后，如何保持这些信息在存储与流转过程中内容具有完整性呢？电子卷证与其载体的

---

[1] 金波、丁华东主编：《电子文件管理学》，上海大学出版社2015年版，第301页。

关系，与纸质卷证有所不同。纸质卷证的内容在形成之后，就与特定的纸质载体不可分离。随着纸质卷证的频繁传递和借阅，纸质载体会发生磨损，从而也影响到卷证内容的读取。而电子卷证的内容在整个生命周期内，是在网络系统环境中动态流动的，可以从一个存储载体移转到另一个存储载体来保存，不一定固化在一个载体上。元数据可以支持刑事电子卷证在不同环境下或不同计算机平台之间的顺利流转，这也是确保刑事卷证信息长久保存必不可少的。"元数据一经形成，就被封装起来，使其只能被写入和读取，不能被改动和删除。"〔1〕在刑事卷证信息保存和流转期间，会不断捕获到新的元数据，记录着刑事卷证电子化管理所经历的机构、人员、操作，依据这些元数据记录能够再现刑事卷证的电子化管理活动进程，反映刑事卷证的当前状况。所有元数据与刑事卷证电子化管理信息都不可分割地关联在一起，一起被存储、一起被流转，二者之间这种不可分割的联系，被称为"封装"，元数据就犹如一个信封将刑事卷证信息"封装"起来。〔2〕封装便于对刑事卷证信息及其元数据同时进行管理，可以建立起二者之间的紧密联系。如果二者之间失去关联，元数据就变得毫无意义，而刑事卷证信息的价值也将大打折扣。在信息保存中，不仅卷证材料本身的信息得到保存，根据既定元数据体系所产生的相关背景信息也会得到保存。在信息流转中，应当确保所有元数据与相应卷证材料的关联不

---

〔1〕 王英、蔡盈芳、黄磊主编：《电子文件管理》，清华大学出版社2016年版，第75页。

〔2〕 金波、丁华东主编：《电子文件管理学》，上海大学出版社2015年版，第323页。

变。封装使元数据与刑事卷证电子化管理信息被绑定成一个完整对象，形成一个完整封装包来进行保存和流转。[1] 这也是确保刑事卷证信息得到长久保存和完整、安全流转的重要方法之一。同时，通过设定刑事卷证信息的访问权限，元数据可以控制访问、利用电子卷证的人员名单，杜绝非法用户打开电子卷证，以此增强卷证信息保存和流转的安全性。正是由于"元数据能够保证电子文件客观有效、完整而不被修改（丢失），并具有长期可读性"，"被国外学者喻为是电子文件管理系统中的'血液'"。[2] 同样，元数据对确保电子卷宗管理系统中卷证信息内容的可靠性也起到关键作用。刑事卷证信息在保存和流转过程中所发生的任何变化，都会被元数据记录下来。

三、刑事卷证信息检索与查询

在刑事卷证信息检索与查询方面，传统的证物保管采用手工台账式的登记方式，证物信息需要人工查找，费时费力。再加上证物存放往往比较随意，也增加了检索与查询证据信息的难度。甚至有的案件属于历史遗留案件，证物查找将更加困难，常常出现对不上号的情况，影响到办案的效率和犯罪嫌疑人、被告人合法权益的保障。而证据保管采用电子标签手段后，就可以为每件证物确定唯一身份。通过扫描电子标签的标签码，就能够准确、迅速地识别、定位证据在保管

---

〔1〕 赵屹：《数字时代的文件与档案管理》，世界图书出版公司 2015 年版，第 31 页。

〔2〕 王英、蔡盈芳、黄磊主编：《电子文件管理》，清华大学出版社 2016 年版，第 75 页。

室的所在位置，并查询到证据的保管状况和使用情况。该电子标签的标签码就是属于元数据中的标识符。

传统纸质卷宗的检索与查询，也同样费时费力。一般，需要先查找卷宗目录和对应页码，翻阅到所需信息的对应页面，再从材料内容中逐句查找到所需的卷证信息内容。而在卷证材料内容复杂、繁多时，这种查询尤为耗时。而在采用电子卷宗管理系统之后，采用元数据和搜索引擎技术可以大大提高刑事卷证信息的检索与查询效率。这是由于元数据可以全面而系统地描述电子卷宗管理系统，能够对刑事卷证信息按设定标准分类组织，并可以以结构化的方式实现卷证内容与背景信息之间的关联。借助标准化的元数据，实现语义层面和语法层面互操作，可以产生电子卷宗管理系统的目录体系和检索系统，支持刑事卷证信息的高效检索。[1] 比如，在电子卷宗管理系统中，通过借助搜索引擎工具选取证物标签号或者选取案件名称、证物名称等多个元数据元素名，并点击"查询"按钮，系统就会显示出相应的查询结果，快速查询到证物的基本信息、存放位置、使用人和证物状态，并可追溯其出入库记录，对证物历史调取和归还等过程进行查验。

相比纸质卷宗，电子卷宗管理系统还可以实现刑事卷证信息的即时、同步和远程检索与查询。纸质卷宗中的待查证据信息，对其载体有着极大的依赖性，需要借助卷宗目录进行查询，使得多方主体获取证据信息受到时间、地域上的限

---

〔1〕 参见金波、丁华东主编：《电子文件管理学》，上海大学出版社 2015年版，第 306 页。

制。而运行电子卷宗管理系统，由于其介质信息和载体具有可分离性，借助网络搜索引擎，就可以克服查询的种种限制，满足同时、异地查阅卷证信息内容的要求。这样既保证了公检法机关的办案时间，也节约了辩护方等待查询的时间成本，解决了办案人员之间、办案人员和辩护方之间的多重查询冲突。

四、刑事卷证信息流程监控

在传统的证据管理方式下，公检法各机关的证据进出及保管等信息登记处于封闭状态，易于篡改。很多机关采用纸质的证据台账管理方式，进出保管室只是用笔简单记录一下。不仅交接证据欠缺完备的手续，而且证据管理台账一般也不会随案移交，因此，证据的丢失、调换、毁损等情况，很难受到监管。有的案件在法院作出生效判决后被发现是错案，在需要提起审判监督程序时，发现准备调取的证据不是对不上号就是已被销毁了，导致案件真相存疑，损害了无辜者的合法权益。此外，公检法机关之间没有形成一致的赃证物移交标准，当有些证物如大宗、易腐变质之物确实不方便移交时，或有些部门不愿接收刀具、枪支等作案工具时，就会出现同一案件的不同证物由不同的公检法机关保管的情况，这样就会出现证据保管条件和标准不一的情况，使得证据管理非常混乱。

而证据管理采用电子标签技术，就可以确定证据身份的唯一性，对该证据的获取、移送、保管、移转、鉴定、开示、销毁等整个活动流程的信息进行监控，随时追溯证据的历史活动轨迹。其中，证据保管环节应当采用信息化手段，实现证据保管室的全方位无死角监控。任何人与证物的每一次接触、在工作区域内的所有举动，都会被拍摄并自动记录。证物出入保管室时，系统通过无线射频采集终端能自动识别电子标签并记录证物出入情况和时间，留存出入抓拍照片，且每次交接都应有完备的手续（如案件管理负责人对证物出入进行无纸化远程审批、证物保管人员填写证物出入登记信息、办案人员进行电子签名等），这样一旦出现证物损毁、丢失等情况，可以追溯证据管理不规范的信息。"对于未经授权的证物出入库，系统将自动识别并启动声光报警装置，"[1]并对出入人员进行影像抓拍，数据全部上传至数据库以供备查。对于未按期归还证物的情况，系统也会自动发出提醒通知。避免办案中的人情考虑，只有承办人员对通知内容处理完才能消失通知，进入到下一个办案节点。此外，当证据入库信息被录入赃证物管理系统后，系统还会自动生成统计报表，详细记录在库证物数量、种类及存储位置。证据保管员在盘库时通过专用自动扫描设备扫描证物的电子标签，除了再次获取在库证物数量、种类及存储位置这些信息之外，还可以获取证物的正常或损毁状况、证物的出库数量及相关情况等信息，并自动生成新的统计报表，可与系统中的数据进行比对。

证据信息在刑事诉讼活动中是通过卷宗的方式得以记载和传送的。而传统的卷宗采用纸质的方式，一旦侦查人员想要销毁或伪造某证据，只要将证据材料从卷宗中取出或替换，

---

〔1〕　黄伟雄："'三化'建设打造赃证物管理'升级版'广东省东莞市人民检察院"，载《检察日报》2016年6月12日。

并将有相应证据信息的这页案卷一并拿出或重新制作，就可以轻易不被发现。而且，公检法机关的证据管理活动相互之间没有信息沟通，卷宗根据刑事诉讼流程移送到后一机关，后一机关一般于事后仅凭查阅纸质卷宗也无法知晓此种不端行径。由于传统技术手段无法对证据管理的情况实现全程同步动态跟踪，这样的监督效果十分有限。

通过在电子卷宗管理系统中捕获元数据，就可以将证据从取得到最终处理的各种活动信息都自动记录到系统日志中。元数据是一种动态的、过程性的卷证记录方式，其不仅描述了刑事卷证信息的内容，还提供了刑事卷证信息从生成、保存、修改、移转到使用等各环节中的所涉主体、生成时间、使用地址、使用方式、使用原因等背景信息，因而能将刑事卷证电子化管理整个生命周期中的发展变化过程加以全程监控，实现刑事卷证的有效管理。无论刑事卷证的接触主体有多少，也无论刑事卷证信息移转了多少载体，都可以通过元数据跟踪记录在案，并作为历史数据予以保存。比如，将哪个机关的哪位办案人员在什么时间接触或使用了刑事卷证等各种信息记录下来。如果办案人员未经授权修改、删除刑事卷证信息，元数据可以自动捕获到该行为信息。借助电子标签的标识码，能够准确地识别、定位和快速查找该对应证据的基本信息，从系统日志中追踪证据在收集、移送、保管、使用过程中的动态变化，从而发现该证据管理失范行为的发生时间、操作主体等，实现证物信息的可追溯化管理。因此，刑事卷证的电子化管理不仅注重每个阶段的结果，也重视每项活动的具体过程，并通过元数据将这些过程信息一一记录下来，成为保障刑事卷证信息真实完整的有效凭证。笔者调研时了解到某案件侦查机关在案件中获取到了一个物证 U盘，并将 U 盘送往鉴定机构出具鉴定意见，可上传系统的 U盘的扣押笔录、清单和决定书却显示时间晚于鉴定意见的出具时间，因此可以判断物证的扣押手续是后补的，取证程序存在不规范之处。

　　通过元数据的记录和监管，还可以提高刑事卷证电子化管理的安全性，对卷证管理失范行为加以约束和作出应对。比如通过设置访问权限元数据，来控制刑事卷证信息的存取和使用。[1] 只有系统认定的授权用户，才能够检索、浏览、打印、复制、修改一份电子卷证材料。访问权限的控制，可以确保刑事卷证信息的安全管理。一旦有未授予权限的人或未按访问权限范围访问卷证，系统可以自动记录并予以警示，保证刑事卷证信息的安全操作和规范管理。而有访问权限的人员如果未经授权修改、删除刑事卷证信息，元数据可以自动捕获到该行为信息，从而判断该刑事卷证信息的完整性是否遭到破坏。这样，元数据就可以成为刑事卷证电子化管理活动动态变化的凭证，以便刑事卷证电子化管理活动的有效开展。

　　元数据除了隐含在卷证内部或管理环境中，还分散在其产生的技术环境和系统的应用程序中。[2] 一般，记录刑事卷证电子化管理过程的元数据是由电子卷宗管理系统自动抽取生成，不是办案人员根据个人意志随意赋予的信息。"元数

---

〔1〕　刘鹤："论电子文件元数据管理"，载《兰台世界》2009 年第 1 期。

〔2〕　刘家真等：《电子文件管理——电子文件与证据保留》，科学出版社2009 年版，第 152 页。

据一经形成，就被封装起来，使其只能被写入和读取，不能被改动和删除。"[1] 元数据的形成和管理，与刑事卷证电子化管理信息是同步的。无论刑事卷证信息发生什么变化，元数据都能够记录和监控刑事卷证信息跨越时空的运动轨迹，忠实于刑事卷证电子化管理的真实情况。

第四节　建立相关配套制度

一、改变刑事卷证的形成方式

（一）刑事卷证的当前形成状况

1. 刑事卷宗由官方机构负责制作

刑事卷宗是记录刑事诉讼活动的重要载体。"在中国的刑事诉讼中，官方享有唯一案卷制作人的地位，且在每一特定阶段，通常只有一个官方制作主体。犯罪嫌疑人、被告人和律师对案卷制作的制约性影响有限，基本上无法知悉有关证据的内容，更遑论发表意见或参与制作证据。"[2] "现代官僚制（也可称科层制）的重要特征是运用文字记录事务。"[3] 公检法机关作为官方机构，处理案件的诉讼进程也采用文字记录的方式来运作。刑事诉讼是国家专门机关追究犯罪的活动，从立案到执行几个阶段都围绕是否发生了犯罪

---

〔1〕 王英、蔡盈芳、黄磊主编：《电子文件管理》，清华大学出版社2016年版，第75页。

〔2〕 左卫民：《刑事诉讼的中国图景》，生活·读书·新知三联书店2010年版，第133页。

〔3〕 ［英］戴维·毕瑟姆：《官僚制》，韩志明、张毅译，吉林人民出版社2005年版，第4页。

事实、犯罪事实由谁实施及怎么实施、如何适用法律对犯罪事实主体加以惩罚等内容而展开，每一阶段的诉讼活动都是独立的，都由一个机关来负责主持，并最终形成该阶段的卷宗材料，促使诉讼活动的进程逐步推进。具体而言，侦查活动由侦查机关主导展开，并制作侦查卷宗（包括诉讼卷、秘密侦查卷、侦查工作卷，其中只有诉讼卷向下一阶段机关移送，又分为诉讼文书卷和证据卷。[1]）；审查起诉活动由检察机关主导展开，并形成检察卷宗（包括侦查卷、公诉卷和检察内卷，除了检察内卷，侦查卷和公诉卷在起诉时全部随案移送到法院。相比侦查卷宗，侦查卷和公诉卷增加了补充侦查材料、审查起诉阶段形成的笔录类书证和诉讼文书。此外，六类案件应当同时制作电子卷宗。[2]）；审判活动由法院主导展开，并制作审判卷宗（包括诉讼卷和审判内卷。其中，诉讼卷包括控方移送的侦查卷和公诉卷、辩方移送的诉讼文书和证据材料、庭审形成的笔录和文书等材料，并随案同步生成电子卷宗[3]。）尽管审判卷宗的构成包容了辩方提供的卷证材料，但实践中，除了辩护词之外，卷宗中几乎没有当事人、辩护律师等非国家机关工作人员提供的证据材料。左卫

----

〔1〕 2011年《刑警办案须知》第497、498条。

〔2〕 2015年12月，最高人民检察院颁布的《电子卷宗规定》第6条第1款规定："下列案件应当制作电子卷宗：（一）侦查机关移送的审查起诉、申请强制医疗、申请没收违法所得案件；（二）人民检察院侦查部门移送审查起诉、不起诉的案件；（三）报请上级人民检察院决定逮捕的案件；（四）提请上级人民检察院批准延长羁押期限的案件；（五）提请上级人民检察院提出抗诉的案件；（六）报请最高人民检察院核准追诉的案件。"

〔3〕 参见最高人民法院于2016年7月印发的《关于全面推进人民法院电子卷宗随案同步生成和深度应用的指导意见》。

民教授对 R 法院三年的律师提供材料在刑事卷宗中所占比例进行了统计，仅约为总数的 1%。[1] 笔者在 B 市 K 区法院调研时翻阅的多起毒品类和交通肇事类犯罪的刑事案件卷宗，均没有出现辩方出具的证据材料。此外，我国公检法机关在制作卷证时，由其单方决定卷证的内容，无需取得当事人、辩护律师的同意或与之协商。因此，犯罪嫌疑人、被告人及辩护律师对刑事卷证生成的制约十分有限。

2. 刑事卷证的内容主要形成于侦查阶段，由单方选择和控制

刑事卷宗的绝大多数证据材料源自侦查阶段，而审查起诉和审判后两个阶段所增加的多为一些程序性材料，证据材料并不多[2]。因此，侦查机关是决定刑事卷宗证据材料范围的主要机关。可是为了指控目标的一致性，侦控机关在单方面制作卷宗时往往会存在证据信息筛选行为，可能只将不利于被追诉人的证据材料纳入到刑事卷宗而随案移送，这样就可以达到指控犯罪的证明标准，避免证据与证据之间存在矛盾；而对有利于被追诉人的证据材料，不是视而不见，就是故意隐匿，甚至伪造证据材料。从我国的司法实践看，侦查人员也常常偏向于收集犯罪嫌疑人有罪、罪重的材料，在制作卷证材料时总是详细记录有罪、罪重的内容，而对无罪、

---

〔1〕 左卫民：《刑事诉讼的中国图景》，生活·读书·新知三联书店 2010 年版，第 113~114 页。

〔2〕 审查起诉和审判这两个阶段所增加的证据材料主要表现为补充侦查和辩护方调取的证据材料。但补充侦查的证据材料数量有限，对卷宗的影响微弱。同样，辩护方因在实践中存在"调取证据难"的职业困境，有利于辩方的证据材料不是没有提取到，就是数量极其稀少，也很难对卷证信息产生实质影响。

罪轻的内容简要记录或根本不作记录。[1] 在浙江萧山冤案中，警方曾在犯罪现场获得 18 枚指纹证据，其中具备比对条件的 15 枚指纹并无 1 枚与 5 名被追诉人的指纹相一致。但在侦查终结，警方却并未将此有利于被追诉人的证据材料放入卷宗移送，也没有对此作任何记录。对于如此重要的直接证据的缺失，显然公诉机关也没有尽到审查证据的职责。而法院就在没有直接证据的情况下仅凭被告人的口供进行了有罪宣判。直到 17 年之后的一次公安集中行动才根据指纹比对找到此案的真凶。[2] 念斌案也存在隐匿证人证言和鱿鱼等关键物证的情况，而且为了卷宗的完美制作还伪造证据，最终酿成冤案。[3]

　　立法上，《公安业务档案管理办法》对不予列入卷证材料的范围作出了规定，如"重份文件""已查清与案件无关而且无保存必要的人物、线索及调查材料""与案情无关的个人信件、书籍、创作稿件、照片及财物等""与案情无关的秘密侦察材料"等。[4] 但实践中，侦查机关所收集的证据材料是否属于这些与案情无关的材料，则由侦查人员自行判断和决定，缺乏其他主体的监督。这样就有可能因侦查机关对案情存在一定的主观认识偏差，而导致某些案件相关材料没有被纳入卷宗之中；也可能因侦查人员对案件存在某些固

---

〔1〕　罗筱琦、陈界融：《证据法理论与实证分析（一）》，中国法制出版社2004 年版，第 205 页。

〔2〕　董碧水："浙江萧山冤案：警方疑隐匿有利于被告关键证据"，载《中国青年报》2013 年 7 月 5 日。

〔3〕　张燕生："念斌案，令人震惊的真相"，载 http://blog.sina.com.cn/s/blog_52f113450102uxu8.html，最后访问时间：2018 年 6 月 29 日。

〔4〕　《公安业务档案管理办法》第 39 条。

有的犯罪倾向，为了与内心预定的侦查方向相一致，而导致一些有利于犯罪嫌疑人的证据材料被人为地作为无关材料排除在卷宗之外。尽管检察机关通过作出退回补充侦查或自行补充侦查的决定，会一定程度影响到卷证的形成。但检察机关和侦查机关都是犯罪的追诉机关，同样可能会忽视有利于被追诉人的证据材料。因此，刑事卷证的生成因缺乏多方主体的制约，所呈现的证据信息具有一种单方偏向性。

（二）刑事卷证当前形成方式的弊端

1. 不利于实现控辩平等对抗

《刑事诉讼法》第41条规定[1]可以说确立了辩护人维护案卷完整性权利。这一规定在证据问题上初步体现了平等武装原则的要求。平等武装原则要求在不至于使当事一方在与对方对抗时处于实质性劣势时，必须给予控辩双方合理的机会以呈现案情。刑事案件发生之后，侦控机关会比辩护律师先行介入诉讼活动，再加上强制措施的保障，使得侦控机关收集证据的时机和能力都优于辩护方。犯罪嫌疑人一旦被确定，侦查机关就不再收集对犯罪嫌疑人有利的证据，甚至为了结论具有唯一性，对发现有无罪倾向的证据也刻意忽略或隐瞒，使得被追诉人无法公平的运用侦查机关持有的无罪或罪轻证据为己辩护，以维护其合法权益。刑事卷证形成的单方性、封闭性，"是一种缺乏程序机制支撑的'权力主导型生产机制'，'客观'表象之下隐藏的是正当程序的缺位甚至

---

〔1〕《刑事诉讼法》第41条规定："辩护人认为在侦查、审查起诉期间公安机关、人民检察院收集的证明犯罪嫌疑人、被告人无罪或者罪轻的证据材料未提交的，有权申请人民检察院、人民法院调取。"

人为'制造'证据"。〔1〕"这是一种天然的、总体的不平衡性，如不加以修正，则必然会导致检控方对证据的操纵，使诉讼中的事实认定过程，彻底堕落为纯粹人为的赤裸裸的意义生成机制。"〔2〕

2. 不利于保障事实认定的准确性

近些年，刑事冤假错案层出不穷，其中一个原因就是侦查机关存在毁损、隐匿、丢失证据等证据管理失范行为。由于刑事卷宗的证据材料主要形成于侦查阶段，且由官方主体单方制作和控制，就有可能人为取舍证据信息，造成法官因证据的不完整而无法对案件事实形成全面的认识。"事实认定的准确性，很大程度上有赖于证据的完整性，有赖于通过完整的证据向事实认定者充分、全面地呈现案情。"〔3〕在诉讼活动中为了准确查明、认定案件事实，侦查机关应当尽可能发现案件发生后留下的证据，公诉机关应当尽可能全面地向事实认定者提供据以裁判的证据，事实认定者应当尽可能充分地利用已发现和提交的证据查明事实。"官方活动的所有记录都必须被保留起来以备将来复核。因此，负责各个程序步骤的官员都应当妥当保管所有的文件，以确保文档的完整性和真实性。"〔4〕尤其是侦查机关不能篡改、删减卷证信息，否则卷证材料所反映的信息就会脱离了案件事实本来运

---

〔1〕 左卫民："'印证'证明模式反思与重塑：基于中国刑事错案的反思"，载《中国法学》2016年第1期。

〔2〕 王进喜："论辩护人维护证据完整性的权利"，载《中国司法》2013年第3期。

〔3〕 杜国栋：《论证据的完整性》，中国政法大学出版社2012年版，第1页。

〔4〕 ［美］米尔伊安·R.达玛什卡：《司法和国家权力的多种面孔：比较视野中的法律程序》，郑戈译，中国政法大学出版社2015年版，第65页。

转的轨迹，变成人为的案件事实，那么事实裁判者是很难准确有效地筛选、甄别这些证据材料的，冤案的发生就会在所难免。司法是维护社会正义的最后一道防线，如果频繁地误判，就会粉碎人们对当前司法体系的信心，就可能动摇社会正义的根基。而侦查活动是刑事诉讼活动的源头，加强对侦查机关取证行为的监督和刑事卷证制作的制约，是防范冤案发生的重中之重。

（三）刑事卷证形成方式的改变

田口守一教授曾提出："必须探寻一种侦查程序，不要权限过分集中在侦查机关，而是尽可能分散权能，吸收侦查机关以外有关人员参加各种活动。"[1] 卷宗是诉讼活动的呈现载体，卷宗的形成也应当是多方诉讼活动的结果。

在英国，为了避免侦查人员毁损、隐匿证据，专门设立了证据展示官（Disclosure officer）[2] 制度。由证据展示官对侦查人员制作的刑事卷证进行监督、审核，并将审核后的刑事卷证移交给检察官和向被追诉人开示。[3] 在荷兰，"预审法官有义务查看卷宗，以找出不足，尤其是它有责任指导警察的讯问，直接参与侦查案卷的形成"[4] 而我国没有预审法官制度，主要由检察机关对侦查卷证的形成进行监督。以

---

〔1〕 ［日］田口守一：《刑事诉讼法》，刘迪等译，法律出版社 2000 年版，第 77 页。

〔2〕 也有学者译为证据披露官。参见杜国栋：《论证据的完整性》，中国政法大学出版社 2012 年版，第 80 页。

〔3〕 参见 ［英］麦高伟、杰弗里·威尔逊主编：《英国刑事司法程序》，刘立霞等译，法律出版社 2003 年版，第 198 页。

〔4〕 郭松："透视'以侦查案卷为中心的审查起诉'"，载《法学论坛》2010 年第 4 期。

往，检察机关通过审查起诉、补充侦查等事后活动来影响卷证的形成。随着侦查机关派驻检察官的设立，检察机关的监督提前到侦查阶段，并引导侦查取证工作。该项改革对卷证材料的规范制作起到一定的作用，但由于侦控机关指控目标的一致性，仍需辩护方的介入，才能使刑事卷证的形成过程符合程序的公正要求。

现代刑事诉讼从人权保障出发，强调控辩双方的平等武装。[1] 为了实现控辩双方对刑事卷证材料享有平等的利用机会，可以考虑改变现有官方单方制作卷证的方式，给予辩护方参与卷证形成的机会。2012 年《刑事诉讼法》已经赋予了律师侦查阶段辩护人的身份，但辩护律师在侦查阶段仍旧没有调查取证权和讯问在场权，对侦查机关所形成的卷证材料也无权发表意见。

在侦查阶段，辩护律师是否能够行使调查取证权，立法规定不明确。《刑事诉讼法》第 38 条[2]赋予辩护律师在侦查阶段享有数个权利，却并没有列举调查取证权。而《刑事诉讼法》第 42 条[3]规定，辩护人收集到有利于被追诉人的三类证据，"应当及时告知公安机关"，则意味着辩护律师在侦

---

[1] 该处"平等武装"的实现主要在于控辩双方享有平等利用案件证据的机会。参见王进喜："论辩护人维护证据完整性的权利"，载《中国司法》2013 年第 3 期。

[2]《刑事诉讼法》第 38 条规定："辩护律师在侦查期间可以为犯罪嫌疑人提供法律帮助；代理申诉、控告；申请变更强制措施；向侦查机关了解犯罪嫌疑人涉嫌的罪名和案件有关情况，提出意见。"

[3]《刑事诉讼法》第 42 条规定："辩护人收集的有关犯罪嫌疑人不在犯罪现场、未达到刑事责任年龄、属于依法不负刑事责任的精神病人的证据，应当及时告知公安机关、人民检察院。"

查阶段可以行使调查取证权。但由于该项权利没有被立法指明，使得权利的行使存在种种阻力。因此，可以将调查取证权明确列举到辩护律师在侦查阶段享有的权利之中。

在英美国家，警察在对犯罪嫌疑人讯问时，除了告知犯罪嫌疑人有权保持沉默外，还必须告知犯罪嫌疑人有权要求讯问时有律师在场，获得律师的帮助。[1] 这样，犯罪嫌疑人在供述前可以与辩护律师商议，在辩护律师全程参与讯问的过程中进行供述和辩解，可以防止侦查机关制作片面内容的讯问笔录，只选择能与实物证据印证的供述进行记载。我国也应当赋予律师在犯罪嫌疑人被讯问时的在场权，这样不仅可以制约侦查机关的非法讯问行为，实现取证过程的正当性，也可以对讯问卷证材料（讯问笔录和讯问录音录像）的形成起到监督作用，从而保障讯问卷证材料内容的完整性和客观性。

在荷兰，"律师有权参与侦查案卷的形成，可以直接指出案卷中的缺漏与模糊性，还有监督警方是否歪曲证据的义务"。[2] 从对抗机制来看，我国也应当允许辩护律师介入刑事卷证的形成，将辩护律师的意见纳入到侦查卷证材料之中，以全面反映案情。[3] 侦查卷证内容的片面性，会使后续审查起诉和审判活动的开展，产生一种天然的有罪倾向，整个诉讼活动就是确认侦查有罪卷证内容的活动，这极其不利于对被追诉人合法权益的保障。赋予辩护律师对侦查卷证材料内

---

〔1〕 张海棠：《程序与公正》（第3辑），上海社会科学院出版社2007年版，第215~217页。

〔2〕 郭松："透视'以侦查案卷为中心的审查起诉'"，载《法学论坛》2010年第4期。

〔3〕 牟军："刑事卷证与技术审判"，载《北方法学》2016年第4期。

容及其形成过程的知悉权与发表意见权，有利于平衡控辩双方的力量，实现实质的平等。当然，该权利行使的前提是辩护律师在侦查阶段能够阅卷。目前，出于侦查活动的保密性，我国辩护律师在审查起诉之日起才可以阅卷。其实，可以规定原则上允许辩护律师在侦查阶段阅卷，但影响侦查活动开展的情况例外，以平衡各种利益。[1] 总之，刑事卷证形成过程中引入对抗机制，通过双方力量的制约，尽可能地追求证据的完整性，这也是实现以庭审为中心的审判方式改革的基础。

二、建立取证同步录音录像制度

从近年来纠正的杜培武、念斌、于英生等冤假错案来看，取证时都存在隐匿、伪造证据等问题。基于侦查活动的封闭性，侦查人员只收集有罪、罪重证据，无视无罪、罪轻证据的情况常常存在，且得不到有效监管。更严重的是，有的侦查人员已经收集到了有利于被追诉人的证据，却人为取舍证据，并不随案移送，导致辩护方无法知晓，这些做法将会直接扭曲案件裁判结果，产生冤假错案。正如《洗冤集录》所言："每念狱情之失，多起于发端之差。"为了保证司法公正、提高司法公信力，两院三部提出侦查机关有全面、客观收集证据的义务。[2] 但如何保障侦查机关履行全面、客观收集证据的义务呢？为了规范侦查机关的取证行为，可以考虑

---

〔1〕 参见郭松："透视'以侦查案卷为中心的审查起诉'"，载《法学论坛》2010年第4期。
〔2〕 最高人民法院、最高人民检察院、公安部、国家安全部、司法部于2016年10月联合发布的《关于推进以审判为中心的刑事诉讼制度改革的意见》第4条第1款规定："侦查机关应当全面、客观、及时收集与案件有关的证据。"

建立取证活动同步录音录像制度。

录音录像是"将诉讼活动的内容和情景记录在磁带、硬盘、光盘、胶带等存储介质上,并在任何时间内都能通过相关设施再现并随卷转移,作为审查机关判断证据真伪及其合法性来源的一种技侦手段、固定证据或形成证据资料的方法"[1]。同步录音录像不仅可以监督侦查机关的取证行为,减少非法取证行为的发生,而且可以保障取证内容的全面性,减少片面取证。我国法律规范对全面取证作出明确要求,侦查人员必须依法收集证明犯罪嫌疑人有罪、无罪、罪轻、罪重的各种证据。[2] 而侦查人员片面取证的方式有两种情形,一是侦查人员忽视犯罪嫌疑人无罪、罪轻的证据。比如侦查人员取证时要制作各种笔录类的证据。"'概括式'记载是笔录制作的常规方式,它是指不失原意地概括人证陈述的事实并加以记载,而不是逐字逐句加以记载。"[3] 但侦查人员在对笔录概括时,很容易只筛选不利于被追诉人的信息进行概括记录,而过滤掉有利于被追诉人的信息。"概括"并非"筛选","概括式"记载应当在保证内容全面的基础上进行简要记录。采取取证同步录音录像措施,就可以避免言词证据或实物证据的部分内容在笔录记载过程中出现流失情况。此外,笔录类的证据是静态证据,不能完全体现出取证的过

---

〔1〕 杜邈:"论侦查环节同步录音录像制度之完善",载《山东警察学院学报》2011 年第 2 期。

〔2〕 2012 年《公安机关办理刑事案件程序规定》第 57 条规定:"公安机关必须依照法定程序,收集能够证实犯罪嫌疑人有罪或者无罪、犯罪情节轻重的各种证据。……"

〔3〕 马静华:"庭审实质化:一种证据调查方式的逻辑转变",载《中国刑事法杂志》2017 年第 5 期。

程。比如询问笔录注重对证人、被害人陈述内容的记载，对
于开展询问活动的程序事项，不是没有记录，就是记录非常
简略。一旦取证行为失范，很容易影响到笔录内容的真实性。
而全程、同步的录音录像就可以全面反映笔录的制作内容和
过程；二是侦查人员存在毁损、伪造、隐匿无罪、罪轻证据
的行为，也可以通过取证录音录像反映出来，抑或类似行为
受到约束。如果辩护方对某个取证环节存有质疑，法官就可
以查看此环节的取证录音录像，并据此作出直观判断。

　　目前，我国《刑事诉讼法》仅对侦查机关讯问犯罪嫌疑
人的活动规定了同步录音录像制度，以防范非法获取供述的
行为。采用录音录像可以呈现出犯罪嫌疑人被讯问时的语言
语调、面部表情、神情状态以及讯问的周围环境等等，再现
了审讯犯罪嫌疑人的全过程。笔者认为为了解决侦查机关伪
造、篡改、隐匿证据的问题，询问证人和被害人、搜查、扣
押、勘检、检查等其他侦查活动也应当建立取证全程录音录
像制度，通过技术手段再现取证过程，做到从源头制止侦查
人员的不端行为，以维护犯罪嫌疑人的合法权益。各种证据
都有其各自的收集、运输和保管的方法，对取证活动全程同
步录音录像，可以详细地记录侦查人员的取证时间、地点、
方式方法、取证数量、种类等。其中，对关键证人进行录音
录像时，出于对公民隐私权的保护应先征得证人同意，否则
不宜进行。《关于推进以审判为中心的刑事诉讼制度改革的
意见》虽然在第 3 条中提出"探索建立命案等重大案件检
查、搜查、辨认、指认等过程录音录像制度"。但笔者认为
这只是试点的过渡阶段，随着技术的进步和录音录像成本的
降低，应当由此将取证全程同步录音录像制度的适用扩展到

所有案件，否则在实践中就可能产生因为侦查人员对命案等重大案件的认识不一而规避适用录音录像制度的情况。

取证过程中形成的录音录像资料可以由侦查机关技术部门人员负责制作，以增强制作主体的中立性和专业性。如果由侦查人员自行录音录像，极有可能存在选择性录制的情况，以规避取证失范情况被发现。取证时，由侦查部门负责人通知技术人员随同侦查人员到现场录制。"录音录像资料经侦查人员和相对人签字确认后，当场对录音、录像资料原件进行封存，交由技术部门立卷保存，对拒绝签字的，应当在相关说明中注明。"[1] 录音录像作为记录侦查机关自身侦查活动的证据，需要随案移交，以便于检察机关后期监督，而且这也有利于保障辩护律师对案情的知情权，避免因辩护律师晚于侦查机关介入案件而造成控辩双方信息不对等。取证过程录音录像作为证明取证程序合法的视听资料，也具有易被伪造、篡改的弊端。其实，录音录像也包含元数据，可以借助元数据来查看录音录像的录制时长和有没有被删除、篡改的活动痕迹，以此判断录音录像的真实性。

三、将证据保管链记录入卷

提供证据保管链是证明实物证据真实性和同一性的重要方式之一。控诉方通过制作完整而连贯的证据保管链记录，得以证明提交法庭的实物证据就是其所主张的证据，且实物证据从被收集到提交法庭的整个过程中，一直都有相关人员对其进行

---

[1] 杜邈："论侦查环节同步录音录像制度之完善"，载《山东警察学院学报》2011 年第 2 期。

妥善保管，既未发生性状改变，也不存在被毁损、伪造或替换等情况。而我国尚未建立证据保管链制度。屡屡发生的冤假错案显示，我国实践中的刑事证据管理存在大量的不规范情况。有些侦控人员为了追求胜诉或因收受当事人的贿赂等缘由而蓄意毁损、伪造、隐匿证据。比如在念斌案中，警方用实验室里的氟乙酸盐标准样品伪造质谱图，并复制成两份，分别标上死者"俞1呕吐物"和"俞2尿液"的标签，通过对照标样，就得出两名死者系氟乙酸盐中毒死亡的结论。[1] 再如陈满故意杀人案中，被害人头、双手等部位的多处损伤，很明显是由尖锐面的凶器所形成的，但警方所收集的陈满杀人工具却是未有血迹等痕迹的平头菜刀。[2] 显然，警方对作案工具进行了伪造。也有些侦控人员因对证据材料管理不善，导致证据变质、被污染，甚至丢失。比如"黄静裸死案"中，被害人的尸体因高度腐败而无法确定死因，作为检材的器官标本因存放塑料桶不密封而干涸变形，被医生私自烧毁，还有检材内衣内裤也被丢失，导致第五次尸检未做成。[3] 因此，有必要建立证据保管链制度，并将证据保管链记录纳入刑事卷宗，以追踪证据污染、毁损以及遗失等情况。

证据对案件事实的证明作用大小，不仅取决于所提取证据与案件事实关联的紧密程度，还取决于该证据在各环节被

---

〔1〕 参见王凤明："念斌无罪释放，八年四遭死刑判决"，载 http://www. fabao365. com/zhuanlan/view_9463. html，最后访问时间：2018 年 7 月 25 日。

〔2〕 参见"陈满犯故意杀人罪再审刑事判决书"，载 http://wenshu. court. gov. cn/content/content? DocID = f65c2a44 - 26f0 - 4574 - 96f1 - 9b6c845d5d7，最后访问时间：2018 年 7 月 25 日。

〔3〕 罗昌平："湘潭漂亮女教师裸死案：谁该对心脏被毁负责"，载《新京报》2004 年 4 月 24 日。

管理的规范程度。证据保管链制度有两个基本要求：一是要求实物证据被发现时起至被提交法庭时止，都必须有专人保管，期间每一次移转都必须有完整的记录；"二是保管链中所有参与证据的收集、运输、保管等工作的人员，除非符合法定的例外条件，都必须出席法庭并接受控辩双方的交叉询问。"[1] 而我国刑事卷宗中的证据材料仅记录了证据收集时的状态，却没有涉及证据保管、鉴定、移送等环节的记录，更别提要求接触证据的人员出庭作证了。对证据各环节的基本情况进行完整而连贯的记录，不仅有利于监督侦控机关的行为，也有利于事实认定者准确地认定案件事实。证据材料的动态记录体系实际上具有保护证据在诉讼活动中证明价值的作用。辩方也可以据此查找到证据材料前后不一的记录，有效地质疑该证据的可采性和证明力。

那么如何将证据保管链记录入卷呢？目前，我国刑事证据的管理是由刑事诉讼各阶段的负责机关独自负责，缺乏监管和证据管理之间的信息沟通，且只有证据的保管、交接情况被各机关录入到本机关的涉案财物管理系统（或赃证物管理系统）中，没有形成证据从提取到处理的完整管理链条。涉案财物管理系统是各机关综合办案平台系统的子系统，系统信息不随案传送。在这种"各自为政"的封闭管理状态下，证据不完整现象时有发生。这并不利于证据保管链的建立，无法保证证据的同一性和真实性。因此，笔者建议在我国公检法机关已经开始运行电子卷宗系统的基础上，将涉案财物管理系统作为电子卷宗管理系统的子系统，可以随案传

---

[1] 陈永生："证据保管链制度研究"，载《法学研究》2014 年第 5 期。

送或系统信息共享。侦查人员获得实物证据后，可以对其进行封存并加贴电子标签，然后将证据的收集人员、收集时间和地点、证据现场照片或提取同步录音录像等取证情况上传到电子卷宗管理系统中。加贴电子标签后，该证据就具有了唯一的、不可替换的身份，可以在卷宗系统中建立一个记录证据动态活动的电子日志，通过扫描电子标签就可以追踪到证据的使用情况。比如现场遗留手印因封存措施不当而导致纹线特征模糊不清，那如何认定该手印与犯罪嫌疑人的手印具有同一性？怎么证明犯罪嫌疑人到过案发现场呢？通过追踪电子标签，就可以获知证据发生的变化，是否得到适当提取。证据提取之后，应当交由专人进行保管，如果保管不当，就可能造成证据变质、被污染，甚至丢失的情况，从而影响到事实的认定。为此，公检法机关应建立专门的证据保管室[1]，将获得的证据交由专人根据证据的属性和特点而分类保管。根据笔者在 B 市的调研情况，并不是每家公检法机关都设置了证据保管室，而且设有证据保管室的各家保管条件也是参差不齐。随着信息化技术的发展，可以利用物联网无线射频技术管理证物。证物入库时，由证据保管员扫描原取证时所贴的证物电子标签，并在系统中上传证据交接人员、交接时间、证据保管位置等信息。每一次交接证据时，就应当扫描一下电子标签，对该证据作连续的电子记录，除了登记证据接触人员的姓名、机构，还应扫描上传证据交接时的照片，并自动生成证据出入时间，形成证据完整管理链条。

---

〔1〕 在条件具备的情况下，各地可以建立统一的涉案财物管理中心，专门负责对侦查机关移交的证据进行全程管理。

这种无缝对接的记录制度意味着，"一旦保管证据的人员对证据进行了篡改，在其将证据移交给下一位保管人员时，下一位保管人员对证据基本情况的记录就会与上一位保管人员的记录不一致，"[1] 辩护律师就可以追查出证据到底是在哪一个环节、哪一部门工作人员保管时发生了变化。当辩护方弹劾控诉方的证据被污染、替换、损坏或者证据保管链发生断裂时，控诉方可以申请法院通知此期间的证据接触者出庭接受辩护方的质证，不能出庭或出庭不能进行合理说明的，那么，该证据的来源及真实性就将面临质疑，辩护律师可以主张证据无效。因此，利用电子卷宗管理系统建立证据保管链制度，将证据保管链各节点各信息上传系统，就可以为诉讼证明活动奠定基础，确保证据的可靠性。

四、建立证据管理失范行为的程序性制裁机制

美国法理学家博登海默认为，遵守规则，通过规范性制度本身的运作，就可以实现某种程度的平等[2] 证据管理活动也需要遵循规则，实现规范化的运作，这样才能保障控辩双方在运用证据方面的机会平等。念斌、宋金恒、陈满等案显示出我国司法实践中证据管理非常混乱。侦控机关伪造、毁弃、隐匿、丢失证据以及片面取证、非法取证等证据管理失范行为，都是破坏规则、违背程序正当性的行为，使得本就取证能力不足的辩护方处于更加劣势的证据信息不对称局

---

[1] 陈永生："证据保管链制度研究"，载《法学研究》2014 年第 5 期。
[2] ［美］E. 博登海默：《法理学：法律哲学与法律方法》，邓正来译，中国政法大学出版社 2017 年版，第 311 页。

面。之所以出现这种情况，一个关键原因在于证据管理失范行为的程序性制裁机制缺失[1]。

制裁是"法律秩序对不法行为的反应，或者说就是法律秩序所构成的共同体对作恶者、对不法行为人的反应。"[2] 如果违法行为不受惩罚，违法行为人就会无视法律要求。博登海默指出："人们之所以规定制裁，其目的就在于保证法律命令得到遵守与执行，就在于强迫'行为符合业已确立的秩序'"，"制裁的作用远比其他促使人们有效遵守与执行法律命令的手段大得多。"[3] 制裁分为实体性制裁和程序性制裁。"所谓'程序性制裁'，其实是指警察、检察官、法官违反法律程序所要承受的一种程序性法律后果。"[4] 这就意味着，程序性制裁针对的是违反法定程序的行为，区别于行政处罚、刑罚等实体性制裁措施所惩罚的是违反实体法的行为；程序性制裁要求违法行为人承受程序性的法律后果，即诉讼行为或指向证据被"宣告无效"，不产生预期的法律效力，而非承担限制、剥夺违法行为人个人权利的实体性法律后果[5]。

---

〔1〕 除了非法取证行为，立法规定了排除证据资格的程序性制裁措施，其他证据管理失范行为的制裁措施则尚不明确，而且没有对所有的证据管理失范行为建立起一种成体系的程序性制裁机制。

〔2〕 [奥] 凯尔森：《法与国家的一般理论》，沈宗灵译，中国大百科全书出版社1996年版，第21页。

〔3〕 [美] E. 博登海默：《法理学：法律哲学与法律方法》，邓正来译，中国政法大学出版社2017年版，第360、362页。

〔4〕 陈瑞华：《刑事诉讼的前沿问题》，中国人民大学出版社2013年版，第217页。

〔5〕 实体性制裁的不利法律后果是使民事侵权者、违约者承担民事赔偿责任，行政违法者受到行政处罚，构成犯罪者被定罪科刑。参见陈瑞华：《刑事诉讼的前沿问题》，中国人民大学出版社2013年版，第218~219页。

因此，证据管理失范行为的程序性制裁针对的是违反法定程序和规则管理证据的行为，要求承受诉讼行为无效或证据不具有证据能力、证明力的不利法律后果。

"审判公平性理论认为必须保证法庭上的真实。"[1] 对侦控机关违反法定程序的行为进行制裁，有利于实现公平。侦控机关的证据管理失范行为造成证据的不真实、不完整和不合法，无论侦控机关是出于故意还是过失，客观上都干扰了事实认定者对事实的准确认知和破坏了被告方对该证据行使质证权或获取有利证据的机会，为公平起见，事实认定者应当作出对被告一方有利的事实认定结果。虽然这种事实认定并不一定是事实的真相，但它意味着公平的审判，具有一定合理性。

我国《刑事诉讼法》对侦控机关毁损、隐匿、丢失证据等行为没有规定任何不利后果，《刑事诉讼法》第52条[2]也仅宣示性地规定了侦控人员全面收集证据的义务，因而法院对于侦控机关的证据管理失范行为难以有效约束。要确保侦控人员依照法定规则和程序管理证据，就必须建立严格的程序性制裁机制，使侦控机关在证据管理失范情况下的证据不能产生预期的证据能力或证明力，由此可能导致承担败诉的

---

[1] 杜国栋：《论证据的完整性》，中国政法大学出版社2012年版，第109页。

[2] 《刑事诉讼法》第52条规定："审判人员、检察人员、侦查人员必须依照法定程序，收集能够证实犯罪嫌疑人、被告人有罪或者无罪、犯罪情节轻重的各种证据。严禁刑讯逼供和以威胁、引诱、欺骗以及其他非法方法收集证据，不得强迫任何人证实自己有罪。必须保证一切与案件有关或者了解案情的公民，有客观地充分地提供证据的条件，除特殊情况外，可以吸收他们协助调查。"

不利后果。[1] 只有这样，才能抑制证据管理失范行为的动机，"阻吓潜在的违法者"，达到遏制侦控机关各种证据管理失范行为的目的。

侦控机关证据管理失范导致无效的证据包括两种：一种是有利于犯罪嫌疑人、被告人的无罪、罪轻证据，一种是不利于犯罪嫌疑人、被告人的有罪、罪重证据。对于有利于犯罪嫌疑人、被告人的无罪、罪轻证据，由于侦控机关的证据管理失范行为剥夺了被告一方利用该证据获得公平审判的机会，应对控方作不利的推定。根据证据最终是否向法官开示，程序性制裁分为两种情况：（1）证据向法官开示的程序性制裁方法为宣告证据无效，适用于伪造证据、证据因保管不善而被污染、非法取证等行为。比如警察伪造了指控犯罪的证据，法官应对该证据作出证据无效的决定；（2）证据无法向法官开示的程序性制裁方法为作出不利于控方的决定，适用于片面取证、隐匿、毁弃、丢失证据等行为。比如警察为了指控目标的一致性，将有利于被追诉人的证据进行隐匿，辩护方可以申请法官调取该证据，法官经查看取证录音录像或对系统日志进行核对，发现确有隐匿证据行为的，作出不利于控方的决定。对于不利于犯罪嫌疑人、被告人的有罪、罪重证据，由于侦控机关证据管理失范行为使指控被告一方有罪的证据无效，导致承担证据不足的败诉风险。

英国法谚："程序是法治和恣意而治的分水岭。"明确、公开、严格的法律程序，是公民权利得以实现，社会法治得

---

〔1〕 参见陈永生：《侦查程序原理论》，中国人民公安大学出版社2003年版，第426页。

以施行的最主要保障。侦控机关作为刑事诉讼的举证责任主体,应当遵循正当法律程序的要求,站在客观的立场管理证据并全面披露证据,不能为了胜诉而恣意妄为,应当加强对侦控机关证据管理失范行为的严格规制,通过程序性制裁倒逼侦控机关规范管理证据。

结　论

　　"当今时代，公正是法治的生命线，而冤假错案是公正司法的致命伤，是司法之殇。"[1] 如果频繁地误判，就会粉碎人们对当前司法体系的信心，就可能动摇社会正义的根基。冤假错案频发的一个重要原因就是司法实践中存在种种的证据管理混乱问题。有些侦控机关出于追究犯罪的需要，不惜片面、非法取证，伪造有罪证据，甚至将对被追诉人有利的证据进行毁损、丢弃、隐匿等，以追求证据内容的一致性。可侦控机关的这些行为，会对被追诉人的合法权益造成侵害，导致控辩双方的力量失衡，影响案件事实的准确查明。"中外刑事诉讼的历史已经反复证明，错误的审判之恶果从来都是结在错误的侦查之病枝上的。"[2] 侦查活动是刑事诉讼活动的源头，遏制侦查机关的证据管理失范行为，是防范冤案

---

〔1〕 林平："胡云腾：冤假错案司法之殇，要坚决落实疑罪从无"，载 ht-tp://www.thepaper.cn/newsDetail_forward_1825834，最后访问时间：2018 年 8 月 25 日。

〔2〕 李心鉴：《刑事诉讼构造论》，中国政法大学出版社 1992 年版，第 179 页。

发生的重中之重。理论界和实务界都有必要重视证据管理制度，尤其是对侦控机关的证据管理行为加以规制。证据管理的失范和无序，会增加事实真相还原的难度。证据不具有完整性、真实性和可采性，必然导致所得出的事实认定结果也是片面的、错误的。因此，证据的规范化管理，是提升办案质量和实现司法公正的重要保障。

那么，如何规制侦控机关的证据管理失范行为呢？虽然我们无法避免错案的发生，但可以通过技术手段的应用，并坚持惩罚犯罪与保障人权相统一的办案理念，把错案的发生率降到最低。21世纪以来，信息技术作为高科技的强大引擎，拓展了证据管理信息的处理技术和存储方式。而一切信息资源都可以用元数据来描述和管理。如今，元数据在信息科学领域，尤其是电子文件管理方面具有前所未有的地位。有学者提出："弄懂元数据……是打开整个信息科学体系、复杂数据世界的钥匙。"[1] 随着刑事诉讼活动中电子卷宗管理系统的开发和实施，元数据对诉讼活动的重要作用也日益凸显。相比纸质卷宗，目前的电子卷宗只是实现了使用的便利性，可以多人跨地域、同时间地查看卷宗材料。其实，电子卷宗的更多功能都可以被挖掘，并用于诉讼活动。元数据作为信息系统的数据管理工具，能够对侦控机关的刑事卷证管理信息加以实时监控，真实地反映出证据的全程管理活动，这样就可以实现对侦控机关证据管理活动的监督由历时性向

---

[1] [美]杰弗里·波梅兰茨：《元数据——用数据的数据管理你的世界》，李梁译，中信出版社2017年版，封面。

共时性转变[1]，督促侦控机关证据管理活动的规范化。在诉讼活动领域，元数据尚未得到重视和运用。随着司法信息化的广泛开展，探索元数据在刑事卷证电子化管理中的运用，有助于强化对证据活动的监督和推动司法公正的实现。这对于落实"以审判为中心"的诉讼制度改革也具有重大意义。强调审判中心主义，要求法院不得以侦查卷证作为裁判的直接依据，避免对侦控机关的过度配合，但并非完全否定刑事卷证的存在。相反，对刑事卷证的合理规制和使用，有利于落实直接言词原则，实现庭审的实质化，确保庭审在证据的审查与认定、案件事实的查明与裁判、促进控辩的平等对抗等方面发挥决定性的作用，以加强对侦控机关的制约。因此，有必要利用现代技术，建立完善的卷证记录制度，形成包括元数据在内的全宗。

　　本书重在挖掘元数据应用于刑事卷证电子化管理中的诉讼功能。从控、辩、审三方主体的角度探讨如何将元数据用于建立证据保管链、弹劾言词证据的可信性、排除非法证据、审查与评价证据这些诉讼活动中。在电子卷宗管理系统中，元数据是一种动态的、过程性的卷证记录方式，可以跟踪记录卷证制作或提取、移转、保管、利用等各环节的管理情况，并将每个环节的信息生成、保存、修改、利用等操作行为记录到系统日志中，以实现诉讼活动的过程留痕，形成完整、连贯的证据保管链记录体系。建立证据保管链是对控方提出的要求。借助元数据记录建立的证据保管链，可以起到固定、

---

〔1〕　过去的监督活动具有滞后性，呈现出历时性的特点。而采用元数据，可以进行实时监督，呈现出共时性的特征。

加强控方证据证明力的作用；弹劾言词证据的可信性是从质疑证据证明力的层面，分析了控方对庭审中被告人翻供或证人翻证的弹劾和辩方对控方出庭作证人员当庭说明的弹劾两种情况。其中后者包括对出庭作证的证据保管链相关人员和侦查人员的弹劾。控方出庭人员的情况说明一般都会提供有利于己方的说法，证明力有限。而元数据作为客观性的证据，用以攻击出庭人员不实的说明内容更具有说服力。这是由于元数据可以客观地记录刑事卷证信息在系统中的形成背景、内容及其管理过程。无论刑事卷证信息发生什么变化，元数据都会忠实地记录下来，实时反映刑事卷证信息的动态变化状况；排除非法证据之所以出现实践冷清局面，一个重要缘由便是法院对非法取证的认定存在一定的难度。由于元数据会如实显示讯问人员、时间、地点等基本信息，可以用于疲劳审讯、法定讯问场所之外刑讯、未依法同步录音录像等情况所获取供述的排除认定；证据的审查与评价就是事实认定者对证据的证据能力和证明力进行分析与判断，从而为准确事实认定提供依据。信息技术改变了卷宗的存储方式，使得卷宗的电子化可以把传统卷宗中不能记载或不能有效利用的信息保存下来并加以利用。这为法官利用客观证据来审查与评价证据提供了可能。在控辩双方使用元数据举证质证的基础上，法官同样可以依据元数据审查与评价证据。比如，针对控辩双方有异议的证据管理活动，法官通过查看该证据管理活动的元数据时间记录，对应相应的卷证操作日志，对证据的完整性和真实性加以判断；又如，法官将侦查人员讯问的同步录音录像元数据与记录看守所提讯情况的数据平台元数据进行比对分析，可以发现侦查违法行为的线索，以此判断证据的可采性，预防冤案的发生。可见，元数据可以在事实认定中发挥重要的作用。

　　本书旨在起到抛砖引玉的作用，提供一种思路，将电子文件管理的重要工具——元数据引入到诉讼活动中，挖掘其潜在的诉讼功能。通过提出借助元数据对刑事卷证电子化管理的诉讼价值理念和设想，引发理论和实务界对刑事卷证管理这一问题更多的关注，而实务部门如何借助元数据对刑事卷证电子化管理进行具体操作，仍需要进一步探讨。证据是诉讼的核心和灵魂，是认定案件事实的依据。在保障证据的真实性、可采性和完整性的证据法要求下，笔者期冀通过借助元数据构建刑事卷证电子化管理体系以及相关配套制度的建立，以实现证据的规范化管理和防范冤假错案的发生。

参考文献

一、中文著作

1. 卞建林：《美国联邦刑事诉讼规则和证据规则》，中国政法大学出版社 1996 年版。
2. 柴发邦：《诉讼法大词典》，四川人民出版社 1989 年版。
3. 陈光中主编：《非法证据排除规则实施问题研究》，北京大学出版社 2014 年版。
4. 陈光中主编：《证据法学》，法律出版社 2015 年版。
5. 陈光中主编：《刑事诉讼法》，北京大学出版社、高等教育出版社 2016 年版。
6. 陈瑞华：《刑事审判原理论》，北京大学出版社 2003 年版。
7. 陈瑞华：《问题与主义之间——刑事诉讼基本问题研究》，中国人民大学出版社 2008 年版。
8. 陈瑞华：《程序正义理论》，中国法制出版社 2010 年版。
9. 陈瑞华：《比较刑事诉讼法》，中国人民大学出版社 2010 年版。
10. 陈瑞华：《刑事诉讼的前沿问题》，中国人民大学出版社 2013 年版。
11. 陈瑞华：《刑事证据法的理论问题》，法律出版社 2015 年版。
12. 陈卫东主编：《刑事诉讼法学》，高等教育出版社 2017 年版。

13. 陈晓铭主编：《证据保全理论与实务》，中国检察出版社 2005 年版。

14. 陈永生：《侦查程序原理论》，中国人民公安大学出版社 2003 年版。

15. 辞海编辑委员会编辑：《辞海》（缩印本），上海辞书出版社 1979 年版。

16. 戴士剑、刘品新主编：《电子证据调查指南》，中国检察出版社 2014 年版。

17. 杜国栋：《论证据的完整性》，中国政法大学出版社 2012 年版。

18. 樊崇义主编：《证据法学》，法律出版社 2012 年版。

19. 冯惠玲主编：《政府电子文件管理》，中国人民大学出版社 2004 年版。

20. 冯惠玲等：《电子文件管理教程》，中国人民大学出版社 2017 年版。

21. 冯前进等编著：《信息安全保障实务》，中国政法大学出版社 2014 年版。

22. 付磊：《刑事司法科层制之反思》，中国政法大学出版社 2016 年版。

23. 高家伟、邵明、王万华：《证据法原理》，中国人民大学出版社 2004 年版。

24. 何家弘主编：《电子证据法研究》，法律出版社 2002 年版。

25. 何家弘、刘品新：《证据法学》，法律出版社 2013 年版。

26. 江国华主编：《错案追踪（2000－2003）》，中国政法大学出版社 2016 年版。

27. 江国华主编：《错案追踪（2010－2013）》，中国政法大学出版社 2016 年版。

28. 江国华主编：《错案追踪（2014－2015）》，中国政法大学出版社 2016 年版。

29. 金波、丁华东主编：《电子文件管理学》，上海大学出版社 2015 年版。

30. 江伟主编：《证据法学》，法律出版社 1999 年版。

31. 柯平、高洁主编：《信息管理概论》，科学出版社 2007 年版。

32. 李长城：《中国刑事卷宗制度研究》，法律出版社 2016 年版。

33. 李长坤：《刑事涉案财物处理制度研究》，上海交通大学出版社 2012 年版。

34. 李心鉴：《刑事诉讼构造论》，中国政法大学出版社 1992 年版。

35. 林榕航：《知识管理原理》，厦门大学出版社 2005 年版。

36. 林钰雄：《干预处分与刑事证据》，北京大学出版社 2010 年版。

37. 刘嘉：《元数据导论》，华艺出版社 2002 年版。

38. 刘家真等：《电子文件管理——电子文件与证据保留》，科学出版社 2009 年版。

39. 刘思达：《割据的逻辑：中国法律服务市场的生态分析》，上海三联书店 2011 年版。

40. 龙宗智：《检察官客观义务论》，法律出版社 2014 年版。

41. 罗筱琦、陈界融：《证据法理论与实证分析（一）》，中国法制出版社 2004 年版。

42. 聂德林主编：《法律常用辞典》，北京工业学院出版社 1988 年版。

43. 裴显鼎主编：《非法证据排除程序适用指南》，法律出版社 2016 年版。

44. 渠敬东：《缺席与断裂——有关失范的社会学研究》，上海人民出版社 1999 年版。

45. 萨蕾：《数字图书馆元数据基础》，中央编译出版社 2015 年版。

46. 宋纯新主编：《刑事诉讼举证责任》，中国方正出版社 2001 年版。

47. 孙茂利主编：《公安机关刑事案件示范案卷指南》，中国长安出版社 2015 年版。

48. 谭磊、陈刚：《区块链 2.0》，电子工业出版社 2016 年版。

49. 田文昌主编：《法院办案艺术实用全书》，中国人民公安大学出版社 1998 年版。

50. 王进喜：《刑事证人证言论》，中国人民公安大学出版社 2002 年版。

51. 王进喜：《美国〈联邦证据规则〉（2011 年重塑版）条解》，中国法制出版社 2012 年版。

52. 王进喜：《刑事证据法的新发展》，法律出版社 2013 年版。

53. 王英、蔡盈芳、黄磊主编：《电子文件管理》，清华大学出版社 2016 年版。

54. 王英玮等：《档案管理学》，中国人民大学出版社 2015 年。

55. 王兆鹏：《刑事诉讼讲义》，元照出版社 2005 年版。

56. 王兆鹏：《美国刑事诉讼法》，北京大学出版社 2014 年版。

57. 王峥、许静文：《命案证据收集》，中国人民公安大学出版社 2012 年版。

58. 王知津等：《知识组织理论与方法》，知识产权出版社 2009 年版。

59.（汉）许慎：《说文解字》，中华书局 2004 年版。

60. 徐祥运、刘杰编著：《社会学概论》（第 4 版），东北财经大学出版社 2015 年版。

61. 薛波主编：《元照英美法词典》，北京大学出版社 2013 年版。

62. 薛潮平：《毁灭证据论》，中国法制出版社 2015 年版。

63. 易延友：《证据法学：原则·规则·案例》，法律出版社 2017 年版。

64. 曾广容等编著：《系统论控制论信息论与哲学》，中南工业大学出版社 1988 年版。

65. 张保生主编：《证据法学》，中国政法大学出版社 2014 年版。

66. 张保生、王进喜、张中等：《证据法学》，高等教育出版社 2013 年版。

67. 张步文：《司法证明原论》，商务印书馆 2014 年版。

68. 张海棠：《程序与公正》（第 3 辑），社会科学院出版社 2007 年版。

69. 张健：《电子文件信息安全管理研究》，世界图书出版公司 2012 年版。

70. 张建伟：《证据法要义》，北京大学出版社 2014 年版。

71. 张建伟：《刑事诉讼法通义》，北京大学出版社 2016 年版。

72. 张中：《实践证据法：法官运用证据经验规则实证研究》，中国政法大学出版社 2015 年版。

73. 赵豪迈：《数字档案长期保存研究》，陕西师范大学出版社 2015 年版。

74. 赵屹：《数字时代的文件与档案管理》，世界图书出版公司 2015 年版。

75. 中国社会科学院语言研究所编辑：《现代汉语词典》，商务印书馆 2012 年版。

76. 中华人民共和国国家质量监督检验检疫总局、中国国家标准化管理委员会：《信息与文献　文件管理　第 1 部分：通则》，中国标准出版社 2011 年版。

77. 中华人民共和国国家质量监督检验检疫总局、中国国家标准化管理委员会：《信息与文献　文件管理过程　文件元数据　第 1 部分：原则》，中国标准出版社 2011 年版。

78. 中华人民共和国国家质量监督检验检疫总局、中国国家标准化管理委员会：《信息与文献　文件管理过程　文件元数据　第 2 部分：概念与实施问题》，中国标准出版社 2009 年版。

79. 周光权：《刑法各论讲义》，清华大学出版社 2003 年版。

80. 左卫民：《刑事诉讼的中国图景》，生活·读书·新知三联书店 2010 年版。

81. 左卫民等：《中国刑事诉讼运行机制实证研究（六）——以新〈刑事诉讼法〉实施中的重点问题为关注点》，法律出版社 2015 年版。

二、译著、译文

1. ［奥］凯尔森：《法与国家的一般理论》，沈宗灵译，中国大百科全书出版社 1996 年版。

2. ［德］普维庭：《现代证明责任问题》，吴越译，法律出版社 2000 年版。

3. ［德］马克斯·韦伯：《韦伯作品集Ⅲ：支配社会学》，康乐、简惠美译，广西师范大学出版社 2004 年版。

4. ［美］查尔斯·R. 斯旺森、尼尔·C. 谢美林、伦纳德·特里托：《刑事犯罪侦查》，但彦铮等译，中国检察出版社 2007 年版。

5. ［美］戴维·米勒：《社会正义原则》，应奇译，江苏人民出版社 2001 年版。

6. ［美］David A. Schum："关于证据科学的思考"，王进喜译，载《证据科学》2009 年第 1 期。

7. ［美］E. 博登海默：《法理学：法律哲学与法律方法》，邓正来译，中国政法大学出版社 2017 年版。

8. ［美］弗洛伊德·菲尼、［德］约阿希姆·赫尔曼、岳礼玲：《一个案例 两种制度——美德刑事司法比较》，郭志媛译（英文部分），中国法制出版社 2006 年版。

9. ［美］吉姆·佩特罗、南希·佩特罗：《冤案何以发生——导致冤假错案的八大司法迷信》，苑宁宁等译，北京大学出版社 2012 年版。

10. ［美］杰弗里·波梅兰茨：《元数据——用数据的数据管理你的世界》，李梁译，中信出版社 2017 年版。

11. ［美］卡罗尔·S. 斯泰克：《刑事程序故事》，吴宏耀、陈芳、李博、罗静波译，中国人民大学出版社 2012 年版。

12. ［美］拉里·劳丹：《错案的哲学：刑事诉讼认识论》，北京大学出版社 2015 年版。

13. ［美］罗伯茨："美国联邦最高法院 2014 年年终报告"，黄斌、杨奕编译，载《人民法院报》2015 年 1 月 16 日。

14. ［美］罗伯特·克拉克：《情报分析——以目标为中心的方法》，马忠元译，金城出版社 2013 年版。

15. ［美］罗纳德·J. 艾伦、理查德·B. 库恩斯、埃莉诺·斯威夫特：《证据法——文本、问题和案例》，张保生、王进喜、赵滢译，高等教育出版社 2006 年版。

16. ［美］米尔吉安·R. 达马斯卡：《比较法视野中的证据制度》，吴宏耀等译，中国人民公安大学出版社 2006 年版。

17. ［美］米尔伊安·R. 达玛什卡：《司法和国家权力的多种面孔：比较视野中的法律程序》，郑戈译，中国政法大学出版社 2015 年版。

18. ［美］特伦斯·安德森、［美］戴维·舒姆、［英］威廉·特文宁：《证据分析》，张保生等译，中国人民大学出版社 2012 年版。

19. ［美］W. 杰瑞·奇泽姆、布伦特·E. 特维编著：《犯罪重建》，刘静坤译，中国人民公安大学出版社 2010 年版。

20. ［美］小理查兹·J. 霍耶尔：《情报分析心理学》，张魁、朱里克译，金城出版社 2015 年版。

21. ［美］约翰·W. 斯特龙主编：《麦考密克论证据》，汤维建等译，中国政法大学出版社 2004 年版。

22. ［日］高木光太郎：《证言的心理学——相信记忆、怀疑记忆》，片成男译，中国政法大学出版社 2013 年版。

23. ［日］田口守一：《刑事诉讼法》，张凌、于秀峰译，中国政法大学出版社 2010 年版。

24. ［意］贝卡里亚：《论犯罪与刑罚》，黄风译，中国大百科全书出版社 1993 年版。

25. ［英］戴维·毕瑟姆：《官僚制》，韩志明、张毅译，吉林人民出版社 2005 年版。

26. ［英］戴维·M. 沃克：《牛津法律大辞典》，李双元等译，法律出版社 2003 年版。

27. ［英］霍恩比：《牛津高阶英汉双解词典》，李北达译，商务印书馆 2002 年版。

28. ［英］麦高伟、杰弗里·威尔逊主编：《英国刑事司法程序》，刘立霞等译，法律出版社 2003 年版。

29. ［英］迈克·麦康威尔、岳礼玲：《英国刑事诉讼法：选编》，程味秋等译校，中国政法大学出版社 2001 年版。

30. ［英］托马斯："英国最高法院 2016 年度报告"，袁跃文译，载

《人民法院报》2017 年 1 月 20 日。

31. 《德国刑事诉讼法典》，宗玉琨译，知识产权出版社 2013 年版。

32. 《日本刑事诉讼法》，宋英辉译，中国政法大学出版社 2000 年版。

33. 《瑞典诉讼法典》，刘为军译，中国法制出版社 2008 年版。

三、中文论文

1. 步洋洋："刑事庭审虚化的若干成因分析"，载《暨南学报（哲学社会科学版）》2016 年第 6 期。

2. 柴鹏："证据保管链条制度的诉讼功能分析"，载《铁道警察学院学报》2016 年第 2 期。

3. 陈枫、林志卿："美国执法机关刑事信息化建设情况考察"，载《公安研究》2011 年第 1 期。

4. 陈光中、郭志媛："非法证据排除规则实施若干问题研究——以实证调查为视角"，载《法学杂志》2014 年第 9 期。

5. 陈桂明、吴如巧："美国民事诉讼中的案件管理制度对中国的启示——兼论大陆法系国家的民事诉讼案件管理经验"，载《政治与法律》2009 年第 7 期。

6. 陈洪兵："帮助毁灭、伪造证据罪探析"，载《四川警官高等专科学校学报》2004 年第 3 期。

7. 陈瑞华："案卷笔录中心主义——对中国刑事审判方式的重新考察"，载《法学研究》2006 年第 4 期。

8. 陈瑞华："实物证据的鉴真问题"，载《法学研究》2011 年第 5 期。

9. 陈瑞华："案卷移送制度的演变与反思"，载《政法论坛》2012 年第 5 期。

10. 陈瑞华："证据的概念与法定种类"，载《法律适用》2012 年第 1 期。

11. 陈瑞华："非法证据排除程序再讨论"，载《法学研究》2014 年第 2 期。

12. 陈瑞华："论刑事诉讼中的过程证据"，载《法商研究》2015 年第 1 期。

13. 陈晓云："执行人员对目击证人辨认结果的影响及规制"，载《福建警察学院学报》2014 年第 6 期。

14. 陈永生："证据保管链制度研究"，载《法学研究》2014 年第 5 期。

15. 董坤："检察环节刑事错案的成因及防治对策"，载《中国法学》2014 年第 6 期。

16. 董坤："侦查人员出庭说明情况问题研究"，载《法学》2017 年第 3 期。

17. 董坤："论疲劳审讯的认定及其所获证据之排除"，载《现代法学》2017 年第 3 期。

18. 杜邈："论侦查环节同步录音录像制度之完善"，载《山东警察学院学报》2011 年第 2 期。

19. 冯永成、张晶："简析检察机关电子卷宗系统的应用"，载《青海检察》2016 年第 4 期。

20. 高一飞："论数字化时代美国审判公开的新发展及其对我国的启示"，载《学术论坛》2010 年第 10 期。

21. 高一飞、张露："刑事诉讼涉案财物处置公开机制的构建"，载《河南财经政法大学学报》2016 年第 6 期。

22. 葛琳："刑事涉案财物管理制度改革"，载《国家检察官学院学报》2016 年第 6 期。

23. 郭松："透视'以侦查案卷为中心的审查起诉'"，载《法学论坛》2010 年第 4 期。

24. 韩旭："证据概念、分类之反思与重构"，载《兰州学刊》2015 年第 6 期。

25. 何家弘："证据的采纳和采信——从两个'证据规定'的语言问题说起"，载《法学研究》2011 年第 3 期。

26. 何家弘："刑事诉讼中证据调查的实证研究"，载《中外法学》

2012 年第 1 期。

27. 何家弘："当今我国刑事司法的十大误区"，载《清华法学》2014
年第 2 期。

28. 贺小军："案卷电子化与我国司法的变迁——以法院审判管理为视
角"，载《江西社会科学》2013 年第 4 期。

29. 何永军："刑事物证的困境与出路"，载《昆明理工大学学报》
2016 年第 3 期。

30. 胡铭："审判中心、庭审实质化与刑事司法改革——基于庭审实录
和裁判文书的实证研究"，载《法学家》2016 年第 4 期。

31. 胡铭："对抗式诉讼与刑事庭审实质化"，载《法学》2016 年第
8 期。

32. 黄维智、邹德光："刑事诉讼弃证问题实证研究"，载《社会科学
研究》2015 年第 4 期。

33. 贾志强、闵春雷："刑事证据保全制度研究"，载《理论学刊》
2011 年第 10 期。

34. 蒋敬："刑事物证的规范化管理"，载《湖南公安高等专科学校学
报》2003 年第 6 期。

35. 李蒙："权威专家质疑宋金恒案 DNA 鉴定"，载《民主与法制周
刊》2017 年第 3 期。

36. 李桂贞："论元数据及其在知识管理中的应用"，载《现代情报》
2006 年第 11 期。

37. 李双文："论元数据的概念、层次和作用"，载《云南档案》2009
年第 9 期。

38. 李学峰、王建民："统一业务应用系统上线运行的影响与对策"，
载《中国检察官》2015 年第 5 期。

39. 李毅："我国刑事卷证移送制度审视"，载《理论导刊》2015 年第
4 期。

40. 李毅："我国刑事卷证之局限性及其改进"，载《广西社会科学》

2016 年第 1 期。

41. 李毅：“刑事卷证对庭审实质化的消解与应对”，载《甘肃政法学院学报》2016 年第 5 期。

42. 李勇、余响铃：“侦查机关‘情况说明’的证据属性研究”，载《理论与改革》2013 年第 6 期。

43. 黎宇：“对社会失范的理性批判”，载《经济与社会发展》2008 年第 5 期。

44. 李玉华：“论独立统一涉案财物管理中心的建立”，载《法制与社会发展》2016 年第 3 期。

45. 林丽芝、许发见、丁强：“物联网及无线定位技术在物证管理中的应用”，载《铁道警官高等专科学校学报》2013 年第 3 期。

46. 刘鹤：“论电子文件元数据管理”，载《兰台世界》2009 年第 1 期。

47. 刘静坤：“证据动态变化与侦查阶段证据保管机制之构建”，载《山东警察学院学报》2011 年第 1 期。

48. 刘娜：“论刑事诉讼中的证据保管制度”，载《信阳农业高等专科学校学报》2014 年第 1 期。

49. 刘少军、蒋鹏飞：“关于刑事案件卷宗改革的法律思考”，载《安徽大学学报（哲学社会科学版）》2003 年第 2 期。

50. 刘选：“推行电子卷宗若干问题研判”，载《人民检察》2015 年第 4 期。

51. 龙宗智：“中国法语境中的检察官客观义务”，载《法学研究》2009 年第 4 期。

52. 吕琼芳：“元数据与网络信息资源的组织开发”，载《图书馆研究与工作》2005 年第 3 期。

53. 马静华：“供述自愿性的权力保障模式”，载《法学研究》2013 年第 3 期。

54. 马静华：“庭审实质化：一种证据调查方式的逻辑转变”，载《中国刑事法杂志》2017 年第 5 期。

55. 马克："科学物证保管体系探析"，载《云南警官学院学报》2015年第2期。

56. 牟军："刑事卷证：一种文字的叙事体及其价值"，载《西南民族大学学报》2015年第9期。

57. 牟军："刑事卷证：以文字为起点的证据分析"，载《法学论坛》2016年第6期。

58. 牟军："刑事卷证与技术审判"，载《北方法学》2016年第4期。

59. 牟军："刑事案卷：文本的规范与程序的控制"，载《西南民族大学学报》2017年第3期。

60. 聂昭伟："论刑事诉讼中证人证言的审查判断"，载《证据学论坛》2005年第2期。

61. 彭峰："帮助毁灭、伪造证据罪客观方面认定问题探析"，载《太原师范学院学报（社会科学版）》2005年第4期。

62. 单子洪："案卷笔录中心主义'治愈'论——以刑事证据规则的完善和正确适用为切入"，载《犯罪研究》2015年第5期。

63. 沈德咏："论以审判为中心的诉讼制度改革"，载《中国法学》2015年第3期。

64. 史炜、王逍奕："侦控机关刑事案卷移送中的'证据偏在'"，载《广西警察学院学报》2019年第4期。

65. 史炜："快播案给互联网企业的启示"，载《企业家信息》2017年第12期，转载于"快播案给互联网企业的启示"，载《企业家日报》2017年10月30日。

66. 史炜："电子证据在刑事诉讼中的运用——以微信为例"，载《山西省政法管理干部学院学报》2017年第2期。

67. 孙长永、王彪："审判阶段非法证据排除问题实证考察"，载《现代法学》2014年第1期。

68. 孙远："全案移送背景下控方卷宗笔录在审判阶段的使用"，载《法学研究》2016年第6期。

69. 腾岩："电子证据法律效力的难点及对其管理的启示"，载《辽宁警专学报》2011 年第 1 期。

70. 王爱平、许佳："'非法供述排除规则'的实证研究及理论反思"，载《中国刑事法杂志》2014 年第 2 期。

71. 王芳："我国电子政务元数据的构建及其基于 Web 服务的共享实现"，载《情报学报》2007 年第 1 期。

72. 汪海燕："论刑事庭审实质化"，载《中国社会科学》2015 年第 2 期。

73. 王晋、刘志远、申云天、宋少鹏："人民检察院制作使用电子卷宗工作规定（试行）解读"，载《人民检察》2016 年第 4 期。

74. 王进喜："《律师法》的迷途及其证据法进路"，载《中国司法》2010 年第 10 期。

75. 王进喜："论辩护人维护证据完整性的权利"，载《中国司法》2013 年第 3 期。

76. 王艳明、王庆悦："科学解读与界定电子文件双套制"，载《黑龙江档案》2016 年第 2 期。

77. 王志刚："论网络犯罪治理中的电子数据收集程序"，载《检察技术与信息化——电子证据专刊》（2014 年第 2 辑），中国检察出版社 2014 年版。

78. 汪诸豪、樊传明、强卉："美国法中基于品性证据的证人弹劾"，载《证据理论与科学：第四届国际研讨会论文集》，中国政法大学出版社 2014 年版。

79. 谢晓专、张培晶、宋强："警务信息资源共享的影响因素：理论模型与作用机制"，载《中国人民公安大学学报（社会科学版）》2013 年第 1 期。

80. 徐建新、方彬微："我国刑事非法证据排除规则司法实践实证研究——以 W 市刑事审判实务为视角"，载《证据科学》2016 年第 6 期。

81. 徐玉萍："元数据在知识管理中的应用"，载《辽宁师范大学学报

（社会科学版）》2011 年第 3 期。

82. 杨君相、冉绍彦："翻供与翻证：刑事再审案件言词证据审查判断的反思与重构——以涂某某受贿再审案为研究样本"，载《广西政法管理干部学院学报》2014 年第 1 期。

83. 杨奕、黄斌："英国最高法院司法年度报告述评（2013－2014）"，载《法律适用》2015 年第 5 期。

84. 张保生："证据规则的价值基础和理论体系"，载《法学研究》2008 年第 2 期。

85. 张明楷："论帮助毁灭、伪造证据罪"，载《山东审判》2007 年第 1 期。

86. 张润平、孙佳："从检察视角看讯问时律师在场制度"，载《人民法治》2017 年第 6 期。

87. 张元鹏："域外刑事证据保全制度分析"，载《北华航天工业学院学报》2008 年第 2 期。

88. 张泽涛："我国刑诉法应增设证据保全制度"，载《法学研究》2012 年第 3 期。

89. 张正强："电子文件管理元数据元素名和元素值'控制'的原理与方法"，载《中国档案》2014 年第 12 期。

90. 郑飞："证据法的运行机制与社会控制功能"，载《南通大学学报（社会科学版）》2014 年第 1 期。

91. 郑禄："证据概念素说——兼论中国特色社会主义证据理论的国学文化基石"，载《证据科学》2008 年第 5 期。

92. 郑艳芳、段艳艳："手机二维码技术在公安机关涉案财物管理中的应用研究"，载《云南警官学院学报》2015 年第 4 期。

93. 周翠："德国司法的电子应用方式改革"，载《环球法律评论》2016 年第 1 期。

94. 朱朝辉："元数据与数字图书馆资源建设"，载《河南图书馆学刊》2014 年第 4 期。

95. 朱力："失范范畴的理论演化"，载《南京大学学报（哲学·人文科学·社会科学版）》2007 年第 4 期。

96. 左卫民："中国刑事案卷制度研究——以证据案卷为重心"，载《法学研究》2007 年第 6 期。

97. 左卫民："信息化与我国司法——基于四川省各级人民法院审判管理创新的解读"，载《清华大学》2011 年第 4 期。

98. 左卫民："'热'与'冷'：非法证据排除规则适用的实证研究"，载《法商研究》2015 年第 3 期。

99. 左卫民："信息化与我国司法——基于四川省各级人民法院审判管理创新的解读"，载《清华大学》2011 年第 4 期。

100. 左卫民："'印证'证明模式反思与重塑：基于中国刑事错案的反思"，载《中国法学》2016 年第 1 期。

四、学位论文

1. 丛珊："论弹劾证据规则在我国刑事诉讼中的应用"，中国政法大学 2016 年硕士学位论文。

2. 法云："刑事诉讼中公安机关证据保管问题研究"，山东大学 2016 年硕士学位论文。

3. 唐治祥："刑事卷证移送制度研究——以公诉案件一审普通程序为视角"，西南政法大学 2011 年博士学位论文。

4. 王满生："刑事诉讼中程序法事实的证明研究"，西南政法大学 2011 年博士学位论文。

5. 周维芳："实物证据保管问题研究"，扬州大学 2013 年硕士学位论文。

五、报纸和网络文献

1. 陈东升、陈伯渠、王雨："首家刑事诉讼涉案财物管理中心落户诸暨——公检法各单位涉案物证统一收纳"，载《法制日报》2015 年

5 月 8 日。

2. 董碧水："浙江萧山冤案：警方疑隐匿有利于被告关键证据"，载《中国青年报》2013 年 7 月 5 日。

3. 解裕涛："内蒙古首家赃证物管理系统投入使用"，载《北方新报》2016 年 4 月 20 日。

4. 李传敏、郑晓萍、凌志明："琼中检察院强化涉案财物管理——涉案财物物联化可追溯"，载《法制时报》2017 年 10 月 24 日。

5. 李俊杰："湖南一枪击案悬疑：警方遗失关键证据"，载《民主与法制时报》2006 年 7 月 26 日。

6. 李丽静："赵作海案疑点重重，为何错错错"，载《新华每日电讯》2010 年 5 月 11 日。

7. 李然："南充首个赃、证物管理系统投入运行"，载《南充日报》2016 年 10 月 14 日。

8. 林嘉中、王全国："证据移送只需数分钟——山东寿光：信息共享平台为办案插上'智慧翅膀'"，载《检察日报》2017 年 9 月 1 日。

9. 林建平、翁晓娟："涉案财物实现统一管理"，载《浙江法制报》2018 年 1 月 19 日。

10. 刘光强、霍娜："英国皇家检控署 CIO：一年内流程再造实现司法数字化"，载《中国计算机报》2012 年 4 月 30 日。

11. 刘彦谷："陈满案庭审现场探访：检方辩方一致认为无罪"，载《华西都市报》2015 年 12 月 30 日。

12. 刘子阳、周斌："中央司改办负责人姜伟就司法体制改革答记者问"，载《法制日报》2018 年 10 月 31 日。

13. 卢志坚、葛东升、钟艳艳："移送五类案件需同时移交全程录像光盘"，载《检察日报》2012 年 4 月 3 日。

14. 罗昌平："湘潭漂亮女教师裸死案：谁该对心脏被毁负责"，载《新京报》2004 年 4 月 24 日。

15. 马利民、简华："'刑事诉讼涉案财物管理'四川样本调查"，载

《法制日报》2016 年 8 月 10 日。

16. 王明平："陈满故意杀人放火案 23 年后再审：我没有杀人"，载《成都商报》2015 年 12 月 30 日。

17. 韦宗昆、赖正直："刑事审判中对疲劳审讯的认定"，载《人民法院报》2016 年 8 月 10 日。

18. 徐隽："供述前后矛盾，原审证据不足"，载《人民日报》2016 年 2 月 2 日。

19. 徐昕："虚拟法院——司法的数字化生存"，载《人民法院报》2002 年 2 月 4 日。

20. 伊宵鸿、刘红军、刘嘉敏："电子卷宗随案同步生成系统逐步推广"，载《深圳晚报》2017 年 12 月 1 日。

21. 袁定波："以法治化引领信息化推动人民法院工作现代化 促进司法公正提升司法公信力"，载《法制日报》2014 年 12 月 5 日。

22. 赵春光："中国特色社会主义看守所管理之创新发展"，载《法制日报》2013 年 3 月 13 日。

23. 赵秋丽、李志臣："聂树斌案诸多悬疑待解"，载《光明日报》2015 年 3 月 19 日。

24. 郑赫南："电子卷宗：打通'信息化办案'关键环节——最高检《人民检察院制作使用电子卷宗工作规定（试行)》解读"，载《检察日报》2016 年 1 月 6 日。

25. "河南平顶山李怀亮涉嫌故意杀人案调查"，载《新京报》2013 年 4 月 28 日。

26. "中共中央关于全面推进依法治国若干重大问题的决定"，载《人民日报》2014 年 10 月 29 日。

27. 何兵："李庄案与刑事辩护制度学术研讨会纪要"，载 http://blog.sina.com.cn/s/blog_486bea1a0100g3wu.html.

28. 连横："成功应用：绍兴市看守所的'监所感应式腕带应用系统'"，载 http://news.rfidworld.com.cn/2016_12/28449d590d7a427c.html.

29. 林平："胡云腾：冤假错案司法之殇，要坚决落实疑罪从无"，载 http://www. thepaper. cn/newsDetail_ forward_ 1825834.

30. 刘平、薛潮平："试论检控方隐匿脱罪证据的司法控制"，载 http://blog. sina. com. cn/s/blog_459e1abd0102xtad. html.

31. 刘相铧："江西兴国县检察院与公安局建立电子卷宗移送接收机制"，载 http://www. jcrb. com/procuratorate/jcpd/201702/t20170209 _ 1714548. html.

32. 马成："讯问笔录与同步录音录像的对照审查方法"，载 http://szdcmc. fabao365. com/article/view_598417_185429. html.

33. 王凤明："念斌无罪释放，八年四遭死刑判决"，载 http://www. fabao365. com/zhuanlan/view_9463. html.

34. 张燕生："念斌案，令人震惊的真相"，载 http://blog. sina. com. cn/s/blog_52f113450102uxu8. html.

35. "陈满犯故意杀人罪再审刑事判决书"，载 http://wenshu. court. gov. cn/content/content? DocID = f65c2a44 – 26f0 – 4574 – 96f1 – 9b6c845d5d7.

36. "全国公安机关深化公安执法规范化建设综述"，载 http://www. mps. gov. cn/n2253534/n2253535/n2253537/c57 30062/content. html.

六、英文文献

1. Adam J. Brooks, Peter F. Mahoney, *Ryan's Ballistic Trauma*, *A Practical Guide*, Springer, 2010.

2. Alex Stein, "Inefficient Evidence", *Alabama Law Review*, 2015, Vol. 66.

3. Brandon L. Garrett, *Convicting the Innocent*: *Where Criminal Prosecutions Go Wrong*, Harvard University Press, 2011.

4. Bryan A. Garner（ed.）, *Black's Law Dictionary*, 9th ed., Minnesota: West, a Thomson Business, 2009.

5. Christopher B. Mueller, Laird C. Kirkpatrick and Charles H. Rose Ⅲ,

Evidence: Practice under the Rules, 3rd ed. , Wolters Kluwer Law & Business, 2009.

6. Cynthia E. Jones, "Evidence Destroyed, Innocence Lost: The Preservation of Biological Evidence under Innocence Protection Statutes", 42 Am. Crim. L. Rev. 2005.

7. Dale A. Nance, "Verbal Completeness and Exclusionary Rules Under the Federal Rules of Evidence", Tex. L. Rev, 1996.

8. Delisle, *Evidence: Principles and Problems*, 2nd ed. , Carswell Company, 1989.

9. Gertner, Nancy, "Electronic Case Filing is Here to Stay", *Boston Bar Journal*, 2002, Vol. 46, No. 3.

10. Hawks, Kwasi L, "A View from the Bench: Real and Demonstrative Evidence", *Army Lawyer*, 2012, Vol. 4.

11. Jacqueline T. Fish and Jonathon Fish, *Crime Scene Investigation Case Studies*, CRC Press, 2012.

12. James Q. Whitman, *The Origins of Reasonable Doubt*, Yale University Press, 2008.

13. Jamie S. Gorelick, *Destruction of Evidence*, Aspen Publishers, 1995.

14. Liabenow, Jenny A, "Maximum Custody Pretrial Confinement", *Reporter*, 2016, Vol. 43, No. 4.

15. Meintjes-Van der Walt, Lirieka, "The Chain of Custody and Formal Admissions", *South African Journal of Criminal Justice*, 2010, Vol. 23, No. 3.

16. Paul C. Giannelli, "Chain of custody and handling of real evidence", Am. crim. l. rev, 1983, Vol. 20.

17. Paul C. Giannelli, "Forensic Science: Chain of Custody", *Criminal Law Bulletin*, 1996, Vol. 32, No. 5.

18. Paul Roberts & Adrian Zuckerman, *Criminal Evidence*, Oxford Universi-

ty Press Inc. , 2004.

19. Peter Murphy, *Murphy on Evidence*, 7th ed. , Blackstone Press Limited, 2000.

20. Potter Steward, "The Road to Mapp v. Ohio and beyond: The Origins, Development and Future of the Exclusionary Rule in Search-and-Seizure Cases", 83 Colum. L. Rev. 1983.

21. Richard A. Leo, *Police Interrogation and American Justice*, Harvard University Press, 2008.

22. Richard A. Posner, "An Economic Approach to the Law of Evidence", 51 STAN. L. Rev, 1999.

23. Ronald J. Allen, Richard B. Kuhns and Eleanor Swift, *Evidence: Text, Cases and Problems*, 3rd ed, Aspen Publishers, 2002.

24. Spencer Robinson, "Chain of Custody: Problems in its Application", *Arkansas Review*, 1976, Vol. 30, No. 3.

25. Steven L. Emanuel, *Evidence*, 4th ed. , Aspen Publishers Online, 2007.

26. Tom Bevel, Ross Gardner, *Bloodstain Pattern Analysis: With an Introduction to Crime Scene Reconstruction*, CRC Press, 2008.

27. W. Jerry Chisum, Rrent E. Turvey, *Crime Reconstruction*, Aacdemic Press, 2011.

后　记

当书写到后记时，有一种如释重负的感觉，但由于本人的写作水平有限，转而又对拙作感到惴惴不安，深恐有负于三年多的宝贵时光、法大的学术盛名和我最尊敬的王进喜老师的辛勤付出和殷切希望。该选题源于王老师三年前一个非常有远见的想法，即对证据的信息化管理问题进行研究。王老师是一位有大智慧的学者，他博古通今、学识广博。从我一入校，就认定司法信息化、大数据的司法应用，尤其是证据管理信息化在我国未来几年的发展势不可挡。证据的信息化管理可以被看作是一场知识管理革命，对司法活动具有举足轻重的作用。当前的司法信息化改革，大多偏向司法领域的行政管理，未能将信息化与诉讼活动加以有效结合。有关刑事证据的信息化管理研究，也仅涉及物证、电子证据某一类证据，抑或某一阶段的证据活动（如侦查阶段的取证信息化），而缺乏对刑事诉讼整个过程的证据信息化管理展开系统研究。本书在王老师的指导之下，将刑事证据的信息化管理最终聚焦到刑事卷证的元数据管理。实践中公检法机关已普遍使用了电子卷宗，但基本上将其作为纸质卷宗的"副本"，忽视了对电子卷宗管理系统中元数据的利用。元数据是"描述文件的背景、内容、结构及其整个管理过程的数据"[1]在电子文件管理领域，元数据是电子文件的数据管理工具。同样，元数据也可以成为电子卷证的数据管理工具。借助元数据对证据管理活动记录的客观性和实时性，本书探讨和分析了其可能所具有的诉讼功能，以期促进事实真相的发现和查明。

读博时，我已过而立之年，在这个年龄段重新回学校做学生，要克服生活和学习中的很多困境。求学之路向来颇多坎坷和艰辛，更何况还要兼顾家庭和学习，因此这段经历异常珍贵。王老师为我的学术生涯打开一扇门，这段经历是我人生中的重要转折点，很庆幸能够师从王老师门下。王老师为人谦和，德容天地，情系桑梓，他的人格魅力影响着同门中的每一个人。王老师执着于学术追求，理论造诣精深，学术境界高远，学术视角敏锐、独特。每一次论文指导，我都折服于王老师前瞻性的学术观点。深深感谢王老师的孜孜教诲，师恩绵绵，惠泽终生，写到此处，我眼眶已经湿润了几次了。法大的三年学习，我收获满满，在即将离开法大之际，我感慨万千，在学术上，我将上下求索，砥砺前行，以实际行动践行法大的校训，无愧于法大的荣誉，无愧于王老师的辛勤付出。

同时，我要感谢张保生、张中、吴洪淇、汪诸豪等各位

---

[1]　中华人民共和国国家质量监督检验检疫总局、中国国家标准化管理委员会：《信息与文献　文件管理　第 1 部分：通则》，中国标准出版社 2011 年版，第 2 页。

老师为我们讲授系统的证据法学课程，使我们感受到证据法学理论知识的博大精深。这为我毕业论文的写作奠定了一定的基础。也要感谢李小恺、胡萌、冯俊伟、刘雁军、马连龙、包乌仁吐亚、曹佳、赵昕翀、许林波、周浩仁等同学给予我论文写作的帮助和鼓励。感谢柴云吉老师所提供的文献资料。感谢王宏平、柳永、张慧霞、白阿凤等同学所提供的调研帮助。感谢单位朱海珅、李永林、韩弘力、杨德桥、杨玉英等多位老师对我的支持和帮助。感谢中国政法大学出版社的编辑老师们为书稿问世的辛勤付出。需感谢的人太多太多，无法一一言表。对此，我将怀有一颗感恩的心，将各位对我的帮助铭记心中。唯有继续努力，才能不辜负大家。

最后，我要感谢我的家人，在三年多的学习生活中的支持与理解，分享我的喜悦和分担我的忧愁。在读博和写毕业论文期间，我并没有那么多的时间和精力照顾和陪伴年幼的宝宝，我的父母和爱人为此付出颇多，尤其是我的父亲病痛缠身，但为了不让我分心，一直隐忍着，不到万不得已不肯去医院治疗，我心里满是愧疚。对家人，我亏欠太多，唯有顺利完成学业，让他们放心，使我本人安心。

本书虽几经修改，但仍有很多不足之处，还望各位专家批评指正。

史 炜

2020 年 5 月

图书在版编目（ＣＩＰ）数据

借助元数据的刑事卷证电子化管理/史炜著. —北京：中国政法大学出版社，
2020.12
ISBN 978-7-5620-5046-9

Ⅰ.①借⋯　Ⅱ.①史⋯　Ⅲ.①刑事诉讼－证据－管理信息系统－研究
Ⅳ.①D915.313.04

中国版本图书馆CIP数据核字(2020)第270928号

书　　名	借助元数据的刑事卷证电子化管理
出 版 者	中国政法大学出版社
地　　址	北京市海淀区西土城路 25 号
邮寄地址	北京 100088 信箱 8034 分箱　邮编 100088
网　　址	http://www.cuplpress.com (网络实名：中国政法大学出版社)
电　　话	010-58908285(总编室) 58908334(邮购部)
承　　印	固安华明印业有限公司
开　　本	880mm×1230mm　1/32
印　　张	10.5
字　　数	227 千字
版　　次	2020 年 12 月第 1 版
印　　次	2020 年 12 月第 1 次印刷
定　　价	42.00 元